文库

丛书主编 郑 毅

东北史地考略

李健才 著

吉林文史出版社

图书在版编目（CIP）数据

东北史地考略 / 李健才著. — 长春：吉林文史出版社，2021.1
　　（长白文库）
　　ISBN 978-7-5472-7581-8

　　Ⅰ. ①东… Ⅱ. ①李… Ⅲ. ①历史地理－研究－东北地区 Ⅳ. ①K923

中国版本图书馆CIP数据核字(2020)第252983号

东 北 史 地 考 略
DONGBEI SHIDI KAOLÜE

出 品 人：张　强
著 作 者：李健才
丛书主编：郑　毅
责任编辑：程　明　吴　枫
责任校对：郝　静
装帧设计：尤　蕾
出版发行：吉林文史出版社有限责任公司
电　　话：0431-81629369
地　　址：长春市福祉大路出版集团A座
邮　　编：130117
网　　址：www.jlws.com.cn
印　　刷：吉林省优视印务有限公司
开　　本：170mm×240mm　1/16
印　　张：17.75
字　　数：260千字
版　　次：2021年1月第1版　2021年1月第1次印刷
书　　号：ISBN　978-7-5472-7581-8
定　　价：178.00元

《长白文库》总序

  中华优秀传统文化是中华民族的"根"和"魂"，习近平总书记高度重视中华优秀传统文化，并将其作为治国理政的重要思想文化资源。"不忘本来才能开辟未来，善于继承才能更好创新。""优秀传统文化是一个国家、一个民族传承和发展的根本，如果丢掉了，就割断了精神命脉。"中华优秀传统文化具有多样性和地域性等特征，东北地域文化是多元一体的中华文化中的重要组成部分。吉林省地处东北地区中部，是中华民族世代生存融合的重要地区，素有"白山松水"之美誉，肃慎、扶余、东胡、高句丽、契丹、女真、汉族、满族、蒙古族等诸多族群自古繁衍生息于此，创造出多种极具地域特征的绚烂多姿的地方文化。为了"弘扬地方文化，开发乡邦文献"，自20世纪80年代起，原吉林师范学院李澍田先生积极响应陈云同志倡导古籍整理的号召，应东北地区方志编修之急，服务于东北地方史研究的热潮，遍访国内百余家图书馆寻书求籍，审慎筛选具有代表性的著述文典300余种，编撰校订出版以《长白丛书》（以下简称《丛书》）为名的大型东北地方文献丛书，迄今已近40载。历经李澍田先生、刁书仁和郑毅两位教授三任丛书主编，数十位古籍所前辈和同人青灯黄卷、兀兀穷年，诸多省内外专家学者的鼎力支持，《丛书》迄今已共计整理出版了110部5000余万字。《丛书》以"长白"为名，"在清代中叶以来，吉林省疆域迭有变迁，而长白山钟灵毓秀，蔚然耸立，为吉林名山，从历史上看，不咸山于《山海经·大荒北经》中也有明确记录，把长白山当作吉林的象征，这是合情合理的。"（《长白丛书》初版陈连庆先生序）

  1983年吉林师范学院古籍研究所（室）成立，作为吉林省古籍整理与研究协作组常设机构和丛书的编务机构，李澍田先生出任所长。全国高校古籍整理工作委员会、吉林省教委和省财政厅都给予了该项目一定的支持。李澍田先生是《丛书》的创始人，他的学术生涯就是《丛书》

的创业史。《丛书》能够在国内外学界有如此大的影响力，与李澍田先生的敬业精神和艰辛努力是分不开的。《丛书》创办之始，李澍田先生"邀集吉、长各地的中青年同志，乃至吉林的一些老同志，群策群力，分工合作"（初版陈序），寻访底本，夙兴夜寐逐字校勘，联络印刷单位、寻找合作方，因经常有生僻古字，先生不得不亲自到车间与排版工人拼字铸模；吉林文史出版社于永玉先生作为《丛书》的第一任责编，殚精竭虑地付出了很多努力，为《丛书》的完成出版做出了突出贡献；原古籍所衣兴国等诸位前辈同人在辅助李澍田先生编印《丛书》的过程中，一道解决了遇到的诸多问题、排除了诸多困难，是《丛书》草创时期的重要参与者。《丛书》自20世纪80年代出版发行以来，经历了铅字排版印刷、激光照排印刷、数字化出版等多个时期，《丛书》本身也称得上是改革开放以来中国印刷史的见证。由于《丛书》不同卷册在出版发行的不同历史时期，投入的人力、财力受当时的条件所限，每一种图书的质量都不同程度留有遗憾，且印数多则千册、少则数百册，历经数十年的流布与交换，有些图书可谓一册难求。

1994年，李澍田先生年逾花甲，功成身退，由刁书仁教授继任《丛书》主编。刁书仁教授"萧规曹随"，延续了《丛书》的出版生命，在经费拮据、古籍整理热潮消退、社会关注度降低的情况下，多方呼吁，破解困局，使得《丛书》得以继续出版，文化品牌得以保存，其功不可没。1999年原吉林师范学院、吉林医学院、吉林林学院和吉林电气化高等专科学校合并组建为北华大学，首任校长于庚蒲教授力主保留古籍所作为北华大学处级建制科研单位，使得《丛书》的学术研究成果得以延续保存。依托北华大学古籍所发展形成的专门史学科被学校确定为四个重点建设学科之一，在东北边疆史地研究、东北民族史研究方面形成了北华大学的特色与优势。

2002年，刁书仁教授调至扬州大学工作，笔者当时正担任北华大学图书馆馆长，在北华大学的委托和古籍所同人的希冀下，本人兼任古籍所所长、《丛书》主编。在北华大学的鼎力支持下，为了适应新时期形势的发展，出于拓展古籍研究所研究领域、繁荣学术文化、有利于学术交流以及人才培养工作的实际需要，原古籍研究所改建为东亚历史与文献研究中心，在保持原古籍整理与研究的学术专长的同时，中心将学术研究的视野和交流渠道拓展至东亚地域范围。同时，为努力保持《丛书》的出版规模，我们以出文献精品、重学术研究成果为工作方针，确保《丛书》学术研究成果的传承与延续。

在全方位、深层次挖掘和研究的基础上，整套《丛书》整理与研究成果斐然。《丛书》分为文献整理与东亚文化研究两大系列，内容包括史料、方志、档案、人物、诗词、满学、农学、边疆、民俗、金石、地理、专题论集12个子系列。《丛书》问世后得到学术界和出版界的好评，《丛书》初集中的《吉林通志》于1987年荣获全国古籍出版奖，三集中的《东三省政略》于1992年获国家新闻出版总署全国古籍整理图书奖，是当年全国地方文献中唯一获奖的图书。同年，在吉林省第二届社会科学成果评奖中，全套丛书获优秀成果二等奖，并被国家新闻出版总署列为"八五"计划重点图书。1995年《中国东北通史》获吉林省第三届社会科学优秀成果二等奖。2005年，《同文汇考中朝史料》获北方十五省（市、区）哲学社会科学优秀图书奖。

《丛书》的出版在社会各界引起很大反响，与当时广东出现的以岭南文献为主的《岭南丛书》并称国内两大地方文献丛书，有"北有长白，南有岭南"之誉。吉林大学金景芳教授认为"编辑《长白丛书》的贡献很大，从《辽海丛书》到《长白丛书》都证明东北并非没有文化"。著名明史学者、东北师范大学李洵教授认为："《长白丛书》把现在已经很难得的东西整理出来，说明东北文化有很高的水准，所以丛书的意义不只在于出了几本书，更在于开发了东北的文化，这是很有意义的，现在不能再说东北没有文化了。"美国学者杜赞奇认为"以往有关东北方面的材料，利用日文资料很多。而现在中文的《长白丛书》则很有利于提高中国东北史的研究"（《长白丛书》出版十周年纪念会上的发言）。中国社会科学院边疆史地研究中心主任厉声研究员认为："《长白丛书》已经成为一个品牌，与西北研究同列全国之首。"（1999年12月在《长白丛书》工作规划会议上的发言）目前，《长白丛书》已被收藏于日本、俄罗斯、美国、德国、英国、加拿大、澳大利亚、韩国及东南亚各国多所学府和研究机构，并深受海内外史学研究者的关注。

为了更好地传承和弘扬优秀地域文化，再现《丛书》在"面向吉林，服务桑梓"方面的传统与特色，2010年前后，我与时任吉林文史出版社社长的徐潜先生就曾多次动议启动出版《长白丛书精品集》，并做了相应的前期准备工作，后因出版资助经费落实有困难而一再拖延。2020年，以十年前的动议与前期工作为基础，在吉林省省级文化发展专项资金的资助下，北华大学东亚历史与文献研究中心与吉林文史出版社共同议定以《长白丛书》为文献基础，从《丛书》已出版的图书中优选数十种具有代表性的文献图书和研究著述合编为《长白文库》加以出版。

《长白文库》是在新的历史发展时期对《长白丛书》的一种文化传承和创新，《长白丛书》仍将以推出地方文化精华和学术研究精品为目标，延续东北地域文化的文脉。

《长白文库》以《长白丛书》刊印40年来广受社会各界关注的地方文化图书为入选标准，第一期选择约30部反映吉林地域传统文化精华的图书，充分展现白山松水孕育的地域传统文化之风貌，为当代传统文化传承提供丰厚的文化滋养，是一件功在当代、利在千秋的文化盛举。

盛世兴文，文以载道。保存和延续优秀传统文化的文脉，是人文社会科学研究者的社会责任和学术使命，《长白丛书》在创立之时，就得到省内外多所高校诸多学界前辈的关注和提携，"开发乡邦文献，弘扬地方文化"成为20世纪80年代一批志同道合的老一辈学者的共同奋斗目标，没有他们当初的默默耕耘和艰辛努力，就没有今天《长白丛书》这样一个存续40年的地方文化品牌的荣耀。"独行快，众行远"，这次在组建《长白文库》编委会的过程中，受邀的各位学者都表达了对这项工作的肯定和支持，慨然应允出任编委会委员，并对《长白文库》的编辑工作提出了诸多真知灼见，这是学界同道对《丛书》多年情感的流露，也是对即将问世的《长白文库》的期许。

感谢原吉林师范学院、现北华大学40年来对《丛书》的投入与支持，感谢吉林文史出版社历届领导的精诚合作，感谢学界同人对《丛书》的关心与帮助！

郑　毅

谨序于北华大学东亚历史与文献研究中心

2020年7月1日

东北史地考略附照片目录

旅顺黄金山麓《鸿胪井刻石》（照片一）

　　唐睿宗先天二年（开元元年，713年），遣郎将崔忻赴靺鞨，册封大
祚荣为"左骁卫员外郎大将军渤海郡王"，并以其管辖地区为忽汗州，加
授"忽汗州都督"。这一刻石是崔忻在开元二年（714年）回国途中，经
辽东半岛南端，在旅顺黄金山麓凿井两口留作纪念，并刻石题记。这是
唐王朝和渤海关系史的重要文物。这一刻石现存日本皇宫振天府。

吉林阿什哈达摩崖第一摩崖　　　　　吉林阿什哈达摩崖第二摩崖

（照片二）　　　　　　　　　　　　　（照片三）

　　阿什哈达摩崖在吉林市东南十五公里的大阿什哈达屯松花江北岸。第一摩崖镌刻于永乐十九年（1421年），第二摩崖镌刻于宣德七年（1432年）。它是明朝造船总兵官、辽东都司都指挥使刘清，在松花江造船运粮时镌刻的，是明朝经营东北松花江、黑龙江流域的重要历史文物。

永宁寺碑（照片四）

重建永宁寺碑（照片五）

　　15世纪初，明派太监亦失哈等到黑龙江下游奴儿干地方招抚女真各部时，在黑龙江口附近的特林地方建立一座观音寺，并先后在寺旁建立两座石碑，即永宁寺碑（永乐十一年，1413年建）和重建永宁寺碑（宣德八年，1433年建）。石碑记述了明派官员和军队经营管理黑龙江下游奴儿干地方及海外苦夷（今库页岛）的事迹，和在黑龙江下游派官设治，建立奴儿干都司的经过，它是明代东北疆域到达黑龙江流域和库页岛一带的铁证。

　　永宁寺碑和重建永宁寺碑现存苏联伯力博物馆。

桦甸苏密城出土的渤海莲花纹瓦当（照片六）

（1981年5月，于苏密城外南部靠近内城南墙处采集）

禾屯吉卫指挥使司印一

（照片七）

禾屯吉卫指挥使司印二

（照片八）

　　1974年在吉林省洮安县向阳公社玉成大队七官营子村西南一里许的明代遗址出土。

明代开原以北山川、驿站图（照片九）

赫哲人乘狗拉爬犁图（照片十）

法特哈边门遗迹（照片十一）

目　录

东北史地考略附图目录

前　言

　　东北史是中国东北地方史的简称。东北自古以来就是东北各族人民聚居的地方。东北各民族自古以来就和中原历代王朝以及汉族人民在经济、政治、文化方面有密切的联系，东北地区比较早地纳入了祖国的版图。因此，东北是祖国领土不可分割的一部分；东北史是祖国历史不可分割的一部分；东北各民族是中华民族不可分割的一部分。

　　东北史是东北各族人民的历史，东北地区则是东北各族人民活动的历史舞台。"民族及地理，二者同与历史有密切之关系"，加强东北历史地理的研究，搞清东北古代各族的源流与分布，不但对开展东北史的研究，而且对了解祖国东北历代疆域的变迁，进行爱国主义教育，都有重要意义。

　　东北地处边疆，在经济、战略方面都有重要地位。鸦片战争以后，这里成为帝国主义列强在我国进行角逐的焦点之一。帝国主义御用"学者"制造了种种谬论，任意歪曲我国东北历史，充当帝国主义侵华的先声。他们散布的流毒既深且广，因此，加强东北历史地理的研究，肃清他们的流毒，恢复历史的本来面目，是摆在我国史学工作者面前的一项重要历史任务。

　　过去我国许多爱国史学工作者，在"强邻压境，国势阽危，金瓯已告残缺"的形势下，积极开展东北历史地理的研究，取得了很大的成绩，起过重要的历史作用。前辈研究的成果，是我们前进的基础；前人的研究，由于受当时历史条件的局限，错误和疏漏在所难免。现在，我们的任务是根据新的资料对这些方面进行补充和修改。笔者利用多年来从事考古调查的便利条件，在前人研究成果的基础上，结合实地考古调查资料，写出了一些有关东北历史地理的文章，对前人的结论提出了一些补充和修改，有的还提出了一些新的不成熟的看法。今将大部分已发表的有关东北历史地理的研究成果，共二十五篇，经过修改和补充，汇编成册，供读者参考。其中十一和十二两篇是和陈相伟同志合写的。由于自己的理论和专业水平有限，错误难免，请读者指正。

陈连开同志在百忙中对本书初稿提出了许多宝贵意见，在此表示衷心的感谢。刘萱堂、王新胜、马洪三位同志为本书绘了插图，柴景舜、谷德平两位同志为本书提供了照片，在此一并致谢。

作　者

1985 年 1 月于长春

一 关于西团山文化族属问题的探讨

自从西团山文化被发现以来，引起了国内外考古学界的关注。关于这一文化的族属问题，最早是由亲自参加西团山古墓葬发掘和研究的考古学家提出的，他们提出西团山文化"可能是肃慎族遗存"的初步意见[①]。这一意见提出以后，在国内考古学界和史学界影响很大，一般均采其说。日本学者三上次男认为，吉林西团山文化遗存的主人是"总称为貊人的古代居民"[②]。西团山文化究竟是肃慎人还是涉貊人的文化遗存，实有进一步探讨的必要。笔者对西团山文化缺乏研究，仅将自己不成熟的看法提出来，请有关专家和同志们指正。

（一）以西团山文化为肃慎文化遗存的论据值得商讨

主张西团山文化为肃慎文化遗存的论据[③]，归纳起来有以下几点：

1. 认为在西团山石棺墓的陶器里发现的野黍、金色狗尾草籽及陶纺轮[④]，和《后汉书·东夷传》挹娄"有五谷、麻布"的记载相符。但是陶纺轮和野黍等农作物不是肃慎人所特有的东西，在全国各地的原始文化

[①]中国科学院考古研究所编著：《新中国的考古收获》，第42页。

[②]（日）三上次男：《满鲜原始坟墓的研究》，1961年东京版，第340页。

[③]佟柱臣：《东北原始文化的分布与分期》，见《考古》1961年10期。

[④]东北考古发掘团：《吉林西团山石棺墓发掘报告》，见《考古学报》1964年1期。

遗址和墓葬中，多数都有谷物和陶纺轮的出土。因此，以这一点作为西团山文化是肃慎人文化遗存的论据是不能令人信服的。

2. 认为在西团山石棺墓中出土过猪骨，证实他们生前是养猪的，这和挹娄（即肃慎）"多畜猪，食其肉，衣其皮"[1]，以及"死者，其日即葬之于野，交木作小椁，杀猪积其上，以为死者之粮"[2]的记载相符。但是，东北古代各族，不仅限于挹娄即肃慎"其俗好养猪"，和挹娄同时的夫余"皆以六畜名官，有马加、牛加、猪加、狗加"[3]，可知夫余也是养猪的。西团山文化石棺墓中随葬的一些猪的下颌骨，和牡丹江流域莺歌岭上层文化遗址出土的一些陶猪俑，都证实了今吉、长地区和牡丹江流域的古代居民都是养猪的。在全国各地原始文化遗址和墓葬中，也多有猪骨的出土。因此，西团山石棺墓中有猪骨的出土，不能作为是肃慎人文化遗存的论据。西团山文化的特点是用石板棺或石块棺作为葬具，而挹娄（即肃慎）的葬具则是"交木作小椁"。分布在今吉林市、松花江上游，图们江流域的石棺墓，应是文献所载涉貊、夫余、高句丽、沃沮故地，而不是挹娄（即肃慎）故地。至于有的以西团山文化遗存中的石镞和《后汉书·东夷传》：挹娄人"青石为镞"的记载相符；西团山文化的居住址多为半地穴式，和挹娄人"常为穴居"的记载相符等为根据，作为西团山文化是肃慎人文化遗存的论据，更是不能令人信服的。因为东北各地原始文化遗址中出土的石镞大致相同，很难据以说明是属于哪一族的文化遗存。东北地处寒冷地带，东北古代各族穴居较多，不是肃慎（挹娄）所独有，吉林和牡丹江流域等地都有石镞和穴居的发现。因此，石镞和穴居也不能作为肃慎人文化遗存的标志。

3. 认为西团山文化多鼎、鬲，和《晋书·四夷传》所载肃慎一名挹娄，"无井灶，作瓦鬲，受四五升以食"的记载相符，以此作为西团山文

---

①《晋书》卷97，《四夷传·肃慎》。
②《晋书》卷97，《四夷传·肃慎》。
③《三国志》卷30，《魏志·东夷传·夫余》。

化是肃慎人文化遗存的又一论据。但今张广才岭以东到海的广大地区，即文献所载肃慎娄故地，并没有鼎、鬲的出土，而出土鼎、鬲的地区，又不是文献所载肃慎挹娄故地（见后述）。鼎、鬲到汉代在全国各地已经消失，《晋书·四夷传》所说的肃慎人使用的瓦鬲，不一定就是三足器（鼎、鬲），而是一种炊器的名称。从张广才岭以东的肃慎故地出土的炊器来看，多为釜、甑，而无鼎、鬲，考古资料证实肃慎故地从没有使用过鼎、鬲，肃慎人使用的瓦鬲，就是锅即釜，而不是鼎、鬲。从肃慎故地（见后述）无鼎、鬲的事实来看，吉、长等地出土的鼎、鬲，不但不能证明它是肃慎人的文化遗存，反而证明它不是肃慎人的文化遗存。在吉林猴石山、长蛇山等遗址中，都有长方形、椭圆形半地穴式房屋，在房屋的中部或墙角处有石块砌成的灶址，这和肃慎即挹娄"无井灶，作瓦鬲"的记载也不相符。由此可见，鼎、鬲的出土，不能用来作为肃慎人文化遗存的证据。

4. 根据《西团山人骨的研究报告》①中把西团山人定于"北亚蒙古人种的通古斯族"的意见，认为肃慎、挹娄属于通古斯族，结合上述几个论据，便推定西团山人骨应是历史上的肃慎。但是，通古斯族包括肃慎族，不等于就是肃慎族。况且，对西团山人属于"北亚蒙古人种的通古斯族"的意见，还有争论，不是定论。有的认为西团山头骨的"长高指数和宽高指数分别属于高颅型和中颅型，与头骨低而宽的通古斯族颅型有明显的差别。结合其他特征，西团山头骨具有东亚和北亚蒙古人种相混合的特征"②。因此，把西团山人骨认定为肃慎人的论据值得商榷。

由上述可知，把西团山文化认定为肃慎人文化遗存的意见，不是没有商讨余地的。我认为对西团山文化有进一步探讨的必要。

①贾兰坡、颜誾：《西团山人骨的研究报告》，见《考古学报》1963年2期。
②韩康信、潘其风：《古代中国人种成分研究》，见《考古学报》1984年2期。

（二）西团山文化分布的吉、长地区不是肃慎、挹娄故地，而是涉貊、夫余故地

西团山文化主要分布在今以吉林市为中心的吉、长地区，据放射性碳素测定的年代来看，西团山文化的上限可能早到西周初，下限可能到战国末。因此，在推定西团山文化的族属问题时，必须搞清从西周到战国时代，居住在今吉、长地区的古代居民究竟是涉貊还是肃慎的问题。

我国古代文献关于东北各族分布范围的记载基本上是正确可靠的，在探讨各地出土文物的族属问题时，是不可忽视的根据。

在《后汉书》《三国志》和《夫余传》中，都提到夫余王国是在涉貊故地建立的，这就为探讨这一部分涉貊的地理方位提供了线索和根据。从夫余"国有故城，名涉城，盖本涉貊之地，而夫余王其中"[1]，以及夫余"本涉地也"[2]的记载可知，搞清夫余王城的方位及其疆域四至，是搞清夫余境内这一部分涉貊人居地的关键。日本学者池内宏认为，"所谓夫余王印之'涉王之印'，以及夫余故城之'涉城'等传说，如果来自《魏略》所载，那就可能是撰写本书的鱼豢，把有关不耐涉的事，附会于夫余的结果。因此，对于采录了它的《三国志·魏志·夫余传》，就应该毫不踌躇地抹杀掉这段文字"[3]。但他并没有提出有力的论据。因此，还不能否定夫余在涉貊故地建国的这一文献记载。

1．夫余即涉貊故地，"在长城北，去玄菟千里"。挹娄（即肃慎）故地，在北沃沮北，"去玄菟三千余里"。

《三国志·魏志·东夷传》记载："夫余在长城北，去玄菟千里。"是推定夫余亦即涉貊故地方位的重要根据。东北地区的燕、秦、汉长城，大致是从今独石口经围场、赤峰、敖汉、库伦，至开原、抚顺，南下到鸭

---

① 《三国志》卷30，《魏志·东夷传·夫余》。
② 《后汉书》卷85，《东夷传·夫余》。
③ （日）池内宏：《关于真番郡的位置》，载《满鲜史研究》上世篇，第156页。

绿江以及朝鲜境内^①。燕、秦、汉长城的东段，即今开原、抚顺附近的长城，即夫余的南界，也就是夫余南与高句丽接界的浑河和辉发河两河上游的分水岭一带（详见本书三）。所谓"去玄菟千里"，是指从夫余王城到第三玄菟郡郡治的距离。第三玄菟郡的郡治在今沈阳附近的上柏官屯汉代古城^②，汉、魏时代的千里约当今七百里，从今沈阳附近以北的七百里处，正当今吉林省中部的吉、长地区（详见本书第三部分），并且和"夫余在长城北"的方位相符。由此可知，今吉、长地区是夫余王国的中心，也是濊貊故地。

先秦文献关于肃慎方位的记载是比较模糊的，仅记载肃慎是周朝的北方领土^③，"肃慎之国在白民北"^④。曹魏以后直到唐代，对挹娄（即肃慎）的方位才有比较详细可靠的记载。因此，欲考肃慎的地理方位，必须根据有关挹娄方位的记载求之。

关于挹娄是否即肃慎的问题，文献记载非常明确。《三国志·魏志·东夷传》载："挹娄……古之肃慎氏之国也。"《后汉书·东夷传》载："挹娄，古肃慎之国也。"《晋书·四夷传》载："肃慎氏一名挹娄。"有的以《新唐书·渤海传》中关于"以肃慎故地为上京，曰龙泉府，……挹娄故地为定理府"的记载为根据，认为肃慎和挹娄居地不同。但据《张建章墓志》云："明年秋杪达忽汗州。州即挹娄故地。"可知忽汗州即上京龙泉府（今宁安东京城），亦即挹娄故地。《张建章墓志》的出土证实了肃慎即挹娄，肃慎故地即挹娄故地。金毓黻先生认为"挹娄故地为定理府"的"挹娄本为虞娄之误，非汉时之挹娄也"^⑤。

①李文信：《中国北部长城沿革考》，见《社会科学辑刊》1979年创刊号。《中国历史地图集》第一册，第35—36图；第二册，第3—4图、13—14图。

②第三玄菟郡的郡治所在地，有铁岭、抚顺、沈阳附近三说，今以后说为是。详见陈连开：《唐代辽东若干地名考释》，见《社会科学辑刊》1981年3期。

③《左传》昭公九年：周景王十二年（前533年），周景王的特使詹桓伯辞于晋时说："肃慎、燕、亳吾北土也。"

④《山海经·海外西经》。

⑤金毓黻：《东北通史》上编，第75页。

《张建章墓志》的出土，也证实了金先生的这一论点是完全正确的。因此，《新唐书·渤海传》："以肃慎故地为上京，曰龙泉府，……挹娄故地为定理府"的记载，不能作为肃慎和挹娄不在同一地的根据。

有的认为周初的肃慎，当距周边不会太远，但汉、魏时代的挹娄居地距周边太远，因而认为不是周初肃慎居地。也有的认为肃慎和中原华夏族（汉族的前身）的来往较早，应受中原文化影响较深，在肃慎故地应有标志中原文明特色的三足器（鼎、鬲），但在汉、魏时代的挹娄居地，即今张广才岭以东到海，延边以北到黑龙江下游的广大地区，没有三足器。因此，认为周初的肃慎不是汉、魏时代的挹娄，进而认为前述"挹娄……古之肃慎氏之国也""肃慎氏一名挹娄"等文献记载系传抄之误。这是一种主观推论，并没有提出否定文献所载挹娄即肃慎的有力论据。

和中原华夏族接触比较早的东北古代各族，有山戎、发、息慎[①]，并且都到周朝进过贡[②]，这些古代传说说明，远在前21世纪以前的虞舜时代，东北古代居民就和中原有了往来。这些古代传说虽然不能作为科学论证的根据，但也不能完全否认。从东北各地出土的鼎、鬲[③]、豆[④]等中原黄河流域所特有的典型文物来看，早在虞舜时代，东北古代各族和中原华夏族之间的来往，还是可能和可信的。在东北古代各族中，东胡、涉貊居地和中原比较接近，而肃慎居地则距中原地区比较远。因此，和中原来往比较频繁，受中原文化影响比较深的是涉貊、东胡，而不是肃慎。在东北的中部平原地带和西部草原地带，即涉貊、东胡故地，都有大量

---

①《史记·五帝本纪》载：虞舜"南抚交阯，……北山戎、发、息慎"。息慎即肃慎。

②《逸周书·王会篇》。

③鬲是一种炊器，出现于我国新石器时代晚期——龙山文化，是标志中原黄河流域的特有的文化遗存。

④豆是盛食物的用具，在仰韶文化中即已出现，是中原黄河流域所特有的生活用具。

的鼎、鬲出土，而在地处僻远的东北部山区，即肃慎挹娄故地，则没有这些标志中原黄河流域的典型代表文物。这说明东北古代各族接受中原黄河流域文化影响较早、较深的是濊貊、东胡，而不是肃慎。汉、魏时代的挹娄故地，没有三足器（鼎、鬲）的出土，正反映了挹娄即肃慎地区"其路险阻，车马不通"，距中原较远，受中原文化影响较晚、较差的客观实际情况，并不能成为挹娄居地不是肃慎故地的根据。那种认为挹娄是肃慎的一部分，两者居地不同的说法，和前述文献记载并不相符。因此，肃慎故地的方位完全可以用有关挹娄方位的记载求之。

战国和秦、汉之间成书的《山海经·大荒北经》所载："东北海之外……大荒之中有山，名曰不咸，有肃慎氏之国"；《山海经·海外西经》："肃慎之国在白民北"，说明早在战国或战国以前，肃慎就居住在东北大荒之中，在白民之北。这和《后汉书》《三国志》所说的肃慎"南与北沃沮接"，即在北沃沮北，以及《晋书·四夷传》所说的肃慎"在不咸山北"的方位是一致的，并不矛盾。所谓白民因衣尚白[①]，故谓之白民。白民当即濊貊族系的北沃沮[②]。"北沃沮一名置沟娄，在南沃沮（即东沃沮）北八百余里"，南沃沮在今朝鲜咸镜南道的咸兴[③]，则其北八百余里之地约当今图们江流域。《新唐书·渤海传》谓："濊貊故地为东京龙原府，……沃沮故地为南京南海府。"金毓黻先生认为"南京之地在南，……正为古濊貊之地。东京之地在北，……亦正为古沃沮之地，……新书所记，为南北倒置"[④]。由此可知，渤海东京龙原府当为北

①《三国志·魏志·东夷传》：夫余人"在国衣尚白"，夫余属濊貊族系，可以推知濊貊族尚白，故谓之白民。《山海经》郭璞注：白民"言其人体洞白"。《淮南子》高诱注："白民白身。"

②《三国志·魏志·东夷传》载：高句丽即貊民，"东夷旧语以为夫余别种，言语诸事多与夫余同"。同书《东沃沮传》载："沃沮言语与句丽大同，时时小异。"同书《濊传》载：濊人"言语法俗大抵与句丽同"。由此可知，夫余、高句丽、濊及沃沮，在言语、法俗以至生活习俗方面均相近。

③《中国历史地图集》，东北地区资料汇编，第21页。

④金毓黻：《东北通史》上编，第281页。

沃沮。东京龙原府在今图们江北、珲春县城西二十里的八连城。因此，推定北沃沮在"今吉林省延吉、珲春、和龙、汪清等县"[①]是符合文献记载的。有的把吉林省东部延边地区的珲春、汪清等地的原始文化遗存推定为沃沮的文化遗存[②]，和文献所载北沃沮的方位是相符的。从北沃沮的地理方位可以推知肃慎的南界在今吉林省东部的延边珲春、汪清以北之地。

"挹娄，古肃慎国也，在夫余东北千余里"[③]。这是指从夫余的中心王城到挹娄（即肃慎）中心的距离，是推定挹娄即肃慎方位的又一重要根据。夫余活动的中心在松花江的吉、长地区，夫余前期的王城在今吉林市，后期王城西迁到今农安（详见本书三）。夫余王城东北千余里（约当今七百里），正当今牡丹江流域，和《新唐书·渤海传》载"以肃慎故地为上京，曰龙泉府"的记载相符。从肃慎、挹娄故地的自然地理环境来看，挹娄即肃慎活动的中心，当在今牡丹江流域。根据考古资料和碳–14测定的年代，考古学界多认为今黑龙江省宁安县牡丹江流域镜泊湖畔的新石器时代遗址——莺歌岭遗址，可能是商周时代肃慎人的文化遗存[④]。

又据《左传》昭公九年，晋人杜预注："肃慎，北夷，在玄菟北三千余里。"《山海经·大荒北经》东晋人郭璞注："今肃慎国去辽东三千余里。"从玄菟（今沈阳附近上柏官屯汉城）或辽东（今辽阳）北三千里（约当今二千一百里）处，当在今黑龙江下游，这当是指肃慎（即汉代的挹娄）的北界。从肃慎（即挹娄）在北沃沮北，以及"在夫余东北千余里""在玄菟北三千余里"的记载可以证实，今吉、长地区是在长城之北，而不是在北沃沮之北；去玄菟千里，而不是在玄菟北三千余里；是

---

①金毓黻：《东北通史》上编，第119页。
②《文物工作三十年》，第102—103页。
③《后汉书》卷85，《东夷传·挹娄》。
④干志耿、孙秀仁著：《黑龙江古代民族史纲》，第59—60页；王承礼著：《渤海简史》，第4页。

夫余即涉貊故地，而不是挹娄即肃慎故地。

2. 今吉、长地区和文献所载挹娄即肃慎的自然地理环境不符，而和夫余即涉貊的自然地理环境相符。

《后汉书·东夷传》载："挹娄，古肃慎国也，在夫余东北千余里，东滨大海，南与北沃沮接，不知其北所极。土地多山险……土气寒。"《晋书·四夷传》载："肃慎一名挹娄，在不咸山北，去夫余可六十日行。东滨大海，西接寇漫汗国，北极弱水。其土界广袤数千里，居深山穷谷，其路险阻，车马不通。"《三国志·魏志·东夷传》载：挹娄"土气寒，剧于夫余。"从挹娄即肃慎在夫余（在今吉林省的中部）东北千余里和西接寇漫汗国的记载，以及从今张广才岭以东、以西原始文化遗存的不同情况来看，挹娄（即肃慎）的西界。东到今日本海，南到今吉林省延边地区珲春、汪清以北（见前述），北到今黑龙江下游。这一广大地区，和文献所载挹娄（即肃慎）居地的"土地多山险""车马不通""土气寒，剧于夫余"的自然地理环境相符。今西团山文化分布的吉、长地区，地处东北中部的松花江平原地带，土地肥沃，气候比较温暖，适于农耕，和文献所载夫余即涉貊故地"多山陵、广泽，于东夷之域最平敞。土地宜五谷，不生五果"的自然环境相符，而和挹娄（即肃慎）居地的自然环境不符。这是以今吉、长地区为涉貊、夫余故地，而不是肃慎即挹娄故地的根据之二。

3. 粟末靺鞨居地不是肃慎、挹娄故地。

从上述文献记载可知，肃慎到汉代称挹娄，两者的居住地区是相同的。但是肃慎（挹娄）和肃慎的后裔——勿吉、粟末靺鞨[①]居住地区不同，因此不能以勿吉南下进入夫余、高句丽故地以后形成的靺鞨七部的居住地区，来推论挹娄故地。

---

① 《通典》卷158载："古之肃慎，宜即魏时挹娄。……后魏以后曰勿吉国，今则曰靺鞨焉。"粟末靺鞨依粟末水以居，原为夫余故地，夫余灭亡后，勿吉进入夫余故地，故粟末靺鞨中也有夫余的后裔。

据《魏书·勿吉传》和《北史·勿吉传》的记载，从勿吉到北魏"乘船泝难河西上，至太淰河"，以及从北魏回勿吉，从如洛瓌水（今西拉木伦河）"又北行十五日到太鲁水（即太淰河，今洮儿河），又东北行十八日到其（勿吉）国"的方向、日程可知，勿吉在南北朝初期，直到北魏孝文帝延兴年间（471—476），是居住在难河下游。北魏时代的难河包括今嫩江、松花江以及今黑龙江下游。从如洛瓌水（今西拉木伦河）到太鲁水（即太淰河，今洮儿河）行十五日，从太鲁水又东北行十八日到勿吉的方向、日程计之，南北朝初期勿吉的中心当在今依兰、哈尔滨一带。从"泝难河西上，至太淰河"，以及从太鲁水"又东北行十八日到其（勿吉）国"的方向、日程来看，勿吉在延兴年间（471—476）以前，决不是居住在今吉林市松花江一带。后来勿吉逐渐强大起来，从夫余的北部不断进攻。当高句丽南下进攻百济，无暇北顾之际，在北魏孝文帝延兴年间（471—476），勿吉乘机"破高句丽十落"①。后来又南下进攻夫余，"夫余为勿吉所逐"②，于494年，夫余王率妻孥逃亡到高句丽，夫余灭亡③，勿吉进入夫余故地。从此以后，夫余之名不见于史册，融合于勿吉即靺鞨④之中。《北史·勿吉传》和《隋书·靺鞨传》所载靺鞨七部的分布情况，是隋、唐时代靺鞨七部的分布情况。以今吉林市为中心的粟末水一带，原为涉貊、夫余故地，后为高句丽、粟末靺鞨居地。隋炀帝时对内附的粟末靺鞨酋长突地稽封为"扶余侯"⑤，可知肃慎后裔的粟末靺鞨中也有夫余的后裔。668年，唐灭高句丽以后，粟末靺鞨在大祚荣的领导下自立为震国（在今敦化），建立了地方民族政权。713年，唐玄宗封大祚荣为渤海郡王、忽汗州都督以后，去靺鞨称号，专称渤

① 《魏书》卷100，《勿吉传》。
② 《魏书》卷100，《高句丽传》。
③ 《三国史记》卷19，《高句丽本纪》，文咨明王三年（北魏太和十八年，494年）二月条载："扶余王及妻孥，以国来降。"
④ 《北史》卷94，《勿吉传》载："勿吉国，在高句丽北，一曰靺鞨。"
⑤ 《册府元龟》卷970。

海。在吉林省永吉县乌拉街镇杨屯大海猛遗址中，其上层出土一批典型的靺鞨文物（现藏吉林市博物馆）或渤海早期文物，而在其下层出土的文物则是西团山文化①。上下层文物没有任何共同之处，看不出它们之间有任何继承关系，很显然是两支不同民族的文化遗存，这当是勿吉（隋唐时称靺鞨）南下进入涉貊、夫余故地的物证。

综上所述，今吉、长地区，在春秋战国到汉、魏以及隋、唐时代，先后曾是涉貊、夫余、粟末靺鞨居地，而不是肃慎、挹娄故地。因此，分布在今以吉林市为中心的吉、长地区的从西周到战国末的西团山文化，不是肃慎人的文化遗存，而是涉貊人的文化遗存。

（三）吉、长地区的西团山文化和肃慎故地的文化遗存有明显的差别

1. 分布在吉、长地区的西团山文化，有大量的标志中原黄河流域的典型代表文物——鼎、鬲；而在张广才岭以东到海的肃慎故地则无鼎、鬲。这一明显的差别，标志着地处东北边远山区的古代肃慎，没有受到中原鼎、鬲文化的影响，而在东北中部平原和西部草原地区都有大量的鼎、鬲出土，这说明早在中原使用鼎、鬲时期就与东北松辽平原地区的古代居民发生了联系。

2. 分布在吉、长地区的西团山文化，在陶器方面多为素面夹沙褐陶，很少有纹饰；而张广才岭以东的肃慎故地在陶器方面虽也多为素面，但也有不少带有纹饰的夹沙红褐陶或夹沙黑灰陶。

3. 西团山文化除西团山墓地外，一般都有青铜制品出土，这是张广才岭以东肃慎故地所没有的。青铜器有铜斧、铜刀、铜矛、铜镞、铜饰物等②。人类自从使用了青铜器，就由石器时代进入到了另一个新的时代，即青铜时代，所以西团山文化为青铜时代的文化遗存，而不是新石

①陈家槐：《吉林省永吉杨屯大海猛古遗址三次考古发掘概况》，见《吉林省考古学会通讯》1982年2期。

②刘景文：《试论西团山文化中的青铜器》，见《文物》1984年4期。

器时代的文化遗存。张广才岭以东的肃慎故地的原始文化遗址没有青铜器的出土，是新石器时代的文化遗存。从出土文物可知，自西周到战国末，两个地区（吉、长地区和张广才岭以东地区）还处于不同的历史发展阶段。西团山文化和张广才岭以东肃慎故地的文化遗存，属于不同历史发展阶段的两种不同类型的文化遗存，不可能都是一个族即肃慎族的文化遗存。据文献记载，夫余王国是西汉初在涉貊故地（中心在今吉、长地区）建立的（详见本书三），而早在西汉初以前的春秋战国时代，涉貊之地已有"涉城"和"涉王之印"[①]的出现。城镇的出现是进入阶级社会的标志，所以，从西周到战国末已进入青铜时代的西团山文化，应是进入阶级社会的涉貊人的文化遗存，而不应是还处在原始社会阶段的肃慎人的文化遗存。把西团山文化推定为肃慎人的文化遗存，和文献所载肃慎的地理方位，以及肃慎所处的社会发展阶段都是不相符的。

① 《三国志》卷30，《魏志·东夷传·夫余》。

二　肃慎人的葬具是交木作小椁而不是石棺墓

　　肃慎（挹娄）的葬俗是："死者，其日即葬之于野，交木作小椁，杀猪积其上，以为死者之粮。"[1] 所谓"交木作小椁"，即用圆木纵横交错堆成一个井字形的框框，即所谓以小椁作为葬具。即将尸体装入小椁，然后"以土覆之"[2]，由此可知，肃慎（挹娄）人的墓葬是土坑竖穴墓，葬具是交木作小椁，而不是石棺，其上是以土为封，而不是"积石为封"[3]。和西团山石棺墓文化是根本不同的两种类型的墓葬。

　　到南北朝时代，肃慎的后裔——勿吉人的葬俗有了明显的变化，其葬俗是："其父母春夏死，立埋之，冢上作屋，令不雨湿；若秋冬死，以其尸捕貂，貂食其肉，多得之。"[4] 到唐代肃慎的后裔鞨鞈的葬俗则是："死者穿地埋之，以身衬土，无棺敛之具，杀所乘马于尸前设祭。"[5] 1979年—1981年，吉林市博物馆等单位的同志在永吉县乌拉街杨屯东南一华里的大海猛地区清理的渤海前期的墓葬中，土圹墓（土坑墓）就有九十

---

　　① 《晋书》卷97，《四夷传·肃慎》；《文献通考》卷326，《四裔三，挹娄》。

　　② 《太平御览》卷1784，四裔部，肃慎条。

　　③ 《后汉书》卷85，《东夷·高句丽》。

　　④ 《北史》卷94，《勿吉传》；《文献通考》卷326，《四裔三，勿吉》。

　　⑤ 《旧唐书》卷199下，《鞨鞈传》。

座，而石圹墓仅有两座①。这和靺鞨人葬俗的记载是一致的。其后渤海人接受高句丽的埋葬习俗，其墓葬多石筑单室封土墓，有的有墓道，有的无墓道②，但不是石棺墓。在今黑龙江省绥滨县高力河注入黑龙江处的沿江沙丘地带，发现三十余座墓葬，其中清理的十四座墓葬，完全是土圹无棺墓。"从出土文物看，时代也当在辽代中叶以后"③。今绥滨一带是辽代五国部的所在地，可见直到辽代，黑水一带女真人的墓葬和唐代黑水靺鞨一样没有改变。

金初，"死者埋之而无棺椁，贵族生焚所宠奴婢、所乘鞍马以殉之"④。可见直到金初，女真人和唐代靺鞨人一样，仍是"死者穿地埋之，以身衬土，无棺敛之具，杀所乘马于尸前设祭"的葬俗。但到金代已有杀人殉葬和火葬的习俗。

女真建国后，大举南下，进入汉族地区以后，在生活习俗以及葬俗方面逐渐汉化，女真贵族的墓葬形制和地表上墓前的布置，多仿宋墓。金代的火葬墓多为方形和长方形，墓室有土坑墓、砖室墓、石室墓三种，墓室中置有小石棺，小石棺中又放有骨灰匣，木棺火葬则均为土坑墓。墓前地表上和宋墓一样，都置有石人、石虎、石羊、石柱、石桌等物。这都是金代女真贵族的墓葬，而一般女真人的墓葬则极为简单，把骨灰装入瓦罐内或小石棺（或曰石函）内，然后埋葬起来，没有什么墓室。

女真葬俗的变化，各地情况不同。南下进入渤海、契丹以及汉族地区的女真人，其葬俗的变化较早，而没有南迁的女真人，其变化则较晚。直到明代，居住在松花江下游的海西女真人的葬俗，仍然是"置其

①吉林市博物馆编：《吉林史迹》，第20页，大海猛——粟末靺鞨人的家乡。
②延边朝鲜族自治州博物馆：《和龙北大渤海墓葬清理简报》，见《东北考古与历史》1982年1期。
③干志耿、魏国忠：《绥滨三号古墓群的清理与辽五国部女真人文化初探》，见1980年《黑龙江文物博物馆学会成立纪念文集》。
④《大金国志》卷39，女真初兴风土。

尸于大树，就其下宰马而食"，只是女真头目才用火葬①。

到清代，满族入关后，葬俗方面完全汉化。关于满族及其先世葬俗的演变过程和原因，在雍正十三年十月二十日的上谕中，有比较明确的记述。上谕云："古之葬者，厚衣之以薪，葬于中野，后世圣人易之以棺椁，所以通变宜民而达其仁孝之心也。本朝肇迹关东，以师兵为营卫，迁徙无常，遇父母之丧，弃之不忍，携之不能，故用火化，以便随身捧持，聊以遂其不忍相离之愿，非得已也。自定鼎以来，八旗、蒙古各有宁居，祖宗墟墓悉隶乡土，丧葬可依古以尽礼，而流俗不察，或仍用火化，此狃于沿习之旧，而不思当年所以不得已而出此之故也。朕思人子事亲送死最为大事，岂可不因时定制而痛自猛省乎？嗣后，远乡贫人不能扶柩回里，不得已携骨归葬者，姑听不禁外，其余一概不许火化，倘有犯者，按律治罪，族长及佐领等隐匿不报，一并处分。"②从此以后，满族才废除火葬，改用汉人以木棺埋葬的习俗。

从上述有关肃慎及其后裔的葬具演变过程可知，从最早的"交木作小椁"到"死者穿地埋之，以身衬土，无棺敛之具"，继又改为火葬，最后才改用汉人的木棺葬。从文献记载可知肃慎及其后裔的墓葬，从来没有使用过石棺墓，东北石棺墓的分布很广，但在涉貊故地有石棺墓，而在肃慎故地则没有发现石棺墓。由此可知，吉林西团山石棺墓文化应是东北古代居民涉貊人的文化遗存，而不是肃慎人的文化遗存。

---

①《李朝世宗实录》卷84，世宗二十三年（正统四年，1439年）正月己丑载："头目女真则火葬。"

②乾隆元年：《盛京通志》卷2，典谟，雍正十三年十月二十日上谕。

三　夫余的疆域和王城

　　夫余后来亦书"扶余"，是我国东北地区的古老居民，属涉貊族系统。约在西汉初建国①，四九四年灭亡，历经汉、魏、两晋、北魏等朝代，长达七百年之久。夫余王国在汉代归玄菟郡管辖，汉末、三国初改属辽东公孙氏，晋时由驻在襄平（今辽阳市）的东夷校尉管理。夫余和中原历代王朝的关系密切，贡使往来频繁。搞清夫余的疆域和王城，对研究我国统一疆域的形成、东北各民族的历史发展以及探讨夫余文物的分布等，都是有益的。

　　汉魏时代的夫余疆域，在《三国志》和《后汉书》的《夫余传》中都有比较详细而明确的记载。《三国志·夫余传》谓："夫余在长城之北，去玄菟千里，南与高句丽，东与挹娄，西与鲜卑接，北有弱水，方可二千里……多山陵、广泽，于东夷之域最平敞。土地宜五谷，不生五果。"《后汉书·夫余传》关于夫余的疆域四至和《三国志·夫余传》的记载相同，并谓夫余"在玄菟北千里……地方二千里，本涉地也"。

　　夫余"在玄菟北千里"，是指第三玄菟郡郡治之北千里。《三国志·吴志·孙权传》裴注引《吴书》谓："玄菟郡在辽东北，相去二百

　　①夫余之名，始见于《史记·货殖列传》，从《史记》的起迄年代（从远古到西汉武帝元狩元年即前 122 年），可知早在前122年和汉武帝平朝鲜置四郡（前108年）以前，在燕的北部已有夫余。《后汉书·挹娄传》载："自汉兴以后，臣属夫余。"

里"，此即指第三玄菟郡的郡治所在地。辽东即今辽阳，汉代二百里，约当今一百四十里。辽阳之北一百四十里之地，当今沈阳市附近的上柏官屯汉代古城[1]。汉魏时代的千里，约当今七百里，则夫余初期的王城当在今沈阳市之北七百里处求之，正当今吉林省中部一带。有的把夫余的地理位置推定在今黑龙江省境内的松、嫩或呼、嫩平原，和夫余"在玄菟北千里"即今七百里的记载不符。

东汉末，公孙度称雄辽东，"时句丽、鲜卑强，度以夫余在二虏之间，妻以宗女"[2]，联合夫余以对抗高句丽和鲜卑。如把汉魏时代的夫余推定在今黑龙江省的松、嫩或呼、嫩平原，则夫余当在高句丽和鲜卑之北，和"夫余在二虏（即句丽、鲜卑——著者注）之间"的记载不符。东汉安帝建光元年（121年），高句丽军围攻玄菟城时，"夫余王遣子与州郡并力讨破之"[3]。正始中，"幽州刺史毌丘俭讨句丽，遣玄菟太守王颀诣夫余，位居遣大加郊迎，供军粮"[4]。从这些记载也可以推知，汉魏时代的夫余也不会远在今黑龙江省的松、嫩或呼、嫩平原。

两汉交替之际，高句丽乘机向西扩张，高句丽琉璃王三十三年（14年）秋八月，"西伐梁貊，灭其国，进兵袭取汉高句丽县"[5]。梁貊即梁水之貊，梁水即今太子河，梁貊当在今太子河上游。高句丽县在今辽宁省新宾县老城附近的汉代古城。东汉末，中原战乱，高句丽乘机数侵辽东、玄菟二郡[6]。由此可知，两汉时期，夫余南与高句丽接界之地，约在今浑河、辉发河上游的分水岭一带。

夫余"东与挹娄"接界之地，当在今张广才岭。据《三国志·魏

————————

①陈连开：《唐代辽东若干地名考释》，见《社会科学辑刊》1981年3期。（日）白鸟库吉等：《满洲历史地理》第1卷，第96—98页。

②《三国志》卷30，《魏志·东夷传·夫余》。

③《后汉书》卷5，《孝安帝本纪》5，建光元年冬十二月条。《后汉书》卷85，《东夷传·高句丽》。

④《三国志》卷30，《魏志·东夷传·夫余》。

⑤《三国史记》卷13，《高句丽本纪》第一，琉璃王。

⑥《三国志》卷30，《魏志·东夷传·高句丽》。

志·东夷传》挹娄条载，"挹娄在夫余东北千余里，滨大海，南与北沃沮接，未知其北所极""其土地多山险""土气寒，剧于夫余"。可知，挹娄在夫余的东北千余里（约当今七百余里），北沃沮（今吉林省延边珲春等地）的北部，正当今东北的东北部山区。又据《张建章墓志》云："明年秋杪，达忽汗州，州即挹娄故地。"[1]明年，即唐文宗太和八年（834年）。忽汗州即今牡丹江流域的宁安县东京城。这就是说，挹娄在今张广才岭以东到海的广大地区，其中心当在今牡丹江流域。如把夫余的北界推定在黑龙江，其居地在今松、嫩或呼、嫩平原，既和夫余"在玄菟北千里""挹娄在夫余东北千余里"的记载不符，也和"土气寒，剧于夫余"的记载不符。

东汉时，鲜卑游牧于今西喇木伦河、洮儿河以及北至大兴安岭的北部，嫩江流域以西之间。檀石槐"东却夫余"[2]，鲜卑东进到什么地方虽不清楚，但东汉时，正是夫余的强盛时代。因此，这时的鲜卑不会东进到夫余的内地——今农安以东一带。从夫余在东晋永和二年（346年）"西徙近燕"后的王城在今农安（详见后述）的历史记载，可以推知夫余"西与鲜卑接"界之地约在今吉林省白城地区。

夫余"北有弱水"，有的认为这里所说的弱水指今黑龙江[3]。我认为这两种看法都有片面性。因为，如把弱水推定在今黑龙江，虽然和挹娄"北极弱水"的记载相符，但和夫余"北有弱水"的记载不符；如把弱水推定在今东流松花江，虽然和夫余"北有弱水"的记载相符，但和挹娄"北极弱水"的记载有矛盾。因此，《后汉书·夫余传》和《晋书·肃慎传》所说的弱水，决不是仅仅指今黑龙江或东流松花江，而应指今东流松花江和黑龙江下游（即和东流松花江合流后的一段）而言。古代把今嫩江、东流松花江和黑龙江下游看作一条河流，这从北魏时代

①徐自强：《张建章墓志》考，见《文献》1979年2期。

②《后汉书》卷90，《鲜卑传》。

③（日）白鸟库吉：《弱水考》，见《史学杂志》第7编，第11号。张博泉：《夫余史地丛说》，见《社会科学辑刊》1981年6期。

的难河所包括的河流范围也可得到证实。北魏时代的难河，不仅仅指今嫩江，而且还包括今黑龙江下游[1]。夫余"北有弱水"，是指弱水的西段，即今东流松花江的西段。据《魏书·勿吉传》所载勿吉使臣赴北魏的路线、日程推定，约当今黑龙江省的通河以西。挹娄"北极弱水"，是指弱水的东段，约当今通河以东的黑龙江下游。

西晋以后，夫余频遭邻近各族的侵袭，国势日趋衰落。西晋太康六年（285年），慕容廆破夫余，"其王依虑自杀，子弟走保沃沮"[2]。太康七年（286年），在西晋的援助下，打败慕容廆军，才得以复国。东晋时，高句丽和前燕、后燕争夺辽东、玄菟二郡地。东晋永和二年（346年），夫余"西徙近燕"，故《晋书·夫余传》云：夫余"南接鲜卑"。高句丽好太王时期，夫余故地又被高句丽所占据，一部分夫余人逃亡，北渡那河。所以，汉魏时代的夫余是在弱水之南，而东晋以后，夫余人的一部分逃亡到那河即弱水以北地区。到北魏时，勿吉强大起来，从夫余的东北部不断向南进攻。当高句丽南下进攻百济、无暇北顾之际，在北魏孝文帝延兴（471—476）以前，勿吉乘机"破高句丽十落"[3]。后来勿吉大举南下，"夫余为勿吉所逐"[4]。494年（北魏太和十八年，高句丽文咨明王三年），夫余王率妻孥逃亡到高句丽[5]，勿吉进入夫余故地，夫余遂亡。

据《资治通鉴·晋纪》载："初，夫余居于鹿山，为百济（当为高句丽之误——作者按）所侵，部落衰散，西徙近燕。"西徙的年代在东晋永和二年（346年）以前[6]。可知，夫余的王城有初期和后期之分。池内宏

① 《魏书》卷100，《乌洛侯国》载："其国西北有完水，东北流合于难水，其地小水皆注入难，东入于海。"《魏书》卷100，《勿吉传》载："乘船泝难河西上，至太泝河。"《太平寰宇记》卷199载："难水即那河，东入于海。"

② 《晋书》卷97，《夫余传》。

③ 《魏书》卷100，《勿吉传》。

④ 《魏书》卷100，《高句丽传》。

⑤ 《三国史记》卷19，《高句丽本纪》第7，文咨明王三年二月条。

⑥ 《资治通鉴》卷97，《晋纪》19，东晋穆帝永和二年正月条。

认为夫余前期的王城在今黑龙江省阿勒楚喀（今阿城），鹿山在阿勒楚喀附近的某一山，后期的王城在今农安[1]。金毓黻先生认为夫余前期的王城在今农安，而后期的王城在今辽宁省昌图县北四十里的四面城[2]。我认为夫余西徙后的王城在今农安，西徙前的王城在今农安以东的吉林市龙潭山、东团山一带。

为搞清夫余前期王城的位置，应先搞清夫余后期王城的位置。《新唐书·渤海传》载："扶余故地为扶余府，常屯劲兵捍契丹。"渤海扶余府即夫余故地。据《辽史·地理志》东京道通州条："通州安远军节度，本扶余国王城，渤海号扶余城，太祖改龙州，圣宗更今名。保宁七年（975年），以黄龙府叛人燕颇余党千余户置，升节度。"又据同书龙州黄龙府条："在渤海扶余府。太祖平渤海还，至此崩。有黄龙见，更名。保宁七年（975年），军将燕颇叛，府废。开泰九年（1020年），迁城于东北，以宗州、檀州汉户一千复置。"有的根据《辽史·地理志》这两条记载，认为辽初的黄龙府在通州，此即夫余国的后期王城；复置的黄龙府在通州的东北，即今农安县城，是辽代后期的黄龙府，不是夫余国的后期王城。这恐怕是对上述两条记载的误断。

综合分析这两条记载可知，辽初的黄龙府因燕颇起义而废掉，保宁七年（975年）迁到通州（今吉林省四平市的一面城[③]），仍名龙州黄龙府。到辽圣宗时，国力强盛，又向北扩张，于开泰九年（1020年）迁城于东北（通州的东北），复置黄龙府，即又迁回原地（今农安），所以才称为"复置"。为避免地名的重复，在1020年迁城的同时，遂将南迁的龙州黄龙府改名为通州。由此可知，辽代黄龙府最初和最后都在今农安

---

①（日）池内宏：《夫余考》，见《满鲜地理历史研究报告》第13册，第80—84页。

②金毓黻著：《东北通史》上编，第168页（1981年社会科学战线杂志社翻印本）。

c郭毅生：《辽代东京道的通州与安州城址的考察》，见《社会科学战线》1978年3期。

县城。这就是渤海的扶余府，夫余国后期的王城所在地。"西徙近燕"以前的夫余王城——鹿山，应在今农安以东，而不应在今农安以北等地求之。

西徙前的夫余，正当汉魏时期，是夫余比较强盛的时代。夫余和汉魏的关系密切，贡使往来频繁，受汉文化的影响较深。所以，夫余前期王城的所在地，应有相当于汉魏时代的丰富文化遗存。从"初，夫余居于鹿山"，以及"已杀，尸之国南山上"[①]等记载来看，夫余前期的王城应是山城，或王城附近有山。吉林市是农安以东古代文化遗迹、遗物最丰富的地方。汉代的文化遗存，以龙潭山、东团山城，以及龙潭山车站到东团山之间的铁路两侧和东团山南麓的南城子为最多。曾出土过汉代五铢钱、汉代白铜镜残片、汉代三角形铜镞、汉代灰色细泥陶耳杯、汉代陶灶、陶甑、印有五铢钱和王莽货泉花纹的陶片，以及带有"长"字的灰色瓦当残块（当为汉代"长乐未央"瓦当的残部）等。此外，还出土过一些带有北方民族特点的文物，以及高句丽样式的红色绳纹、方格纹板瓦，渤海手指压纹板瓦，辽、金兽面瓦当，宋代铜钱等[②]。1973年，吉林市文物主管部门在吉林东团山南麓的南城子曾清理发掘出许多石器时代、汉代、高句丽、渤海以及辽、金时代的文物[③]。

从龙潭山城和东团山城及其附近的汉代文物，以及山城的规模和险要的地理形势[④]来看，决非一般汉代县城的规模可比。高句丽的王都国内城周长五里，丸都山城周长十四里（包括利用自然山势部分），而龙潭山城周长亦约五里，东团山南麓的南城子现仅存南墙和东墙的一部

三　夫余的疆域和王城

---

① 《三国志》卷30，《魏志·东夷传·夫余》。

② 李文信：《吉林市附近之史迹及遗物》，见《历史与考古》第1号（1946年）。李文信：《吉林龙潭山遗迹报告》（一）、（二）、（三），见《满洲史学》第1卷第2号、第3号，第2卷第2号。

③ 吉林市博物馆编：《吉林史迹》第10—14页（吉林人民出版社1984年版）。

④ 康家兴：《吉林市龙潭山的山城和水牢》，见1957年《吉林省文物工作通讯》。

分。这里正当今沈阳市附近（第三玄菟郡的郡治）之北七百里（当汉代千里），应是玄菟郡辖下的夫余故地，即夫余前期王城的所在地。池内宏以阿勒楚喀（今阿城）为夫余西徙前的王城所在地[①]，但那里还没有发现相当于汉魏时代的古城和遗物，也和"在玄菟北千里"的距离，以及"西徙近燕"的东西方向不符。过去，因龙潭山城、东团山城（在龙潭山南三里）、九站南山城（在龙潭山北二十里松花江西岸）都曾出土过高句丽样式的红色绳纹、方格纹板瓦，便推定为高句丽山城，这也是不全面的。因为从龙潭山、东团山及其附近出土的汉代文物来看，龙潭山城和龙潭山车站一带，东团山城及其南麓的南城子，决不是高句丽在346年或410年进占夫余故地以后所筑，而应是汉魏时代的建筑遗址，高句丽进占夫余故地以后，仅加以修筑和沿用而已。现在把夫余前期的王城推定在今吉林市龙潭山城或东团山城及其南麓的南城子，不但和"初，夫余居于鹿山……西徙近燕"等文献记载相符，而且还和"盖本濊貊之地，而夫余王其中"[②]的记载相符。

①（日）池内宏：《夫余考》，见《满鲜地理历史研究报告》第13册，第80—84页。

②《三国志》卷30，《魏志·东夷传·夫余》。

四 北扶余、东扶余、豆莫娄的由来

据《好太王碑》和朝鲜《三国史记》以及《三国遗事》的记载，夫余（亦书扶余）又称北扶余、东扶余。我国史书只有夫余、北扶余，而没有东扶余。关于扶余、东扶余以及北扶余之裔的豆莫娄（达末娄）的由来和地理位置的问题，中、外史学界的看法各有不同。

为了便于探讨北扶余、东扶余的由来和地理位置的问题，应首先搞清夫余的由来和地理位置。

夫余王国是东明[①]从"北夷索离[②]国"南逃到涉地建立的。从"夫余国……本涉地也"，以及东明由北而南过"掩滹水"，"因至夫余而王之焉"[③]的记载，可以证实"涉即夫余二字之合音"[④]，涉即扶余，这就是夫余名称的由来。

从夫余之名始见于《史记·货殖列传》，以及《后汉书·挹娄传》所谓挹娄"自汉兴以后，臣属夫余"的记载，可以推知夫余建国的时间，最晚当在西汉初，即前3世纪初。这一夫余就是《三国志·魏志·东夷传》和《后汉书·东夷传》所说的夫余。关于《夫余的疆域和王

---

① 《梁书·高句骊传》载："东明本北夷槀离王之子。"

② 鱼豢：《魏略》书槀离。王充：《论衡·吉验篇》书槖离。《后汉书·东夷传》作索离。《梁书·高句骊传》书槀离。百衲本作高离。

③ 《后汉书·东夷传·夫余》。

④ 何秋涛：《周书王会篇浅释》卷下。

城》，因拙稿已经发表①，故不详述。汉、魏以来，夫余的疆域在今吉林省的中部（吉、长、白城、四平地区）一带。夫余前期的王城在今吉林市龙潭山和东团山的古城遗址，其后"西徙近燕"，迁到今农安。而夫余（扶余）又称北扶余、东扶余。

《好太王碑》和集安《牟头娄冢墨书》②皆谓高句丽的始祖邹牟（朱蒙）"出自北夫余"。而《魏书》《高句丽传》和《百济传》则皆谓"出于夫余"③。《三国史记》④和《三国遗事》⑤又皆谓出自"东扶余"。究以何说为是，就必须弄清北扶余、东扶余的由来及其与夫余的关系。

《三国史记》高句丽本纪和《三国遗事》卷1，关于北扶余、东扶余建国的神话传说，不但和其他文献记载有矛盾，而且也有自相矛盾之处（见后述）。尤其《三国遗事》关于这些神话传说的记载，更是矛盾百出。因此，有的认为"皆荒诞不经，不足取信"⑥。对这些神话传说，虽不应完全否定，但也不应完全信以为真。在引用时，需要和其他文献史料对比研究，经过去伪存真的考证以后，才能引以为据，不能贸然把民间传说当作真实史料，否则不免以讹传讹。

（一）北扶余即汉初以来的扶余

关于北扶余的由来有两种说法：一是认为"北夷索离国"即北扶余。二是认为北扶余就是神爵三年（前59年）在"讫升骨城"建立的北扶余。我认为北扶余即汉初以来的扶余。

---

①见《社会科学战线》1982年4期。
②集安下羊鱼头北山麓《牟头娄冢墨书》载："河泊（伯）之孙，日月之子，好太圣王元出北夫余。"
③《魏书·百济传》载，北魏孝文帝延兴二年（472年），百济王余庆遣使上表曰："臣与高句丽源出夫余。"
④《三国史记》卷13，《高句丽本纪》第一，始祖东明圣王条。
⑤《三国遗事》卷1，高句丽条。
⑥《新增东国舆地胜览》卷6，京畿条。

《三国遗事》谓："北扶余王解夫娄"建立东扶余①，而《三国史记》则谓："扶余王解夫娄"建立东扶余②。《好太王碑》谓高句丽始祖邹牟（朱蒙）"出自北夫余"，而《魏书》"高句丽传"和"百济传"则皆谓："高句丽者出于夫余。"《三国史记》百济本纪第一又谓"朱蒙自北扶余逃难"。这些都说明北扶余即扶余，二者并无区别。

又据《三国史记》高句丽本纪，有时称扶余为北扶余。如：高句丽琉璃王二十九年（10年）夏六月，"矛川上有黑蛙与赤蛙群斗，黑蛙不胜，死。议者曰：'黑，北方之色，北扶余破灭之征也'"。接着又说，琉璃王三十二年（13年）冬十一月，"扶余人来侵……扶余军大败"③。大武神王四年（21年）冬十二月，"大王北伐扶余"。大武神王五年（22年），"王进军于扶余国南"，扶余王带素被杀④。从"北扶余破灭之征也"和"扶余军大败"，扶余王带素被杀，可知这里所说的北扶余即扶余，扶余王带素亦即北扶余王带素。从《后汉书·高句丽传》所谓"北与夫余接"的记载可以推知，因扶余在高句丽之北，故亦称北扶余。从前述夫余即北扶余，出自北夷索离（即囊离、槀离）国的记载，说明索离国不是北扶余，而是北扶余的先世和故乡。《三国遗事》卷1，所谓西汉宣帝神爵三年（前59年）"天帝（解慕漱）降于讫升骨城"建立北扶余的传说，不但和《魏书·高句丽传》所说的朱蒙（邹牟）由扶余南下，经过一条大水，到屹升骨城（今辽宁省桓仁县五女山城）建国的传说有矛盾，也和上述北扶余名称的由来不符。据《三国史记》的记载，高句丽的始祖朱蒙在前37年建国时，是二十二岁⑤。则前59年建立北扶余的年代，正是朱蒙（邹牟）降生的年代。又据《三国遗事》卷1，高

四 北扶余、东扶余、豆莫娄的由来

025

---

①《三国遗事》卷1，《东扶余》。

②《三国史记》卷13，《高句丽本纪》第一，始祖东明圣王。

③《三国史记》卷13，《高句丽本纪》第一，琉璃王。

④《三国史记》卷14，《高句丽本纪》第二，大武神王。

⑤《三国史记》卷13，《高句丽本纪》第一，始祖东明圣王。

句丽条注引坛君记云："夫娄①与朱蒙异母兄弟也。"这都说明朱蒙是在北扶余的第一代王解慕漱时诞生的。但《三国史记》②和《三国遗事》③又皆谓：朱蒙（邹牟）是在东扶余王金蛙时，由河伯之女，名柳花所生。《三国遗事》卷1，北扶余条云："东明帝继北扶余而兴，立都于卒本川，为卒本扶余，即高句丽之始祖。"而《三国遗事》高句丽条和《三国史记》④又皆谓朱蒙（即邹牟、东明）出自东扶余。由此可知，《三国史记》和《三国遗事》关于朱蒙诞生的年代和北扶余在"讫升骨城"建国的传说，矛盾百出，不足取信。从朱蒙诞生的年代（前59年）和在屹升骨城（即讫升骨城，在今辽宁省桓仁县五女山城）建立卒本扶余（即高句丽）的记载来看，《三国遗事》传说中的北扶余，可能即朱蒙在屹升骨城建立的卒本扶余。这一扶余可能因在南扶余（即百济）⑤之北而名北扶余。因此，《好太王碑》所说的邹牟（朱蒙）王"出自北夫余"的北夫余，决不是《三国遗事》所说的神爵三年（前59年）在讫升骨城建立的北扶余，而应是前3世纪（即西汉初），由索离国南逃到涉地建国的夫余。这一夫余，在《三国史记》高句丽本纪中亦称北扶余或东扶余。

（二）东扶余亦即汉初以来的扶余

关于东扶余也有不同看法，有的认为东扶余是北扶余王解夫娄逃到东海之滨的迦叶原地方建立的国家。也有的认为东扶余是西晋太康六年（285年），慕容廆破夫余，"其王依虑自杀，子弟走保沃沮"⑥时建立的国家。我认为东扶余亦即汉初以来的扶余，而不是在扶余之外又有东扶余。

---

①夫娄即解夫娄，为北扶余的第一代王解慕漱之子，金蛙为解夫娄之子。

②《三国史记》卷13，《高句丽本纪》第一，始祖东明圣王。

③《三国遗事》卷1，《高句丽》。

④《三国史记》卷13，《高句丽本纪》第一，始祖东明圣王。

⑤《三国史记》卷37，杂志六，地理四，百济："自卒本扶余至慰礼城，立都称王……国号南扶余。"

⑥《晋书》卷97，《四夷传·夫余》。

《三国史记》和《三国遗事》所说的东扶余就是扶余的例子有：

《三国史记》卷13，高句丽本纪第一，始祖东明圣王条的记载谓：高句丽的始祖朱蒙（邹牟）是在东扶余王金蛙时，由于其长子带素的谗言，朱蒙被迫南逃。而《三国史记》高句丽本纪的另一条记载则谓扶余王带素，而无东字。如琉璃王二十八年（9年）秋八月，扶余王带素遣使至高句丽，要求高句丽王臣服时，琉璃王子无恤面责其使说："我先祖（即朱蒙）神灵之孙，贤而多才，大王（带素）妬害，谗之父王（金蛙），辱之以牧马，故不安而出。"同一事实，一说东扶余王金蛙，一说扶余王金蛙。《三国史记》①和《三国遗事》②说，高句丽者出自东扶余，而《魏书》《高句丽传》和《百济传》则皆谓，高句丽者"出于夫余"。又如东明圣王十四年（前24年）秋八月，"王母柳花薨于东扶余，其王金蛙以太后礼葬之，遂立神庙。冬十月，遣使扶余馈方物，以报其德"③。在同一条记载里，一书东扶余，一书扶余。高句丽太祖大王六十九年（121年）冬十月"王幸扶余，祀太后庙"④，而太后庙在东扶余。又如《三国史记》卷13，高句丽本纪，始祖东明圣王条，既云朱蒙出自东扶余，而另一条记载又云："王子类利自扶余与其母逃归。""初，朱蒙在扶余，娶礼氏女，有娠，朱蒙归后乃生，是为类利。"由上述可知，东扶余即扶余，而不是在扶余之外又有东扶余。这可能是《好太王碑》只有北夫余、东夫余，而没有夫余，中国史书只有夫余、北扶余，而没有东扶余的原因。所谓东扶余可能是由于夫余"西徙近燕"以后，就把西徙前的夫余，即汉初以来的夫余叫东扶余。

据《三国史记》和《三国遗事》的记载，东扶余是从北扶余分出来的，是在北扶余（亦即扶余）王解夫娄时，约当前一世纪，即西汉后

---

① 《三国史记》卷13，《高句丽本纪》第一，始祖东明圣王。
② 《三国遗事》卷1，《高句丽》。
③ 《三国史记》卷13，《高句丽本纪》第一，始祖东明圣王。
④ 《三国史记》卷15，《高句丽本纪》第三，太祖大王。

期①，逃到东海之滨的迦叶原地方建立的国家。但这一传说，和下述其他文献记载不符。所谓东海之滨的地方，正是北沃沮和东沃沮之地。东明王（朱蒙、邹牟）十年（前28年），"王命扶余猒伐北沃沮，灭之，以其地为城邑"②。《三国志·魏志·高句丽传》谓："高句丽国人有气力，习战斗，沃沮、东涉皆属焉。"《后汉书·东沃沮传》谓东沃沮"臣属句骊"。《三国志·魏志·高句丽传》和《后汉书·高句丽传》皆谓高句丽"东与沃沮，北与夫余接"。这些记载都没有涉及东扶余。如果前1世纪，即西汉后期，在东海之滨建立东扶余时，则高句丽应为"东与东扶余接"。尤其从上述东扶余即扶余的记载可知，《三国史记》和《三国遗事》关于在东海之滨建立的神话传说并不足为据。

日本池内宏③和岛田好④ 均认为东扶余是在西晋太康六年，即285年，前燕慕容廆破夫余，"其王依虑自杀，子弟走保沃沮"⑤，即逃到北沃沮时建立的。曹魏正始六年（245年），毌丘俭遣玄菟太守王颀追击高句丽王位宫（东川王），位宫奔东（南）沃沮，为王颀军所追，复奔北沃沮，"北沃沮一名置沟娄，去南沃沮（东沃沮）八百余里"⑥。这些记载说明，在285年以前，只有北沃沮、东沃沮（南沃沮）之名，还没有东扶余之名。这就是在285年以前，在沃沮即北沃沮还没有建立东扶余的证明。因此，日本池内宏和岛田好把东扶余的建立推定在285年，夫余王族"子

①据《三国遗事》卷1，北扶余条载：北扶余是在前59年建立的，第一代王为解慕漱，第二代王为解夫娄，第三代王为金蛙。据《三国史记》卷13载，高句丽本纪第一，始祖东明圣王十四年（前24年）正是金蛙为王时，据此推定解夫娄建立东扶余当在前24年以前。

②《三国史记》卷13，《高句丽本纪》第一，始祖东明圣王。

③（日）池内宏：《夫余考》，见《满鲜地理历史研究报告》第13册，第90—95页。

④（日）岛田好：《东扶余的位置和高句丽的开国传说》，见《青丘学丛》第16号（昭和九年 5月）。

⑤《晋书》卷97，《四夷传·夫余》。

⑥《三国志》卷30，《魏志·东夷传·北沃沮》。

弟走保沃沮"时建立的。到410年，被高句丽好太王征服①，建国长达125年而亡。岛田好认为《好太王碑》中的"卖勾余民"的余民，即东夫余民之略。"王躬率往讨，军到余城"的余城，即东夫余城之略②。但这一看法，和前述东扶余即扶余的文献记载不符。夫余王族的一部分"子弟走保沃沮"是事实，但在沃沮即北沃沮建立东扶余之事则不见于文献记载。《三国史记》和《三国遗事》所说的在东海之滨的迦叶原地方建立的东扶余，又和文献记载不符（见前述）。

由上述可知，北扶余、东扶余即扶余的别称，这就是出现高句丽者"出自北夫余"③"出于夫余"④"出自东扶余"⑤等不同记载的原因。也是前述扶余王带素有时称东扶余王和北扶余王的原因。如果不加考证核实，便以《三国史记》和《三国遗事》为根据，把北扶余推定在讫升骨城（今辽宁省桓仁县五女山城），把东扶余推定在东海之滨，不但和文献记载不符，也无法理解高句丽者"出自北夫余""出于夫余"出自"东扶余"的不同记载，也不能理解上述扶余即北扶余、东扶余的记载。

（三）豆莫娄的由来

豆莫娄之名始见于《魏书·豆莫娄传》，豆莫娄即《魏书·勿吉传》的大莫卢，《新唐书·流鬼传》的达末娄。《魏书·豆莫娄传》谓豆莫娄："旧北扶余也。"《新唐书·流鬼传》谓："达末娄自言北扶余之裔。"这两条记载明确地指出了豆莫娄的族源是北扶余。豆莫娄在什么时候从北扶余分出来的？在什么地方建立的？豆莫娄的住地是否即北扶余的所在地？这是史学界还在争论的问题。

---

①《好太王碑》。

②（日）岛田好：《东夫余的位置和高句丽的开国传说》，见《青丘学丛》第16号（昭和九年5月）。

③《好太王碑》。

④《魏书·高句丽传》。

⑤《三国史记》卷13，《高句丽本纪》第一，始祖东明圣王。《三国遗事》卷1，《高句丽》。

1. 豆莫娄在什么时候建立的？

有的认为豆莫娄是北扶余（即夫余）在494年为勿吉所逐，夫余有的降于高句丽，有的"北退而为豆莫娄国焉"[1]。有的认为是在"高句丽大武神王无恤五年（22年）破东夫余"后，东夫余的一部分人北渡那河建立的[2]。我认为从豆莫娄之名始见《魏书·豆莫娄传》的记载可知，豆莫娄当是在410年，东扶余（即扶余、北扶余，而不是所谓在东海之滨的东扶余）被高句丽好太王占领以后，东扶余（即北扶余或扶余）的一部分人北渡那河建立的。

《魏书·勿吉传》在"明年夏入贡"条下，有明年即太和十年（486年）"其（勿吉）傍有大莫卢国……前后各遣使朝献"的记载，而大莫卢国即豆莫娄国。可见豆莫娄不是在494年夫余被勿吉所逐以后建立的，而是早在486年以前就已有大莫卢国即豆莫娄国的存在。494年，夫余为勿吉所逐，有夫余南下投降高句丽的记载[3]，而没有"北退而为豆莫娄国"的记载。因此，所谓夫余为勿吉所逐，"北退而为豆莫娄国"的推论，和"高丽（即高句丽）灭其国，遗人度（渡）那河因居之[4]的文献记载不符。

高句丽大武神王（无恤）五年（22年），"王进军于扶余国南"[5]，打败扶余王带素的进攻，扶余王带素被杀。扶余的一部人有的逃亡[6]，有的投降[7]。但这次战争，"虽杀其王，未灭其国"[8]。这就是《魏书·高句

①冯家昇：《豆莫娄国考》，见《禹贡半月刊》7卷，1、2、3合期。
②张博泉：《〈魏书·豆莫娄传〉中的几个问题》，见《黑龙江文物丛刊》1982年2期。
③《三国史记》卷19，《高句丽本纪》第七，文咨明王三年二月"扶余王及妻孥，以国来降"。
④《新唐书·流鬼传》。
⑤《三国史记》卷14，《高句丽本纪》第二，大武神王五年。
⑥《三国史记》卷14，《高句丽本纪》第二，大武神王五年。
⑦《三国史记》卷14，《高句丽本纪》第二，大武神王五年。
⑧《三国史记》卷14，《高句丽本纪》第二，大武神王五年。

丽传》所说的莫末（即无恤、大武神王）"乃征夫余，夫余大败，遂统属焉"的记载。从高句丽太祖大王六十九年（121年）冬十月，"王幸扶余，祀太后庙，存问百姓穷困者，赐物有差"①的记载，可以证实扶余曾一度归高句丽统属。高句丽太祖大王六十九年（121年）十一月，从扶余归来后，"王以遂成统军国事"②，十二月，"王率马韩、涉貊一万余骑，进围玄菟城，扶余王遣子尉仇台，领兵二万，与汉兵并力拒战"③，打败高句丽军的进攻。太祖大王七十年（122年），"王与马韩，涉貊侵辽东，扶余王遣兵救破之"④。东汉末，公孙度称雄辽东，"时句丽、鲜卑强，度以夫余在二虏之间，妻以宗女"⑤，联合夫余以对抗高句丽和鲜卑。魏正始（241—249）中，"幽州刺史毌丘俭讨句丽，遣玄菟太守王颀诣夫余，位居遣大加郊迎，供军粮"⑥。这就是《好太王碑》所说的东扶余（即扶余）"中叛不贡，王躬率往讨"的原因。大武神王五年（22年）的战争，是在扶余国的南部进行的，这次战后，高句丽并没有乘胜北进，深入扶余内地灭其国，这和汉代的夫余"其国殷富，自先世以来，未尝破坏"⑦的记载相符。高句丽在22年打败扶余以后，主要是向辽东、玄菟一带扩张势力。如大武神王九年（26年）冬十月，"王亲征盖马国，杀其王……以其地为郡县"⑧。东汉末，中原战乱，高句丽乘机数侵辽东、玄菟二郡⑨。由此可知，22年以后，高句丽主要是在辽东、玄菟一带进行战争，并没有深入扶余内地，因而也就没有迫使扶余北渡那河建立豆莫娄国的可能。

①《三国史记》卷15，《高句丽本纪》第三，太祖大王六十九年冬十月。
②《三国史记》卷15，《高句丽本纪》第三，太祖大王六十九年冬十月。
③《三国史记》卷15，《高句丽本纪》第三，太祖大王六十九年十一月。
④《三国史记》卷15，《高句丽本纪》第三，太祖大王七十年。
⑤《三国志·魏志·夫余传》。
⑥《三国志·魏志·夫余传》。
⑦《三国志·魏志·夫余传》裴注引《魏略》。
⑧《三国史记》卷14，《高句丽本纪》第二，大武神王。
⑨《三国志·魏志·高句丽传》。

大武神王五年（22年）打败的夫余，就是汉以来的夫余，这一夫余如前所述，亦称北扶余、东扶余，但不是《三国史记》和《三国遗事》卷1传说中的北扶余、东扶余。

关于达末娄即豆莫娄的由来，《新唐书·流鬼传》说得很清楚，"达末娄自言北扶余之裔，高丽（即高句丽）灭其国，遗人度（渡）那河因居之"。从历史的记载来看，高句丽对夫余最大的一次战争是高句丽好太王二十年，即410年对东扶余（即扶余）所发动的一次大规模的战争。据《好太王碑》的记载，这次战争，"凡所攻破城六十四，村一千四百"。在高句丽好太王时代，领土大为扩张，侵占扶余土地、村镇之多是空前的。从此以后，高句丽主要是向南发展，进攻百济，对夫余也没有大的战争。410年以后，高句丽的疆域空前扩大。435年，北魏世祖派李敖册高句丽长寿王时①，访知高句丽的疆域："辽东南一千余里，东至栅城，南至小海，北至旧夫余，民户三倍于前魏时。其地东西二千里，南北一千余里。"②所谓"北至旧夫余"，说明汉魏以来的夫余领土已被高句丽占据，否则不能称旧夫余，而称夫余。《魏书·勿吉传》载："勿吉国，在高句丽北"，而不说在夫余北，这和"高丽灭其国"③的记载相符。又从贾耽《古今郡国志》所谓："渤海国南海、鸭绿、扶余、栅城四府，并是高丽旧地也"④的记载可知，扶余、栅城已被高句丽占据。从有关记载来看，所谓"高丽灭其国"，除410年，高句丽好太王发动的对东扶余（即扶余、北扶余）的大规模战争以外，还没有任何一次战争，像这样大规模地深入夫余内地。因此推定，东扶余（即北扶余、扶余）的被占领，以及扶余人北渡那河建立豆莫娄一事，当在410年，好太王所发动的对东扶余（即北扶余、扶余）的战争以后出现的。从豆莫娄之名始见于《魏

①《三国史记》卷18，《高句丽本纪》第六，长寿王二十三年（435年）夏六月。

②《魏书·高句丽传》。

③《新唐书·流鬼传》。

④《三国史记》卷37，地理四，引贾耽：《古今郡国志》。

书·豆莫娄传》的记载，也可以证实豆莫娄是在410年以后出现的。

北魏高宗太安三年（457年），还有"于阗、扶余等五十余国各遣使朝献"[1]的记载，说明410年的战争以后，扶余并没有完全灭亡。勿吉强大起来以后，"夫余为勿吉所逐"[2]，494年（北魏太和十八年，高句丽文咨明王三年），夫余王率妻孥投降到高句丽[3]，勿吉进入夫余故地，夫余灭亡。从此以后，夫余之名不见于史册。

2.豆莫娄的疆域四至

关于豆莫娄的位置，更是众说纷纭。丁谦谓：豆莫娄在今乌苏里江以东之地[4]。白鸟库吉谓：在黑龙江、松花江合流点以北的黑龙江流域[5]。津田左右吉认为在今哈尔滨对岸附近[6]。张伯英引屠寄的《黑龙江图说》的看法，认为在齐齐哈尔、布特哈、呼兰、绥化等地[7]。冯家昇认为豆莫娄的四至，"东到海（冯认为指今黑龙江），西到失韦，西南到达姤、室韦，南为勿吉，北不详。以今之墨尔根（一作嫩江城）似为豆莫娄之中心"[8]。和田清认为在今呼兰河流域[9]。《中国历史地理图集》第四册，第17—18图，南北朝时期全图，以今东流松花江以北呼、嫩平原为豆莫娄居地。今以后说为是。

推定豆莫娄位置的文献根据是：

《魏书·豆莫娄传》的开头五句说豆莫娄"在勿吉国北千里，去洛六千里，旧北扶余也。在失韦之东，东至于海"。

《新唐书·流鬼传》谓："达末娄自言北扶余之裔，高丽灭其国，遗

①《魏书》卷5，《北魏高宗文成帝本纪》，太安三年十二月。

②《魏书·高句丽传》。

③《三国史记》卷19，《高句丽本纪》第七，文咨明王三年二月。

④丁谦：《魏书·外国传考证》。

⑤（日）白鸟库吉：《东胡民族考》，见《史学杂志》第23编，第261—262页。

⑥（日）津田左右吉：《勿吉考》，见《满鲜地理历史研究报告》第一册。

⑦张伯英：《黑龙江志稿》卷1，地理沿革。

⑧冯家昇：《豆莫娄国考》，见《禹贡半月刊》7卷，1、2、3合期。

⑨和田清：《东亚史论薮》，第501页注⑯。

人度那河因居之。”

由上述可知，欲搞清豆莫娄的地理位置，应首先搞清勿吉、失韦的位置和那河当今哪一条河流。

《魏书·勿吉传》谓：勿吉的中心，自太鲁水（今洮儿河）“又东北行十八日到其国”。从今洮儿河经今嫩江下游顺流而下，东北行十八日到勿吉的中心。又从“其（勿吉）傍有大莫卢国”的记载可以推知，勿吉南下以前的中心约当今依兰、哈尔滨以东一带。大莫卢即豆莫娄当在其西，即今呼兰河流域。

豆莫娄在“失韦之东，东至于海”。失韦在今嫩江上游[1]，则豆莫娄当在今嫩江上游以东。从勿吉“傍有大莫卢国”，以及当时勿吉的地理位置可知，所谓豆莫娄“东至于海”的记载，当指东至今鄂霍次克海。

汉魏时代的弱水，即北魏时代的难河，亦即唐代的那河。但那河指今嫩江、松花江，而弱水、难河还包括今黑龙江下游[2]。夫余被高句丽灭亡后，一部分人北渡那河建立豆莫娄[3]，则豆莫娄当在今嫩江下游和松花江一带。

综上所述，豆莫娄当在今嫩江上游以东，嫩江下游和松花江以西的呼、嫩平原一带。

3. 豆莫娄和北扶余

有的认为“豆莫娄实由度洛离（即索离、橐离）音转而来”，因此认为“北魏的豆莫娄即汉之索离、晋之寇莫汗”[4]。但据《新唐书·流鬼传》载：“达末娄，自言北扶余之裔，高丽灭其国，遗人度那河因居之。”这里明确指出达末娄即豆莫娄，是在高句丽灭掉北扶余以后，北扶余即扶余的一部分人北渡那河，回到夫余即北扶余的故乡，索离（橐离）故地建立的。而不是由汉之索离、晋之寇莫汗发展起来的。这里所说的北

---

[1]失韦国的位置：从“刃水又北行五日到其国（失韦）。有大水从北而来，广四里余，名榇水（今嫩江）。”《魏书·失韦传》。

[2]详见本书十三：《松花江名称的演变》。

[3]《新唐书·流鬼传》。

[4]张博泉：《〈魏书·豆莫娄传〉中的几个问题》。见《黑龙江文物丛刊》1982年2期。

扶余，即《好太王碑》所说的邹牟（朱蒙）"出自北夫余"的北夫余。亦即《后汉书·夫余传》所说的夫余。而不是《三国遗事》卷1的北扶余条中所说的北扶余。《魏书·豆莫娄传》所谓豆莫娄"旧北扶余也"，是指族源而说的，不是指地域而说的。豆莫娄的地理位置（见前述）和汉魏时代夫余的地理位置（见前述）不同。两者相同的记载是：

《三国志·魏志·夫余传》谓："方可二千里，户八万，其民土著，有宫室、仓库、牢狱。多山陵广泽，于东夷之域最平敞。土宜五谷，不生五果……国有故城名濊城，盖本濊貊之地。"

《魏书·豆莫娄传》谓："方二千里，其人土著，有宫室、仓库。多山陵广泽，于东夷之域最为平敞。地宜五谷，不生五果……或言本貊之地也。"

正如有的说："《魏书·豆莫娄传》十之九袭取《三国志》文而成，其为《三国志》所无者，不过开首五句。"①而开头几句（见前述），正是夫余和豆莫娄地理位置不同的证明。开头五句以下所书相同者仅是传统的习俗和生活方式，都不涉及两者的地理位置问题。因此，不能以开头五句以下所书相同者，为汉魏时代的夫余和豆莫娄两者地理位置相同的根据。如前述，豆莫娄在今松花江以北的呼、嫩平原，而汉魏以来的夫余（北扶余），则在今吉林省的中部。

据载大莫卢即豆莫娄等曾遣使向北魏朝贡②，到北齐后主高纬时，大莫娄（豆莫娄）于567年（北齐后主高纬天统三年）和569年（天统五年）先后两次入贡③。直到唐玄宗开元十二年（724年）还有"达莫娄大首领诺皆诺来朝，并授折冲，放还藩"④的记载。从此以后，不再见于史册。由此可知，豆莫娄从五世纪初到八世纪初，建国达三个世纪之久。

①冯家昇：《豆莫娄国考》，见《禹贡半月刊》7卷，1、2、3合期。

②《魏书》卷100，《勿吉传》。

③《册府元龟》卷969，外臣部，朝贡二。

④《册府元龟》卷975，外臣部二十，褒异第三。

五 渤海的中京和朝贡道

渤海中京显德府，是唐代天宝时期（742—756年）渤海的王都。关于中京显德府所在地的问题，过去中、日学者发表了许多论文，归纳起来主要有敦化说①、苏密城说②、西古城子说③。渤海中京显德府究竟在哪里？只靠有限的文献史料是解决不了的，除了利用过去的考古发掘资料以外，还应该进行考古调查，摸清渤海古城的分布情况。因此，我们先后在1977年7月、1978年10月和1979年4月，在敦化、苏密城、西古城子及其周围二三百里范围内进行了三次考古调查，基本上摸清了牡丹江上游、辉发河流域、海兰江流域渤海古城的分布情况，这就为考证中京的位置和朝贡道提供了可靠的根据。

（一）渤海中京显德府在今和龙西古城子

从文献记载看，中京在上京（今黑龙江省宁安县东京城）之南④，距神州（今吉林省浑江市临江镇）四百里，距上京六百里⑤，其位置当在

①（日）津田左右吉：《渤海考》，见《满鲜地理历史研究报告》第1册。（日）池内宏：《满鲜史研究》中世第1册，第59页。

②《吉林通志》卷10，沿革志。金毓黻：《渤海国志长编》卷14，地理考，中京显德府考。

③（日）鸟山喜一：《渤海中京考》，见《考古学杂志》卷34之1（昭和19年1月）。

④《新唐书·渤海传》。

⑤《新唐书·地理志》引贾耽《道里记》。

今吉林省的东部。根据考古调查得知，在这一地区比较大的渤海古城有三座。即珲春八连城（在珲春县城西十里三家子乡种植场）、和龙西古城子（在和龙县八家子镇北古大队，海兰江北七里），以及桦甸苏密城（在桦甸县城东北六里）。这三座古城周长都在五里半左右。珲春八连城是渤海东京龙原府故址，则中京当在和龙西古城子和桦甸苏密城这两座古城中求之。从下述三点考古资料和文献记载来看，把渤海中京推定在西古城子比较符合实际。

1. 西古城子的形制、出土文物具有渤海京城的特点：西古城子和渤海京城故址东京城、八连城的形制完全相同，即都有外城和内城，而内城又都在外城中央的偏北部，内城又分宫城和皇城，这种宫城在北的建筑布局，是唐代京城形制的特点，是儒家南面而治，众星拱辰思想的反映。而苏密城则不然，城的形制为回字形，内城建于外城的中部，这是唐代中期以后才出现的形制。渤海中京和东京、上京都是文王大钦茂时代的建筑。从古城的形制来看，西古城子和八连城、东京城完全相同。

再从出土文物来看，西古城子和八连城、东京城一样，都出土过绿釉瓦、带字瓦[①]、莲花纹方砖[②]等，而苏密城城内的砖瓦等建筑材料则比较少，更没有发现过绿釉瓦、带字瓦以及莲花纹方砖等。

2. 西古城子周围的渤海古城和中京所领五州的方向距离基本相符：中京显德府"领卢、显、铁、汤、荣、兴六州"。在渤海五京中，所辖州县是最多的。因此，中京所在地的周围，渤海古城遗址应该是比较多的。而西古城子周围的渤海古城、古遗址、古墓群是最多的。

据实地调查，在西古城子二三百里范围内，可以确认为渤海古城者有六座，皆无马面，都曾采集到渤海时代的莲瓣纹瓦当或指压纹板瓦。

---

① （日）三上次男：《渤海文字瓦及其历史价值》，见和田博士古稀纪念《东洋史论丛》，第921页。

② （日）鸟山喜一：《渤海中京考》，见《考古学杂志》卷34之1。

古城名	所在地	在古城内采集的渤海文物	古城形制、周长	距西古城子的方向、距离	调查者调查年月
太阳古城	龙井县太阳乡屯东一里	莲瓣纹瓦当指压纹板瓦	长方形周长354米	在西古城子西北100里	李健才朴龙渊1978.10
河龙古城	龙井县长安乡河龙屯内，即延吉市东二十里城子山山城东南三里	莲瓣纹瓦当指压纹板瓦绳纹板瓦	方形周长1 000米	在西古城子东北150里	李健才严长禄朴尚宪1978.10
报马城（宝马城）	安图二道镇西北十二里宝马屯	指压纹板瓦	方形周长470米	在西古城子西南300里	李健才陈相伟庞志国1977.8
河南屯古城	和龙县八家子镇河南屯内	莲瓣纹瓦当指压纹板瓦	外城长方形内城方形内城周长520米	在西古城子南8里	李健才朴龙渊1978.10
獐项古城	和龙县西城乡西十里	莲瓣纹瓦当	方形周长500米	在西古城子西稍偏南20里	陈相伟朴龙渊1974.6
东兴古城	龙井县西五里光新乡东兴屯西一里（龙井果树场）	莲瓣纹瓦当指压纹板瓦黄褐色席纹板瓦红色方格纹板瓦	方形周长600米	在西古城子东60里	陈相伟朴龙渊1979.4

除上表外，据1979年4月的调查，在延吉县开山屯公社北十五华里船口大队六队西面山上有一座渤海山城。山城东临图们江，分南、北两部，每座山城周长皆为三华里多。南北山城正中，有一人工开凿的深沟，长四百五十米、宽约十六米。在南部山城中部偏东有一边长二十二米的方形土城，在土城西南约四十米处，发现有二十四块石建筑遗址，上面堆积着大量的渤海时代的指压纹板瓦、黄褐色布纹筒瓦。船口一带是南北长十里、东西宽七里的盆地。这里土地肥沃，气候温和，又有图们江，便于水利灌溉，历来是著名的优质水稻产区之一。

据过去的考古调查资料[①]可知，今延吉市和延吉县（龙井）附近都有

———————

① （日）鸟山喜一、藤田亮策编：《"间岛"省古迹调查报告》，1941年版。

一些小古城，多是渤海城址，后为辽、金沿用。

在西古城子东三十六里有东古城，周长四里。在西古城子西一百五十里有安图万宝古城，周长一里半，这两座古城都有角楼、马面、瓮城，是辽、金古城。

渤海中京所辖六州的名称	六州至中京的方向距离	西古城子周围的渤海古城	古城距西古城子的方向距离
卢州	在京东130里	船口山城	在西古城子东130里
显州	中京显德府治所在		
铁州	在京西南60里	獐项古城	在西古城子西稍偏南20里
汤州	在京西北100里	太阳古城	在西古城子西北100里
崇（荣）州	在京东北150里	河龙古城	在西古城子东北150里
兴州	在京西南300里	报（宝）马城	在西古城子西南300里

考《辽史·地理志》所载辽代东京道所属卢、铁、汤、崇（荣）、兴五州的位置及其至东京辽阳府（今辽阳市）的方向距离，无一相符者。正如《吉林通志》卷10的沿革条所说："此五州所载皆渤海时各州至中京里到，非辽时各州至东京里到也。修《辽史》者误合为一，故多龃龉，分别观之，斯瞭然矣。"西古城子二三百里范围内的渤海古城和《辽史·地理志》所载这五个州至渤海中京的方向距离基本相符。

西古城子周围，不但渤海古城很多，古墓群、古遗址也不少。据1978年10月调查，西古城子南八里的河南屯古城，有内城和外城，外城仅存西墙的南段和南墙的一部分。外城为南北短、东西长的长方形城。内城在外城的中部。城内有大量的渤海瓦片。在内城中，曾发掘过渤海古墓，从出土文物看①，河南屯古城很可能是渤海时代的陵园遗址。河南屯南二里的山上有渤海寺庙遗址，在庙址上采集到莲瓣纹瓦当和指压纹板瓦。西古城子西南十里八家子，有北大地渤海墓群。八家子南十里还

---

① 郭文魁：《和龙渤海古墓出土的几件金饰》，见《文物》1973年8期。

有渤海山城——南山城。1980年10月，在西古城子南十里的龙水乡发现了唐代渤海贞孝公主墓（渤海第三代王大钦茂的第四女）。从西古城子附近有比较丰富的渤海时代的重要文物遗迹来看，也可以推知西古城子在渤海时代是这一地区政治、经济、文化的中心。

苏密城在桦甸县城东北八里，据实地调查，在苏密城周围二三百里范围内，可以推定为渤海古城和渤海遗址的，除苏密城南六里的北土城（今已不见城墙，遗址周长约一里，出土有莲瓣纹瓦当）和桦甸县八道河子乡西二三里的西崴子渤海古遗址外，尚未发现其他渤海古城和遗址。

从西古城子和苏密城周围的物产来看，吉林省的著名产稻区历来是在西古城子一带的海兰江流域，而不是在苏密城一带的辉发河流域，尤其是开山屯一带的水稻更为有名。西古城子西三十里有铁矿，现在是延边卧龙铁矿的所在地。这些都和文献所载中京辖境内有"卢州之稻""位城之铁"的特产相符。

中京显德府是渤海五京之一，是唐代天宝时期的王都。把中京显德府推定在渤海古城、古遗址、古墓群较多的西古城子显然是符合实际的。

3．中京在上京之南，五京之中，西古城子的地理位置正和这一记载相符。《新唐书·渤海传》谓："上京之南为中京，曰显德府"，西古城子的位置正在上京（今宁安东京城）之南，五京之中，和这一记载完全相符。而苏密城则在上京之西南，五京之西，和这一记载不符。据《新唐书·地理志》引贾耽《道里记》的记载，显州距神州（今临江镇）四百里，距上京六百里。苏密城的位置虽和这一记载基本相符，但和前述考古资料以及文献记载都不相符，实属孤证。西古城子距神州（今临江镇）六百里，距上京（东京城）四百里。据上述考古资料和文献记载，除把西古城子推定为中京以外，还找不出适当的渤海古城可以推定为中京者。因此，疑显州距神州四百里，距上京六百里的记载，是否为显州距神州六百里，距上京四百里之误？中京在西古城子的论据提出以后，还有以下几个问题需要进一步商讨。

（二）关于旧国、显州、长岭府所在地的问题

1. 中京显德府是否先在显州，后迁到卢州的问题。《新唐书·地理志》引贾耽《道里记》谓：显州"天宝中王所都"。又《辽史·地理志》东京道条，显州"本渤海显德府"。这两条史料明确指出，显州是天宝中的王都所在，也就是中京显德府的府治所在。但《新唐书·渤海传》谓："显德府领卢、显、铁、汤、荣、兴六州。"把卢州放在首位，按惯例，卢州应是显德府的府治所在；因此，日本鸟山喜一认为，中京显德府的府治初在显州，后迁到卢州。把显州推定在安图县大甸子古城（即今万宝古城），把卢州推定在西古城子①。据1977年8月的考古调查得知，大甸子古城（万宝古城）有角楼、马面、瓮城，为一周长八百米的方形小古城，是辽、金古城。从古城的规模和时代来看，都不可能是渤海的王都所在。日本驹井和爱认为显州初在今吉林市附近②，后迁到卢州（即今西古城子）。这一推测不但和文献记载不符，而且也未经考古证实。

2. 旧国和显州是在同一地，还是两地的问题：有的认为此两者不在一地，《吉林通志》卷10和金毓黻先生认为旧国在敦化，显州和中京显德府在苏密城③。日本鸟山喜一认为旧国在西古城子南八里的八家子古城（即今河南屯古城），显州在安图大甸子古城（即今万宝古城），卢州即后来的中京显德府在西古城子④。有的认为旧国和显州在同一地。如日

---

① （日）鸟山喜一著、船木胜马编：《渤海史上的若干问题》，第139—140页。

② （日）驹井和爱：《渤海文化史上的两个问题》，见《中国都城·渤海研究》，第189—196页。

③ 金毓黻：《渤海国志长编》卷14，地理考。

④ （日）鸟山喜一著、船木胜马编：《渤海史上的若干问题》，第139—140页。

本的津田左右吉和池内宏都认为旧国和显州在今敦化①。日本的和田清认为都在今西古城子②。日本的松井等则认为都在那丹佛勒③。

《新唐书·渤海传》载：上京"直旧国三百里"。《新唐书·地理志》引贾耽《道里记》载：从显州"又正北如东六百里至渤海王城"。这两条记载明确指出旧国距上京三百里，显州距上京六百里，这是旧国、显州（中京显德府）同在一地说的有力否定。主张旧国在和龙西古城子南八里的八家子古城（即今河南屯古城）者，同上京"直旧国三百里"的记载不符，而且河南屯古城也不是一座古城遗址，而是一处陵园遗址。这已为在河南屯古城的内城中部发掘出来的两座豪华的渤海墓葬所证实④。上京"直旧国三百里"，今敦化县城距今宁安东京城（上京）恰为三百里。敦化附近不但有渤海古城址、古遗址和古墓群，而且1949年在敦化六顶山渤海贞惠公主墓中还出土有贞惠公主碑。碑文中有"陪葬于珍陵之西原"的记述，从而证实了敦化附近确系渤海王室祖坟所在地，为旧国敦化说，提供了有力的物证。

3. 苏密城不是中京显德府遗址，而是长岭府遗址：关于长岭府所在地的问题，有英额城附近说⑤、北山城子说⑥、英额门以北说⑦、海龙附近说⑧等。上述各说多属主观推测，缺少实地考古调查资料，不足取。

据 1978年10月在清原英额城、海龙山城镇（北山城子）、海龙镇、

———————

①（日）津田左右吉：《渤海考》，见《满鲜地理历史研究报告》第1册。（日）池内宏：《满鲜史研究》中世第1册，第59页。

②（日）和田清：《渤海国地理考》，见《东亚史研究》（满洲篇），第66页、第72—74页。

③（日）松井等：《渤海国的疆域》，见《满洲历史地理》第1卷，第409—411页。

④郭文魁：《和龙渤海古墓出土的几件金饰》，见《文物》1973年8期。

⑤《满洲源流考》卷10。《满洲历史地理》第1卷，第417页。

⑥（日）津田左右吉：《渤海考》，见《满鲜地理历史研究报告》第1册，第128—130页。（日）和田清：《渤海疆域考》，见《东亚史研究》（满洲篇），第68—69页。

⑦金毓黻：《渤海国志长编》卷14，地理志。

⑧丁谦：《唐书北狄传考证》。

桦甸等地的考古调查知道，以上各说所推定的长岭府的遗址，不但城址较小，不具备府城的规模，而且也不是渤海古城，而是辽、金古城[①]。

据《新唐书·地理志》引贾耽《道里记》载："自都护府东北经古盖牟[②]、新城[③]，又经渤海长岭府，千五百里至渤海王城，城临忽汗海。"由此可知，长岭府是营州道上，除都护府（今辽阳市）外，比较大的城镇。从安东都护府到渤海上京的路线，和现在从辽阳市到宁安县东京城的路线基本相同。从古城分布的情况看，是沿今浑河、辉发河、牡丹江而到达东京城（渤海上京）。其间要经过现在的抚顺、海龙、桦甸、敦化等地（见图一）。新城在今抚顺市，则长岭府应在今抚顺市东北、敦化（旧国）西南，辉发河流域中比较大的渤海古城中求之。据调查，桦甸苏密城周长五里，有角楼、瓮城而无马面，城外有二道护城河，城内出土过"手指斜押缺刻纹仰瓦，和前端有带状押印花纹与东京城出土者全同"[④]。是辉发河流域中唯一比较大的渤海古城，并具备渤海府城的规模，因此，把渤海长岭府推定在苏密城比推定在规模较小的英额城[⑤]和辽、金时代的山城镇山城（北山城子）[⑥]、海龙镇古城[⑦]更符合实际。显州、旧国、长岭府的位置明确以后，朝贡道的路线也就容易解决了。

（三）从神州经显州到上京的陆路朝贡道（见图一）

唐代渤海的交通贸易比较发达，尤其和内地的联系更为密切。在当时，通往唐朝的有朝贡道和营州道，通往契丹的有契丹道。对外通往日本的有日本道，通往新罗的有新罗道。在这些交通道中，最重要的是从

---

①详见 1978年10月《清原、海龙、桦甸古城调查资料》（未刊稿）。
②今抚顺市劳动公园古城。
③今抚顺市高尔山山城。
④李文信：《苏密城址踏查记》，见《满洲史学》3卷1号。
⑤据1978年10月在清原县英额门附近的调查，今已无英额城。《盛京通志》卷15，地理志载，英额城周长180步。这样的小城决不可能是长岭府的府治所在地。
⑥海龙山城镇山城（北山城子）周长约四里，有马面，为辽、金古城。
⑦海龙镇古城周长约三里，是辽、金古城。

渤海上京龙泉府（今宁安县东京城）到唐朝长安的朝贡道。所以这条朝贡道，是从渤海的建立，直到灭亡，唐朝的册封使、渤海的朝贡使以及学生、商人来往不绝。它是唐和渤海联系的纽带，是经济文化交流的孔道，对东北各族经济文化的发展起了重要作用。

这条交通道从长安到登州（今山东蓬莱），又由此航海到达今天的旅顺（见照片之一）[1]，然后在辽东半岛的东部沿海航行到鸭绿江口，"自鸭绿江舟行百余里，乃小舫沂流东北三十里到泊汋口[2]，得渤海之境。又沂流五百里，至丸都县城，故高丽王都，又北沂流二百里，至神州"。神州是渤海西京鸭绿府的府治所在，即今吉林省临江市。从长安到神州这一段路程是比较清楚的，但从神州"又陆行四百里，至显州，天宝中王所都。又正北如东六百里，至渤海王城"[3]，这段陆路行程史学界至今不清。下面谈一下我们的看法。

从神州（今临江市）陆行，往哪个方向走？经过哪些地方？根据渤海古城、古遗址的分布情况和山地交通道路来判断，应当是东北行到今抚松县城，然后再东行。抚松县城为一大盆地，松花江从北、西两面流过，过去在县城汽车站油库院内曾发现过渤海时代的遗址，至今还能看到红褐色和黄褐色布纹瓦片。据当地老人谈，过去在这里曾挖出过莲瓣纹瓦当和铁镞。此外，在抚松县城西十余里的榆树川乡（今属靖宇县）有两座山城，一在松花江南岸，只有南门，有瓮城，无马面，周长约二里。一在松花江北岸，周长约一里。在城内除采集到红色和灰色细泥陶片外，没有发现其他遗物。在抚松县城西，松花江西岸，过去曾有许多积石墓群。据《辽史·地理志》东京道渌州条：丰州在渌州的"东北二百一十里"，辽代的渌州即渤海的西京鸭绿府，亦即今临江市。从今临江市东北陆行到抚松县城，都是崇山峻岭，据现在的山区公路距离计算

---

①旅顺黄金山麓《胪鸿井刻石》，见《辽东志》卷1。
②今辽宁省丹东市九连城东五里的叆河尖古城。
③《新唐书》卷43下，《地理志》引贾耽《道里记》。

是一百八十里，这和从渌州到丰州二百一十里的距离、方向基本相符。除这条道路以外，再没有发现其他道路和渤海古城遗址。从抚松县城及其附近的古城、古遗址、古墓葬以及文献所载从渌州到丰州的方向距离几个方面来看，今抚松县城当即渤海的丰州所在地。因此，从神州（今临江市）陆行到显州（和龙西古城子）的第一个城镇是丰州，然后再由丰州（今抚松县城）东行。关于东行的路线，经实地调查访问知道，抚松以东完全是山地，只有沿现在的公路或铁路东行，别无道路可走。由抚松东行，经今泉阳、露水河东行，到安图县二道乡西北十二华里的报马城（又书宝马城）。古城在宝马屯东南一里，周长468米，城内有大量的砖瓦，在城内曾采集到一片渤海指压纹板瓦。据前述文献记载，报马城当为渤海中京所辖兴州州城遗址。从报马城东北行，即可达今安图县城（松江镇），这里也是一处比较大的盆地。从县城出土的石器、铁镞、木桩等文物推知，安图县城既是古代居民聚集之地，也是东西往来必经之地。

关于从露水河或从报马城是否能去仰脸山城的问题。仰脸山城在安图县两江口乡小营子屯西南十里，正在二道白河入松花江口的北岸。仰脸山城东、南、西三面环水（松花江），周围群山起伏，交通极为不便。据实地调查，山城并不像《安图县志》所说那样，周长四里，实际周长约二里半。山城内平地很少，多为凹凸不平的山沟，因没有采集到什么遗物，很难断定古城的时代。据当地老人介绍，从今露水河或报马城到仰脸山城，虽有山涧小道，但极为难行。因此，由露水河只有东行到二道白河的报马城，或由报马城东北行到安图县城的道路，才是比较平坦可行的，其他道路是没有的。由安图县城（松江镇）西北行，经永庆乡到柳树屯，由柳树屯沿富尔河西北行到大蒲柴河乡，然后由此北行，沿牡丹江到达敦化（旧国）。唐玄宗开元元年（713年），派郎将崔忻赴渤海时，当时渤海王都在旧国（今敦化），因此，崔忻所走的陆路交通线，可能即这一段路程（见图一）。

去显州即中京显德府的路线，可能是从今安图县永庆乡柳树屯，沿古洞河东北行，经万宝古城到新合乡，由此沿古洞河折向东南行，然后沿海兰江的支流，经卧龙乡和西城乡之间的獐项古城，又东行到达今和龙西古城子（显州、中京显德府）。

据 1978年10月和1979年4月两次调查的资料，明确了由西古城子到东京城，即由渤海的中京到上京之间的渤海古城的分布情况。把这些渤海古城联起来，显然是一条古代的交通道。从中京到上京，即由西古城子到东京城，无疑首先是沿海兰江东行，到延吉县（即龙井），这里有渤海古城和墓群。由今延吉县城东北行至延吉市，由延吉市北行，沿嘎呀河流域的一些渤海古城到达东京城。从延吉市到东京城之间的渤海古城有汪清县仲坪乡高丽城、安田古城堡、仲安乡兴隆屯古城、汪清县大兴沟乡庙岭屯南十里的半城（周长880米，矩形城，无瓮城、马面）、汪清天桥岭（曾出土过渤海莲瓣纹瓦当），由天桥岭北行到春阳乡阳光屯所在地的小城子（出土过渤海板瓦），由春阳乡西北行一直到东京城，即渤海的上京龙泉府（见图一）。这些渤海古城都在今公路或铁路沿线附近，可知古今交通路线基本相同。

搞清渤海中京的位置，搞清从神州经显州到上京这段陆路朝贡道，对研究唐代渤海及其以后历代各族的历史都有重要意义。

（四）唐和渤海联系的纽带——朝贡道

唐代是中国封建经济文化发展的时代，当时唐代的长安（今西安市），不但是国内政治、经济、文化的中心，也是当时世界上著名的繁华都市。国内边疆各族的贡使和外国使者、商人往来不绝。唐朝的册封使和渤海的朝贡使就是通过这一条朝贡道进行频繁的往来。

唐玄宗先天二年（即开元元年，713年），遣郎将崔忻册封大祚荣为渤海郡王，并在其统治地区置忽汗州加授大祚荣为忽汗州都督。从此以

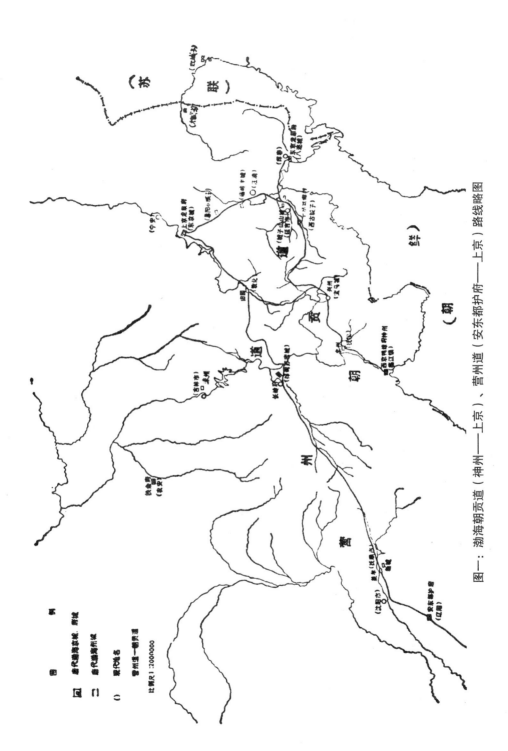

图一：渤海朝贡道（神州——上京）、营州道（安东都护府——上京）路线略图

后，每岁遣使朝贡，贡品根据当地的土产来定，即所谓土贡。"土贡即租税也，汉唐以来任土所贡，无代无之"①。从唐中宗神龙元年（705年）到唐昭宗乾宁元年（894年），唐派遣册封使达十三次之多②。渤海遣使朝贡者，玄宗时二十九次，大历时二十五次，建中、贞元间四次，元和时十六次，长庆时四次，宝历时二次，太和、开成时十二次，会昌时四次，咸通时三次③。其间并"数遣诸生诣京师大学，习识古今制度"④，有些学生就在唐朝参加科举考试，进士及第者就有不少⑤。开元二十六年（738年），"渤海遣使求写《唐礼》《三国志》《晋书》《三十六国春秋》，许之"⑥。由此可知，在唐代，中原文化已大量传入东北。

渤海和唐朝的贸易往来也是比较频繁的，唐在青州置渤海馆，专管渤海贸易，山东节度使李正己"贸易渤海名马，岁岁不绝"⑦。渤海向唐朝输出的有马、貂鼠皮以及人参、麝香等各种药材，从唐朝输入的有帛、锦、绢、绵、粟、金银器皿等。频繁的贸易往来，丰富了国内各族人民的生活，加速了各族社会经济的发展。

在渤海第十代宣王大仁秀（820—830年）统一海北诸部以前，居住在今黑龙江下游的黑水靺鞨以及居住在今乌苏里江东西一带的铁利、越喜、虞娄等部，向唐朝进贡也经由渤海境内的朝贡道。所谓"黑水入唐，道由我（渤海）境"⑧。不仅指黑水靺鞨的朝贡，其他"海北诸部"的朝贡，也经由渤海境内的朝贡道。如"开元十三年（725年）渤海武王仁安六年（七年之误）正月，黑水靺鞨遣其将五郎子来贺正，且献方

---

① 马端临：《文献通考》自序。
② 金毓黻：《渤海国志长编》卷7，大事表第三。
③《新唐书》卷219，《渤海传》。
④《新唐书》卷219，《渤海传》。
⑤ 金毓黻：《渤海国志长编》卷10，诸臣条。
⑥《册府元龟》第6册，卷999，请求条，原文作开元三十六年，系二十六年之误。
⑦《旧唐书》卷124，《李正己传》。
⑧《五代史会要》卷30。

物，授将军，赐紫袍、金带、鱼带，放还蕃"[1]。开元十六年（728年）"其都督赐姓李氏，名献诚，授云麾将军兼黑水经略使，仍以幽州都督为其押使，自此朝贡不绝[2]。其他如"拂涅亦称大拂涅，开元、天宝间八来，献鲸睛、貂鼠、白兔皮；铁利、开元中六来；越喜七来，贞元中一来；虞娄、贞观间再来，贞元一来，后渤海盛，靺鞨皆役属之，不复与王会矣"[3]。高度发展的唐代经济文化，由朝贡道输入渤海以及黑龙江下游、乌苏里江东西各地，对渤海以及东北靺鞨各部的发展都有很大的影响。

渤海的文物制度，从中央到地方的政权组织机构，"大抵宪像中国制度"[4]。渤海京城的建筑布局就是仿唐长安城的形制。渤海古城城址出土的莲花纹方砖、莲瓣纹瓦当等和唐代长安兴庆宫遗址出土的文物相同[5]。和龙八家子河南屯渤海墓中出土的金带等文物，都和唐代文物花纹形制相同[6]。尤其从贞惠公主墓碑和贞孝公主墓碑的碑文，可知渤海对中原汉族文化有很深的造诣。从碑文的内容、文章体裁以及碑的花纹形制都可看出唐代文化对渤海的深刻影响。

渤海是在祖国的东北地区建立的地方民族政权，朝贡道上的频繁往来，使唐和渤海在政治、经济、文化方面进一步紧密地联系在一起。

---

[1]《册府元龟》卷975，外臣部褒异三。

[2]《旧唐书》卷199下，《靺鞨传》。

[3]《新唐书》卷219，《黑水靺鞨传》。

[4]《新唐书》卷219，《渤海传》。

[5]马得志：《唐长安兴庆宫发掘记》，见《考古》1959年10期。

[6]马得志：《唐长安兴庆宫发掘记》，见《考古》1959年10期。

六　桦甸苏密城考

（一）桦甸苏密城是渤海长岭府遗址

关于渤海长岭府所在地的问题，有英额城[①]、北山城子[②]、英额门以北[③]、海龙附近[④]等说。为了搞清以上各说的是非和长岭府所在地的问题，1978年9月末到10月初，对上述各地古城都进行了考古调查，摸清了这些古城的地理位置、时代、规模，为考证渤海长岭府的方位提供了可靠的根据。

据 1963年[⑤]、1965年[⑥]、1978年[⑦]的三次考古调查，在海龙山城镇山城即北山城子内，除采集到几片灰色和红褐色细泥陶片以外，没有发现任何遗物。据当地群众说，过去在山城内曾拾到过铜钱和铁箭头，但都

①《满洲源流考》卷10。（日）松井等：《渤海国的疆域》，见《满洲历史地理》第1卷，第417页。

②（日）津田左右吉：《渤海史考》，见《满鲜地理历史研究报告》第1册，第128—130页。（日）和田清：《渤海疆域考》，见《东亚史研究》（满洲篇），第68—69页。

③金毓黻：《渤海国志长编》卷14，《地理志》。

④丁谦著：《唐书北狄传考证》。

⑤1963年，吉林省博物馆陈相伟、刘宣堂、孙进己同志对山城镇山城进行考古调查。

⑥1965年，吉林大学单庆麟、孙进己同志在山城镇山城内进行了调查。

⑦1978年，作者和海龙县文化馆朴润陆同志对山城进行了调查。

没有保存下来。据1978年9月的实地测量，得知山城周长为四里，计有二十五个马面。城墙为土石混筑，仅有南门一门，是较大的山城。从山城的形制（有马面）可以推知这当是辽、金古城，而不是渤海古城。山城镇山城地处南北交通要冲，在长岭子分水岭附近，是唐代辽东和渤海接界之处，尤其从山城及其附近没有一块古代砖瓦块等遗物来看，把它推定为渤海长岭府遗址，难以令人信服。

据1978年的实地调查访问①，得知英额门附近并没有所谓英额城。据当地老人谈，在英额门附近，曾有过一座大院套，系看守边门的营房遗址，今已不见。据《盛京通志》卷15，开原县城池条：英额口城在"（开原）城东南二百十里，周围一百八十步，一门"，可能即当地群众所说的看守边门的营房遗址。通过在英额门附近的调查访问以及地方志的记载得知，这一带并没有渤海古城，从双碰子山城（在英额门西，周长六百米）、英额门附近、南山城子（在清原县东八十里）的规模（极小）和采集的文物（无渤海文物）来看，可以肯定周长一百八十步的英额城和英额门附近，决不是渤海长岭府遗址。

1978年10月，对海龙镇内的古城进行了调查②。据《海龙县志》和当地人谈，海龙镇古城周长约为三里余（今已无），有瓮城。曾出土过宋、辽、金铜钱和辽、金砖瓦。在海龙镇东五里的奶子山山城（为每边长五十米的方形小山城）内曾采集到辽、金时代的勾滴一块。这一山城可能为海龙镇古城的卫城，均为辽、金古城。从海龙镇古城出土的辽、金文物可知，海龙镇古城也不可能是渤海长岭府遗址。

据1978年10月对辉南县辉发城③、磐石县明城④的实地考古调查，辉发城在县城（朝阳镇）东北三十五里。山城西临辉发河，有内、中、外

---

①1978年10月3日，作者和孙进己、朴润陆以及辽宁省清原县文化局王运至同志一同到南山城子和英额门附近进行调查访问。

②1978年10月5日，作者和孙进己同志到海龙镇进行考古调查。

③作者和朴润陆同志到辉发城进行调查。

④作者于1978年10月8日到磐石县明城调查。

城墙三层，出土过大量的明代清花瓷器和瓷片等文物，为明代扈伦四部之一的辉发部城①。过去在辉发城内曾发现过新石器（石斧、陶网坠、石网坠）、渤海瓦、辽、金瓷器、青铜器马镫等文物②。从辉发城出土文物看，可能是渤海时代的回跋城③，辽、金、明沿用。辉发城的三层城墙是明代辉发部修筑的。从古城的规模和城内瓦块极少的情况看也不能是渤海长岭府的遗址。磐石县明城古城在明城车站东北半里处，南墙长约一百米，东墙长约二百米，周长约六百米，据实地调查，不见任何遗物，南墙中间似有瓮城，其他三面已不见门址。从其规模来看，可以肯定不是渤海长岭府遗址。

据考古调查④得知，苏密城是辉发河流域最大的渤海古城。苏密城在桦甸县城东六里，辉发河南岸。据实测，外城周长二千六百米，内城周长一千四百米。内城在中部，有东、西二门。外城现有东、西、南三门，北门已被河水冲掉，外城只有南门、西门尚有方形瓮城遗址。苏密城有角楼、瓮城而无马面，外城外侧有两道护城河（见图二）。内城西门南侧，还可看出石砌墙基。城内地表上有许多红色和灰色的板瓦块（凹面为布纹，凸面为素面）和红色、灰色细泥陶片。1962年10月，在城内采集到灰色莲花纹瓦当（直径十二厘米）和绳纹板瓦各一块。1981年5月，在城内采集到一块完整的灰色莲花纹瓦当（照片之六）⑤。据过去的考古调查记载，城内还出土过"手指斜押缺刻纹仰瓦，和前端有带

①吉林省文物管理委员会：《辉发城调查简报》，见《文物》1965年7期。

②张满庭：《辉南县文物普查工作简报》，见1957年《吉林省文物工作通讯》。

③《辽史》卷73，《阿古只传》。

④1978 年10月10日，作者和孙进己以及桦甸县文化局李其泰同志对苏密城进行了考古调查。

⑤李其太：《桦甸县苏密城发现刻画符号的陶豆柱和莲花瓦当》，见《吉林省考古学会通讯》第 2 期，1982年5月。

状押印花纹与东京城出土者全同"[1]，也出土过辽、金兽面瓦当[2]。从苏密城的形制（无马面）和采集到莲花瓦当来看，可以肯定苏密城是渤海古城，从兽面瓦当来看，辽代也沿用过。

据实地调查以及《吉林省文物普查档案》得知，苏密城是辉发河流域最大的渤海古城。它和渤海东京龙原府遗址——珲春八连城、中京显德府遗址——和龙西古城子的规模相同，外城周长均为五里，具有渤海府城的规模。它是唐代渤海营州道上的一座较大的渤海古城。苏密城是渤海时代的哪一府城遗址？自从《吉林通志》提出苏密城为渤海中京显德府遗址[3]以后，史学界多采其说，经过几年来的调查研究，方知其说之误。苏密城不是渤海中京显德府的遗址，而应是唐代营州道上的重镇——长岭府的遗址（详见本书五）。

据《新唐书·地理志》引贾耽《道里记》的记载，朝贡道和营州道上的渤海城镇多是京府城镇，如神州（西京）、显州（中京）、长岭府，一般州城驿站名称均未记入。营州道在渤海境内的一段，所经驿站仅记有长岭府。当然，从盖牟（今抚顺市劳动公园古城）、新城（今抚顺市高尔山城古城）[4]到渤海上京龙泉府（今黑龙江省宁安县渤海镇）所经古城驿站决不仅仅只有长岭府这一站，只是没有一一记入而已。从贾耽《道里记》的记载可知，长岭府是营州道上的重要城镇，应在今辉发河流域比较大的具有府城规模的渤海古城中求之。通过多年来的考古调查资料可知，符合这些条件者是桦甸苏密城而不是海龙山城镇山城即北山城子，更不是英额城或海龙附近。因为除苏密城外，有的不是渤海古城，有的不具备渤海的府城规模。

---

①李文信：《苏密城址踏查记》，见《满洲史学》3卷1号。

②（日）岩间茂次郎：《桦甸县苏密城调查状况报告书》，见《吉林省古迹文物调查书》。

③《吉林通志》卷10，沿革上，显州条。

④陈连开：《唐代辽东若干地名考释》，见《社会科学辑刊》1981年第3期。

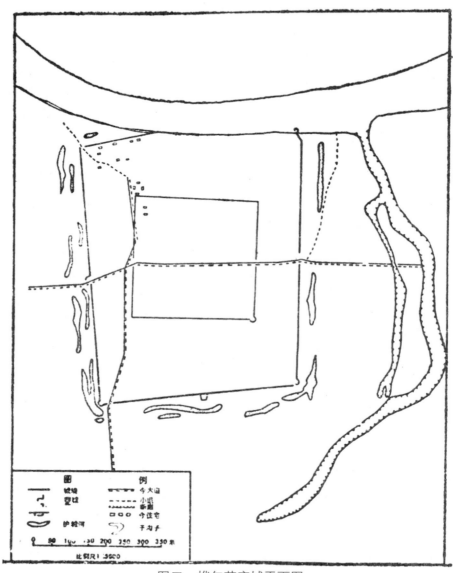

图二：桦甸苏密城平面图

苏密城和北山城子都在辉发河流域，也都是比较大的古城，但是苏密城肯定是渤海古城，而北山城子只是推定为渤海古城而没有物证。

苏密城内有大量的瓦片，而北山城子城内外及其附近，迄未发现一片古代瓦片。据考古调查知道，一般渤海古城遗址都有瓦片，只有个别小型的高句丽、渤海古城没有瓦片。渤海的府城遗址肯定会有瓦片遗物，从北山城子没有发现一块瓦片也可以推知它不可能是渤海的府城遗址。

北山城子地处南北交通要冲，是唐代辽东和渤海接界之地，从北山城子没有砖瓦残片等遗物来看，把它推定为府城遗址则缺乏物证，难以令人信服。

（二）苏密城即那丹佛勒城

曹廷杰《东三省舆地图说》谓：那丹佛勒城为渤海的中京显德府遗址；而《吉林通志》则谓：苏密城为渤海的中京显德府遗址。

《吉林通志》卷10，沿革志上，显州条："显州距神州四百里，当在今吉林府西南境。"《三省图说》[①]谓："即今那丹佛勒城，然城基甚狭，不足为京，唯苏密城（在吉林府西南二百八十余里，在那丹佛勒东一百余里）周七里，内有子城，方隅均属相符，此当是也。"这里明确指出苏密城"在那丹佛勒东一百余里"。并说苏密城的规模大，而那丹佛勒城则较小，不具备京城的规模。这就是后来中外史学界一直误认苏密城和那丹佛勒城为两城的根源。经过调查研究，方知苏密城即那丹佛勒城，其证如下：

第一，从方志所载两城的位置看，那丹佛勒城即苏密城。

《盛京通志》《嘉庆重修一统志》《吉林通志》皆谓那丹佛勒城在"吉林城南二百六十里"。《吉林通志》卷10，《沿革志》更进一步明确指出，"那丹佛勒城在辉发河和松花江合流点之西南约七十里，辉发河右

---

① 曹廷杰：《东三省舆地图说》。

岸"。这两条关于那丹佛勒城位置的记载，正是今苏密城的所在地。

《吉林通志》卷24，舆地志一二，城池条：那丹佛勒城在吉林"城南二百六十里"。《吉林通志》卷12，沿革志上，显州条：苏密城"在吉林府西①二百八十里"。根据这两条记载，则苏密城应在那丹佛勒之西。这和前述苏密城"在那丹佛勒之东一百余里"②的记载前后矛盾。苏密城的实际位置和所载那丹佛勒城的位置一样，都是在吉林府（今吉林市）之南，而非西南。由此可知，苏密城既不在那丹佛勒之东，也不在那丹佛勒之西，苏密城即那丹佛勒城。

第二，从方志所载两城的形制看，那丹佛勒城即苏密城。

《盛京通志》卷15，城池志，永吉州城池条：那丹佛勒城在吉林"城南二百六十里，东西二面各四百步，南北二面各三百步，城外有重濠，四面四门，内有一小城，四面各二百步，东西各一门"。

《嘉庆重修一统志》卷68，吉林二，古迹条：那丹佛勒城"在吉林城南二百六十里，周三里三百步有奇，门四，外有重濠，内有小城，周二里余，门二"。

《吉林通志》卷24，舆地志一二，城池条：那丹佛勒城在吉林"城南二百六十里，东西各百步（旧志作四百步），南北各三百步，城外有重濠，门四，内有一小城，四面各二百步，东西二门。"外城、内城周长均为八百步，显然是传抄有误。

同上书又云：苏密城在吉林"城西南三百余里，周六里，东西二门，内有子城，周四里，址尚存，近城十余里间，四面皆有小古城"。

《桦甸县志》卷10，古迹条："苏密城在县境四区苏密甸子，距治城八里余，城土筑，周七里，东西二门，内有子城，周四里，现已荒芜，仅有残基，隐约可认，距城四面十余里间，昔年尚有小城遗址，今皆湮灭，惟南面者废址犹存。"此处所谓苏密城南面的小城即上述渤海古城北

①苏密城实际是在吉林府的正南。
②《吉林通志》卷10，沿革志上，显州条。

土城子亦即东小城子。

1978年10月，前后两次对苏密城的考古调查和测量，方知地方志关于苏密城大小规模的记载都是不确切的。经实测得知苏密城外城周长为二千六百米，约合五里余。

通过上述记载和实地调查可知，那丹佛勒城和苏密城的位置和形制都是相同的，都有外城、内城、重濠。关于那丹佛勒城的外城周长有三里半、一千四百步（约合二里）、八百步（约合一里）等不同记载，可知转抄有误。根据过去的记载和实地调查知道吉林城南或西南二三百里范围内，类似这样形制的古城（外城、内城、重濠）只有桦甸苏密城，此外尚未发现类似这样的古城。如果那丹佛勒城是《吉林通志》所载那样的小古城（周长八百步，仅合一里），决无重濠（两道护城河）的可能。有护城河的古城，尤其是有两道护城河的古城，都是比较重要的古城，周长至少得在五里以上。

方志所载那丹佛勒城的位置、形制和苏密城完全相同，只有大小规模的不同，从方志关于那丹佛勒城大小规模的不同记载可知转抄有误，不能以这一错误的记载作为那丹佛勒城和苏密城不是一座城的根据。

第三，《吉林通志》误记为两座城的原因。

《吉林通志》卷24，舆地志一二，"城池条"明确注明关于那丹佛勒城的记载是从《盛京通志》转抄下来的。苏密城则是从《采访册》（即当地的调查访问记录）抄来的。那丹佛勒城即明代的纳丹府城[①]，而纳丹府城即今桦甸苏密城。苏密城是纳丹府城亦即那丹佛勒城的土称，而那丹佛勒城则是苏密城的旧称。《吉林通志》的编者，根本没有实地调查，而是把吉林省的古城从《盛京通志》转抄下来以后，又把当地调查访问报上来的关于苏密城的资料抄写进去。这样便出现了本是同一座城的不同名称，当作两座城抄录下来，后人也随着一直误认为两座城。

---

①《辽东志》卷九，外志：纳丹府城是"开元东陆路至朝鲜后门"这条路线上的第三站，也是"纳丹府东北陆路"的起点站。

经过考古调查和核对方志的记载得知，在桦甸县境内这样形制（外城、内城、重濠）的古城只有苏密城，根本不存在两座这样形制的古城。正因为如此，在《吉林通志》以前的《盛京通志》和《嘉庆重修一统志》只有那丹佛勒城的记载，而没有苏密城的记载。在《吉林通志》以后的《桦甸县志》只有苏密城而没有那丹佛勒城的记载。从《吉林通志》等前后方志的记载也可以推知，《吉林通志》是误把本是同一座的那丹佛勒城即苏密城当作两座城抄写下来，后人也随之一直误认为两座城。

七　珲春渤海古城考

珲春县的北部和南部多山，珲春河流贯其中，珲春河下游是宽阔的肥沃平原。沿珲春河两岸分布着许多古代遗址和渤海、辽、金古城。过去，魏声和在其《珲春古城考》中虽都有记述，但对珲春古城的出土文物和古城的时代都不清楚。日本人虽然也发表过考古调查资料[①]，但对珲春古城并没有进行过考证。为了搞清珲春古城的时代和历史沿革，为东北史的研究提供可靠的资料，笔者在1972年5月初到6月初，对珲春河流域的古城进行了考古调查。今根据考古调查资料，结合文献记载，对珲春河流域的几座渤海古城考证如下。

（一）对八连城和城墙砬子的调查考证

1. 八连城是渤海东京龙原府遗址。

八连城在珲春县城西十余里的三家子乡种植场境内。八连城西距图们江四里，隔江与朝鲜为邻，南距珲春河八里。八连城位于珲春河下游，周围为一望无际的肥沃平原，适于农耕，交通便利。八连城东南五六里处为温特赫部城和裴优城；八连城南二里处为四方坨子渤海遗址；八连城的正北十里处为英安城；八连城南八九里处有沙坨子渤海、辽、金遗址（见图三）。

---

① （日）斋藤甚兵卫编：《"间岛"的史迹》。

八连城为土筑方形，有内城和外城，外城周长二千八百五十四米，内城周长一千零四十四米（见图四）。在八连城内，渤海瓦块很多，多是印有文字的灰色板瓦和手指斜押纹、圆圈纹板瓦，以及绿釉筒瓦残块。城内瓦块全部是浅灰色板瓦和筒瓦，并有边长三十三点三厘米、厚六厘米的方砖。过去还出土过牡丹花纹方砖。

从八连城的形制（无马面）和采集到的渤海瓦块来看，是典型的渤海城。其形制以及出土文物和宁安东京城、和龙西古城子基本相同。从其地理位置来看，八连城在东京城（渤海上京龙泉府）的东南[①]，"东南濒海"[②]，和文献所载渤海东京龙原府的地理方位相符。所以，自1941年日本学者鸟山喜一在考古发掘和考古调查资料基础上，提出珲春八连城（半拉城）为渤海东京龙原府遗址的论文[③]以后，中、日史学界多采其说。尤其通过对珲春河流域古城的实地调查，和过去已发表的考古调查资料得知，八连城是渤海上京（今宁安县东京城）东南一带最大的渤海古城，和上京之南的中京显德府遗址——和龙西古城子的府城规模、形制（有宫殿遗址）以及出土文物（带字瓦、琉璃瓦、牡丹花纹方砖等）完全相同。并且八连城周围一二百里范围内的渤海古城和东京龙原府所领四个州城也相符（见后述）。因此，以八连城为渤海东京龙原府遗址可谓无疑。

2. 城墙砬子不是城墙砬子城，不是东京龙原府遗址。

史学界也有的认为八连城为土城，周长仅六里，和《辽史·地理志》东京道、开州条载："叠石为城，周围二十里"的记载不符。认为魏声和《珲春古城考》所说的珲春城墙砬子城"东西四里余，南北约六里有奇。城内街衢洞达，隐约可见……外垣皆垒石为城"，和《辽史·地理志》载："叠石为城，周围二十里"的记载相符，因此，认为珲春城墙

---

① 《新唐书·渤海传》：从上京"东南徙东京""龙原府东南濒海"。

② 《新唐书·渤海传》：从上京"东南徙东京""龙原府东南濒海"。

③ （日）鸟山喜一：《渤海东京考》，见鸟山喜一著，船木胜马编：《渤海史上的若干问题》。

砬子城当为渤海东京龙原府遗址。通过亲自考古调查和文献考证，知道这一推论当属误断。

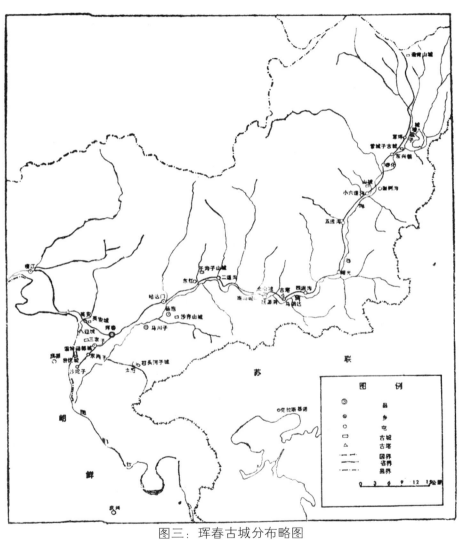

图三：珲春古城分布略图

《辽史·地理志》东京道、开州条载："本涉貊故地[1]，高丽为庆州，渤海为东京龙原府。有宫殿。都督庆、盐、穆、贺四州事。故县六曰：龙原、永安、乌山、壁谷、熊山、白杨，皆废。"这一段是叙述东京龙原府的历史沿革和所领州、县。因辽灭渤海后，强迫东京龙原府的渤海人迁到开州，所以在记述开州的建置经过时，先追述一下东京龙原府的沿革。其下，"叠石为城，周围二十里。唐薛仁贵征高丽，与其大将温沙门战熊山，擒善射者于石城，即此"的一段，是记述辽代开州的历史沿革和置州的经过。所谓"叠石为城，周围二十里"，以及所谓"擒善射者于石城，即此"，系指开州石城[2]而说的，不是指东京龙原府而说的。日本的和田清等[3]，把《辽史·地理志》所载："东京龙原府有宫……叠石为城，周围二十里"连在一起，认为东京龙原府周长二十里，当属误解。

　　1972年5月的亲自调查访问和魏声和《珲春城古考》中所记城墙砬子城的情况有些出入。

　　城墙砬子在珲春县城东北二百一十里，春化乡草坪村东三里。这座山自然形成南、西、北三面陡峭的石壁，南北长约五六里，东西四五里，周长约二十里，高约二百米。从草坪村东望这座山，石砬壁立，像一面城墙矗立在草坪村的东面，因称城墙砬子。据调查访问得知，山上根本没有城墙的建筑遗迹，也没有任何古代遗址、遗物，更没有宫殿遗址。据说伪满时，日军曾在山上挖过战壕，修筑过炮台和营房，现已拆毁。因为它不是一座山城，所以当地群众一直称为城墙砬子，而不叫城墙砬子城。城墙砬子的西面，有南北两个豁口，据《珲春乡土志》载："北门有重垣，外垣俗称头道关；内垣称二道关。外垣垒石而成，近年居民掘取供建筑之用，故已剥落。"这一关口是向北通往东宁，东北通往

　　①当为涉貊族系的北沃沮故地。
　　②辽宁省博物馆编《辽宁史迹资料》云："石城就是叆河下游南岸石头城村的石筑山城址。从地望看，开州就在今凤城县城地方"。（清）博明著《凤城琐录》云："凤凰山麓有故石城一，周十里余。设二门，依山设险，石碟俱存。"
　　③（日）和田清：《东亚史研究》（满洲篇），第75页。

草帽顶子等地必经的要道。据当地老人谈，头道关和二道关，都有以大石块垒筑的关墙，后来多被当地人拆掉使用。据实地调查和经常上山的老人讲，山上并没有修筑城墙的遗迹，也没有古代房址，更没有宫殿遗址、遗物，没有看到过瓦块等物。据调查，在头道关和二道关外的西面平地上，有一每边长约十米的渤海遗址，西临珲春河，东依城墙砬子。在这一遗址上有许多灰色和红褐色的细泥陶片和布纹瓦，其中还有渤海手指斜押纹板瓦。因此，这是渤海遗址无疑。有的文章说珲春城墙砬子城内出土过渤海瓦片，系误传。据当地老人谈，在这一遗址里曾出土过铜印。此即魏声和在《珲春古城考》中所说的在城墙砬子城内"曾得铜质古印"，也就是《东北古印钩沉》中所说的"城墙砬子城内发现大同六年礼部造，德虎鲁府军政之印"。头道关和二道关外的渤海遗址可能是扼守关口的哨所驻地。通过调查访问知道，一直称为城墙砬子，而不是城墙砬子城，多一"城"字当属误记。尤其从城墙砬子山上从没有见到过一片瓦片来看，不可能是山城遗址，而是自然形成的城墙砬子。无论从文献记载和实地考古调查资料来看，把城墙砬子推定为渤海东京龙原府的遗址当属误解和误断。

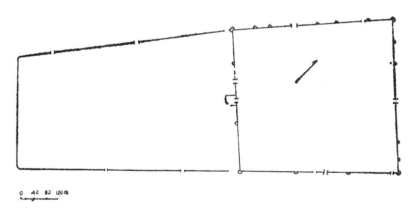

图五：温特赫部城和裴优城平面图

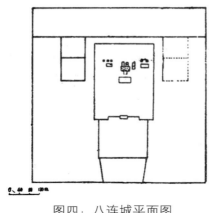

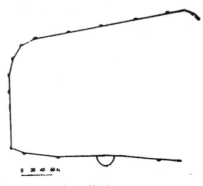

图四：八连城平面图　　　　　　图六：营城子平面图

（二）温特赫部城是渤海东京龙原府的庆州和龙原县遗址

温特赫部城在珲春县三家子乡古城村内，在县城西南二十里。温特赫部城和裴优城连在一起，当地群众统称为高丽城。温特赫部城是渤海城，而裴优城则是辽、金城和明末东海瓦尔喀部的蜚优城。温特赫部城西距图们江一里，隔江与朝鲜的庆源为邻，南距珲春河六里，西北距八连城六里，东、北、南三面为广阔的平原（见图三）。

温特赫部城为长方形土城，周长二千二百四十七米，无马面，其东墙和裴优城的西墙相连（见图五）。城内地表上有许多灰色和红褐色绳纹、方格纹板瓦，以及在板瓦前押有手指斜押纹板瓦和圆圈纹板瓦。值得注意的是，在温特赫部城南门外宽阔的地表上散布着大量的高句丽样式的渤海早期的瓦块。在这里曾采集到莲花纹瓦当残块、红褐色方格纹板瓦、手指斜押纹板瓦以及印有"可"字的筒瓦等。

如上所述，东京龙原府在今珲春八连城，而温特赫部城当为东京龙原府所领"庆、盐、穆、贺四州"[1]的首州——庆州所在地。一般京府所属的首州即府治所在地，但温特赫部城西北距八连城（东京龙原府）仅五六里，当为东京龙原府的附郭州。州治辖境一般均在五十到百里之

---

①《新唐书·渤海传》。

间，没有在府治附近五六里处，另置州的必要，所以温特赫部城当为东京龙原府所属庆州，即附郭州的遗址。其次是温特赫部城内外，不但有渤海手指斜押纹和圆圈纹板瓦，而且还有高句丽样式的红褐色绳纹和方格纹板瓦，这是八连城所没有的。红褐色绳纹和方格纹板瓦，是高句丽或渤海早期的遗物。和"高丽为庆州"，以及"本栅城地，高丽为龙原县，渤海因之"①的记载相符。八连城完全是典型的渤海灰瓦，迄未发现一件高句丽样式的板瓦和遗物。由此可知，原来高丽（即高句丽）的庆州亦即龙原县，到渤海时又沿用下来，渤海东京龙原府（今八连城）就是在原来庆州龙原县附近新筑的京城，此即东京龙原府名称的由来。温特赫部城在图们江的东岸（左岸），隔江与朝鲜的庆源为邻，和"朝鲜庆源，地近古庆州"②的记载相符。中、日史学界一般均认为"庆州为东京龙原府之首州，自与府治同地"③，但和上述古城的实际情况并不相符。

温特赫部城西距图们江一里，和《金史》"统门水（即今图们江）温迪痕部"④的记载相符，当为金代女真温迪痕部的住地，温特赫部当即温迪痕部的音转。温特赫部城不但有高句丽、渤海的板瓦，也有辽、金古城经常见到的六耳铁锅和宋代铜钱。因此，温特赫部城不但是高丽（高句丽）、渤海的庆州和龙原县遗址，也是金代女真温迪痕部城的遗址。因温特赫部城（无马面）是渤海城，而和温特赫部相连的裴优城（周长一千九百五十米）则是角楼、瓮城、马面俱全，是比较完整的辽、金城。因此，金代女真温迪痕部城的遗址，当为和温特赫部城紧邻的裴优城，这也是明末女真东海瓦尔喀部裴优城的遗址。

①《辽史·地理志》：《东京道》开州条。
②震钧：《渤海国志》卷2下，《地理志》。
③《中国历史地图集》东北地区资料汇编，第101页。（日）和田清著：《东亚史研究》（满洲篇），第75页。
④《金史》卷1，世纪："统门水温迪痕部。"《金史》卷67，留可传："统门水温迪痕部阿里保勃堇。"

（三）沙齐城（萨其城）

沙齐城（萨其城）在珲春县城东北二十六里，在杨泡乡杨木林子屯和泡子沿屯南三四里处的山上（见图三）。在沙齐城北六里处有珲春河。在山城北三四里处，即杨木林子和泡子沿之间有东岗子遗址，东西长约二百米，南北宽约一百米。地表上有渤海莲花纹瓦当、手指斜押纹板瓦和高句丽样式的灰、褐两色的绳纹、方格纹板瓦。

沙齐城为石筑山城，周长约十里，山城内有大量的高句丽样式的灰色和红褐色绳纹、方格纹板瓦，也有渤海手指斜押纹灰色板瓦块。此外，还有大量的细泥灰陶片和细泥红褐陶片，而以红褐陶片为最多。山城内的板瓦、陶片和东岗子遗址的板瓦、陶片完全相同。

史学界一般都是根据《新唐书·渤海传》"濊貊故地为东京，曰龙原府，亦曰栅城府"的记载，认为今八连城为渤海东京龙原府遗址，也是栅城府的所在地。但八连城内外，从未发现一片高句丽样式的板瓦等文物，而在温特赫部城和沙齐城（在八连城东北约四十里），不但有渤海板瓦，而且还有高句丽样式的红褐色绳纹和方格纹板瓦，因此，高句丽的栅城府当在八连城附近的这两座古城中求之。栅城是高句丽东北的军事重镇，所以高句丽的栅城当推定在规模比较大的周长约十里的山城——沙齐城及其附近的东岗子遗址，而温特赫部城如前述则应是高句丽栅城府所辖庆州及其所领首县龙原县的所在地。今沙齐城恐即栅城的音转。因此，推定沙齐城为栅城遗址，比推定在今八连城更符合古城和考古资料的实际。

沙齐城为高句丽的栅城，是渤海的哪一州城呢？考东京龙原府所领庆、盐、穆、贺四州，庆州在今温特赫部城，盐州在今苏联波谢特湾北岸克拉斯基诺附近的下岩杵河（颜楚）[1]，则沙齐城当为穆州或贺州州治

---

[1]《中国历史地图集》东北地区资料汇编，第102页。《人民日报》1961年1月13日一则消息报道："苏联在波谢特湾发现渤海国海港遗址。"附近并发现一座古代大城，有瓦片、陶瓷器皿和其他文物。

的所在地。

（四）石头河子城

在珲春县板石乡太阳村潘家沟南约三里的盆地中。城在石头河子河北岸约二百米处（见图三）。古城南北长三百米、东西宽一百五十米，周长九百米。城内有绳纹和斜方格纹板瓦[①]，这是高句丽或渤海早期的文物。此城是通往日本的"日本道"上的一座小城。从八连城周围一二百里范围内分布的渤海古城规模来看，此城当为渤海州县城的规模。这一古城距八连城（龙原府）、温特赫部城（庆州）约三十里，当为庆州所辖六县之一的县城遗址。

（五）桃源洞古城和马滴达古塔

在珲春县马滴达乡桃源洞（洞为朝鲜族语，即屯的意思）附近有两座山城，一为桃源洞北山城，为土石混筑的椭圆形山城，周长三百五十米，西南临珲春河。一为桃源洞南山城，在珲春河东岸，为一石筑山城，周长一千余米（见图三）。两城地表上仅能看到细泥灰、褐陶片，和其附近的渤海塔基联系起来看，可以断定为渤海古城，这两座山城可能为渤海东京龙原府穆州或贺州遗址。

在马滴达乡供销社房后有一古庙遗址，在这里有渤海莲花纹、树枝纹、箭头纹瓦当，皆为灰色。还有灰色和褐色绳纹、方格纹板瓦和灰色手指斜押纹板瓦。

在马滴达乡本屯的东侧，珲春公路北侧的山上有一座古塔遗址。据调查访问得知这一古塔为五至七层的楼阁式古塔，从一层到最上层有木梯旋转而上。据当地老人云：此塔系倒塌于1914年。塔基已于1973年夏清理发掘，因早已被盗掘，仅发现有鎏金铜泡钉、铁门鼻和陶罐，别无它物。从古塔的形制和附近古庙遗址的渤海瓦当来看，当为渤海塔。

---

① 王侠：《珲春的渤海遗迹与日本道》，见吉林省文物工作队编《文物考古汇编》。

（六）其他辽、金古城

珲春境内除上述渤海古城外，还有一些辽、金古城。

营城子古城在春化乡草坪屯西南三里，东兴镇东北四里（见图三），为一土筑略呈长方形城，周长一千二百五十三米，有角楼、马面、瓮城（见图六）。城内有许多细泥灰、褐陶片，还出土过"常平通宝"一枚，过去还出土过莲花纹瓦当残块[①]。

小六道沟山城，在珲春县城东北一百八十里，春化乡梨树沟西北二里，小六道沟东北四里，春化桥畔（见图三），为一周长一千五百米的山城。在城内出土一块金代勾滴，以及一些灰、褐色细泥陶片。过去在山城内还出土过"菜栏河谋克印"[②]，印背阴刻"定十八年三月，礼部造"，定前无"大"字，当为大定十八年。山城有角楼、马面、瓮城，为辽、金城。

干沟子山城，在珲春县城东北五十里，在哈达门乡干沟子屯东附近的山上建筑的石头城。城内出土过"熙宁重宝"一枚，带柄铜镜一面。有角楼、马面，周长约三千米。

英安城（英义城），在珲春县城西北十八里英安乡屯内（见图三）。为一土筑方形城，周长一千零九十八米。城内有大量的灰色瓦片和灰、褐两色的细泥陶片。

通肯山卫古城，在珲春县东北二百五十里，兰家蹚子东沟与三人沟附近，为明代童宽山卫城址（见图三）。

以上这些辽、金古城，尚待今后进一步研究和探讨，在考证珲春渤海古城的同时，也将这些辽、金城提出来供研究东北史的参考。

---

① （日）斋藤甚兵卫编：《"间岛"的史迹》三，高丽城。
② （日）斋藤甚兵卫编：《"间岛"的史迹》三，高丽城。

八　辽代宁江州考

辽代宁江州在军事上归东北统军司，行政上归东京道管辖，是辽道宗清宁年间（1055—1064年）建置的。宁江州初为防御，后升观察，辽代混同军驻在这里①。辽末天祚帝得知女真人要在涞流水（今拉林河）聚众起义的消息时，急忙派军增援宁江州镇压起义②。可知宁江州是辽代控制东北女真各部的军事重镇。

《契丹国志》卷10，天祚帝纪，天庆四年条：宁江州"有榷场，女直以北珠、人参、生金、松实、白附子、蜜蜡、麻布之类为市，州人低其值，且拘辱之，谓之打女真"。

洪皓《松漠纪闻》：宁江州"女真率来献方物，若貂鼠之属，各以所产，量轻重而打博，谓之打女真，后多强取，女真始怨。及阿骨打起兵，首破此州，驯致亡国"。

从这两条记载可知，宁江州设有榷场，是辽代契丹人和女真人进行贸易的地方，在经济上占有重要地位。

又据洪皓《松漠纪闻》，宁江州一带"每春冰始泮，辽主必至其地，凿冰钩鱼，放弋为乐"。可知宁江州也是辽代皇帝春猎之地。

---

①《辽史》卷38，地理志二，东京道宁江州条。
②《金史》卷2，太祖本记二，太祖二年（1114年）六月："命统军肖挞不野调诸军于宁江州。"

在军事、经济方面都占有重要地位的宁江州，当今何地，历来众说纷纭。有永吉县乌拉街①、敦化县厄黑木站②、扶余县三岔河乡石头城子③、扶余县榆树沟（大榆树）④、扶余县小城子或五家站⑤等五种说法。搞清宁江州的位置，不但对研究历史来说是必要的，而且对确定省内重点文物保护单位来说也是必要的。因此，宁江州究竟当今何地，实有进一步探讨的必要。据考，关于宁江州所在地的五种推论，除前二说和文献记载有明显的矛盾以外，后三说也和文献记载以及古城的实际情况不符。据《吉林省文物普查档案》和1959年、1962年在扶余县境内的两次亲自考古调查，笔者认为宁江州当在今扶余县西部的伯都讷古城，现论述如下。

（一）宁江州在长春州附近

宁江州在军事上属东北统军司，因此，宁江州当在东北统军司所在地的长春州附近。长春州在今前郭尔罗斯蒙古族自治县创业乡（原八郎乡）北上台子屯的他虎城。今伯都讷古城距他虎城（长春州）较近，而石头城子、大榆树（榆树沟）、小城子、五家站朱家城子等古城则距他虎城（长春州）较远，距农安（黄龙府）较近。

据《辽史·圣宗本纪》，太平六年（1026年）二月条的记载，圣宗时，黄翩为黄龙府兵马都部署，引军"城混同江、疏木河之间，黄龙府请建堡障三、烽台十"。南宋洪皓《松漠记闻》说："契丹从宾州混同江北八十里筑寨而守，余尝从宾州渡江过其寨。"宾州在今农安县靠山乡北、

①高士奇《扈从东巡日录》："大乌拉（今永吉县乌拉街），去船厂（今吉林市）八十余里，即辽之宁江州也。"
②杨宾《柳边纪略》："古宁江州应在今厄黑木站。"
③《吉林通志》卷11，沿革志，中，宁江州条。（日）松井等：《满洲的辽代疆域》，见《满洲历史地理》第2卷，第50页。
④（日）池内宏：《辽代混同江考》，见《满鲜史研究》中世第1册，第202页。
⑤（日）三上次男：《金史研究》（一），《金代女真社会的研究》第三章，第30页。

松花江南岸。宾州混同江以北的古城即今扶余县东部的石头城子、大榆树（榆树沟）王家屯古城、小城子、五家站朱家城子等辽、金古城，在辽代，军事上归黄龙府都部署司管辖。因此，这些辽、金古城不可能是东北统军司（在长春州）管辖下的宁江州的所在地。

宁江州一带，是辽代皇帝春猎之地，"每春冰始泮，辽主必至其地，凿冰钩鱼，放弋为乐"。据《金史·地理志》泰州条，长春县（即辽代的长春州）境内有"挞鲁古河、鸭子河"，而长春州"本鸭子河春猎之地"①。据《辽史》圣宗以后的本纪统计，辽代皇帝到各地春猎的次数是：到混同江②二十九次、鸭子河③十四次，长春河④六次（其中挞鲁河1次在内）、鱼儿泺（今月亮泡）二十三次、长春州十三次、春水十次、纳水（今嫩江）二次。由此可知，鸭子河、混同江、挞鲁河即长春河（今洮儿河和嫩江下游）等地，都是辽代皇帝春猎之地。从宁江州"清宁中置"⑤，以及"清宁四年，城鸭子、混同二水间"⑥的记载来看，可以推知，宁江州是清宁四年（1058年）在鸭子、混同二水之间建置的。今伯都讷古城，即辽代鸭子、混同二水之间。而石头城子、大榆树（榆树沟）王家屯古城、小城子、朱家城子古城是在混同江和涞流水之间。今扶余县西部的伯都讷古城靠近长春州（相距仅八十里），并在鸭子、混同二水间，正是辽代皇帝春猎之地。而扶余县东部的石头城子、

———————

①《辽史》卷37，地理志一，上京道长春州条。

②《契丹国志》卷27，长白山条：粟末河"（辽）太宗破晋（946年），改为混同江"。

③《辽史》卷16，圣宗本纪七，太平四年（1024年）二月己未朔："诏改鸭子河曰混同江，挞鲁河曰长春河。"

④《新唐书》卷219，黑水靺鞨传：粟末水"北注它漏河"。《新唐书》卷220，流鬼传达末娄条："那河或曰他漏河，东北流入黑水"。《武经总要》前集卷22，蕃界有名山川："踏弩河……东流入鸭子河。"从这些河流方向的记载可知，他漏河、踏弩河即挞鲁河（挞鲁古河），亦即长春河，是指今洮儿河和嫩江下游（和洮儿河会合以后的一段）。

⑤《辽史》卷38，地理志二，东京道宁江州条。

⑥《辽史》卷98，耶律俨传。

王家屯古城、小城子、朱家城子等古城，距长春州较远，不在辽代皇帝春猎的范围内。今吉林省的西部大安、前郭、扶余西部等地，多沼泽、水草，历来就是东北的著名产鱼区，也是野鸭和天鹅群集之地，很早以来就是各族人民游牧、渔猎的好地方。在辽代，这一带主要是辽代皇帝春猎之地。因此，辽代皇帝春猎之地的宁江州的所在地，应在靠近他虎城（长春州）的扶余县西部地区较大的辽、金古城，而不应在距他虎城（长春州）较远的扶余县东部地区的其他辽、金古城中求之。

（二）宁江州在混同江的东岸

从"宁江州，混同军，观察……统县一，混同县"①的记载来看，宁江州当在混同江附近。据《契丹国志》卷十，天庆四年秋八月条："混同江之东，名宁江州。""辽兵遇女真于宁江州东"②，战败后，"（萧）兀纳退走入城（宁江州），留官属守御，自以三百骑渡混同江而西，城遂陷"③。从这些记载可知，宁江州在混同江的东岸。石头城子、榆树沟、小城子、朱家城子都在混同江的北部，涞流水（今拉林河）的南部（见图七）。

（三）从女真起义之地到宁江州之间，有一条河沟，宁江州在女真起义之地的西方

1114年9月，女真在涞流水（今拉林河）得胜陀（今扶余县徐家店乡石碑崴子屯，大金得胜陀颂碑的所在地）誓师起义以后，便向西方的宁江州进军。"次扎只水，光见如初。将至辽界，先使宗翰督士卒夷堑。既度（渡），遇渤海军"④来迎战。在这里大败辽军以后，"进军宁江州，诸军填堑攻城。宁江人自东门出，温迪痕、阿徒罕邀击，尽殪之。十月

①《辽史》卷38，地理志二，东京道宁江州条。
②《契丹国志》卷10，天祚纪上，天庆四年秋九月条。
③《辽史》卷98，萧兀纳传。
④《金史》卷2，《太祖本纪》二，太祖二年九月条。

朔，克其城，获防御使大药师奴"①。这和《契丹国志》卷10，天祚纪上，天庆四年秋九月条："辽兵遇女真于宁江州东，战数合，渤海大败，或阵殁，或就擒，获免者无几，复攻宁江州，无少长，悉杀之"的记载相符，由此可知，从涞流水（今拉林河）起义之地到宁江州，是东西方向，女真起义军是由东向西进攻宁江州，中间有一条河沟。这条河沟，在宁江州之东。女真起义军到扎只水填平沟堑渡过以后，在宁江州之东大败辽天祚帝派来的渤海军，然后向西进攻宁江州。文献记载，宁江州城有东门，城外有护城壕。从今石碑崴子（女真起义之地）到伯都讷古城，是由东向西行，中间渡过一条河沟，今名夹津沟。这条沟是一条无水的沟，在松花江涨水时，沟内充满了水，就是一条河。水退后，沟内无水，就是一条天堑。今夹津沟可能即扎只水的音转。今夹津沟正在今伯都讷古城之东，和女真起义军"夷堑，既度（渡），遇渤海军"，以及"辽兵遇女真于宁江州东"的记载相符。从女真起义地的石碑崴子到今石头城子、榆树沟、小城子、朱家城子则是向南或东南方向，而不是西行，而且中间也没有河沟可渡（见图七）。

（四）宁江州是仅次于节镇的观察州，应在较大的辽、金古城中求之

据上述文献记载可知，宁江州是辽在今扶余县境内建立的重要州城，是仅次于节镇的观察州。应在今扶余县境内西部地区较大的辽、金古城中求之。据目前所知，吉林省境内辽、金节镇所在地的州城和府城（如黄龙府）的规模，一般周长都在八到十里之间。伯都讷古城在扶余县城北二十六里的伯都讷乡附近，西距松花江四里，周长六里，有角楼、马面、瓮城、东西南北四门、护城壕（今已不明显）。城内出土过宋钱、铁镞等，并采集到辽、金瓷片和砖瓦等物。古城西北五里处，有长岗子古遗址，地表上散布大量的鼎、鬲、豆、罐、碗、杯等陶片。也

---

① 《金史》卷2，《太祖本纪》二，太祖二年九月、十月条。

有少量的辽、金砖、瓦块。在伯都讷古城附近，还出土过大量的明代清花瓷器。由此可知，伯都讷古城一带，自古以来就是经济文化比较发达的地区。宁江州是辽在鸭子、混同二水之间，即今扶余县境内西部地区建立的重要城镇，而伯都讷古城又是扶余县境内最大的辽、金古城（周长六里）。符合观察州一级的宁江州城的规模。同时，伯都讷古城的位置又和文献所记载的宁江州城的位置相符，这是以伯都讷古城为辽代宁江州所在地的根据。扶余县境内的其他辽、金古城，如扶余县北十里的土城子，周长三里；三岔河东八里的石头城子，周长三里半；县城东榆树沟乡南十四里的王家屯古城，周长二里；五家站朱家城子古城，周长二里半；五家站西的小城子屯东，有范围不大的辽、金遗址，虽有小城子之名，今已不见古城遗迹。此外还有一些小古城，不但规模较小，不具备观察州的规模，而且其位置也和文献所记载的宁江州的位置不符。

由上述可知，把宁江州推定在今扶余县境内西部地区较大的伯都讷古城，比推定在今扶余县东部较小的石头城子、榆树沟、小城子等辽、金古城，更符合文献记载和古城的实际。

扶余县辽、金古城分布图

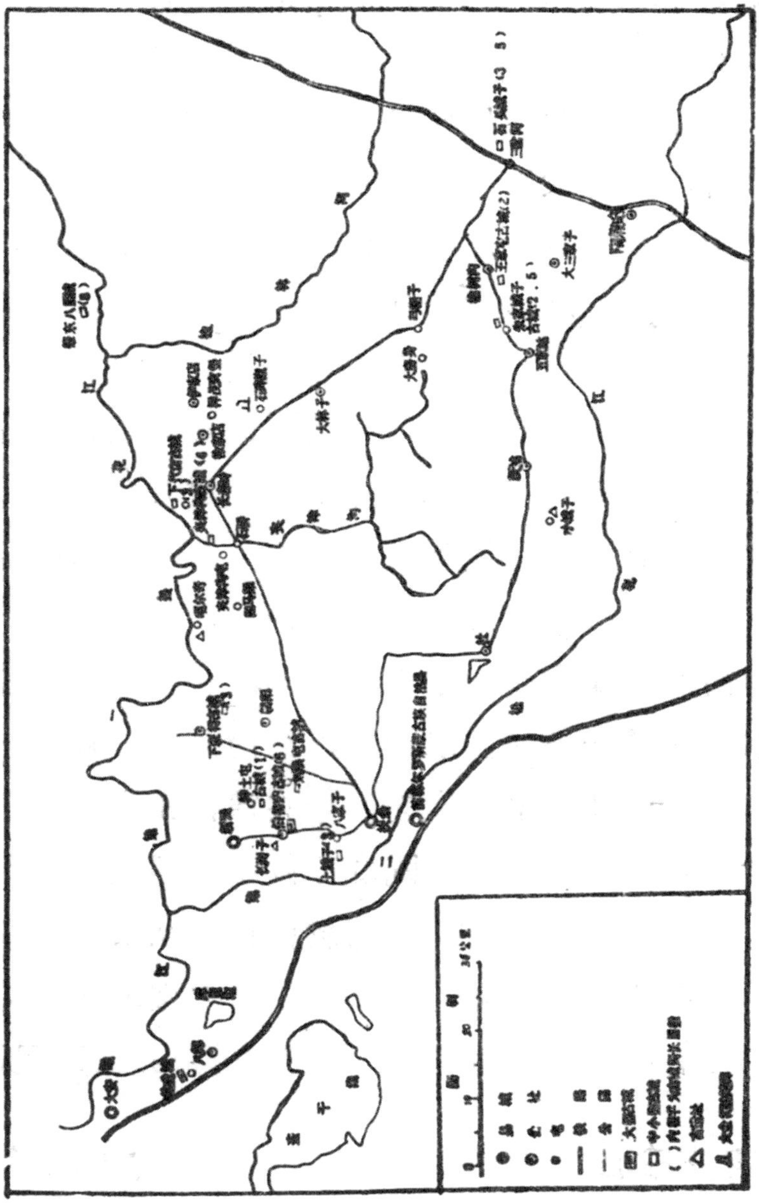

图七：扶余县古城分布略图

九　辽代宁江州续考

推定辽代宁江州在今扶余县的伯都讷古城，除前文提出的四点根据以外，还有以下四点补充。

（一）辽代宁江州在生女真居地之西

据《三朝北盟会编》政宣上帙三的记载，辽代生女真居住在"粟末之北，宁江之东北，地方千余里，户十余万"[①]。粟末即粟末江，宁江即宁江州。由此可知，宁江州当在生女真居地之西南求之。生女真的西界在哪里？这是考证宁江州所在地的重要根据。东北路统军使萧兀纳在奏文中说："臣治与生女真接境。"[②]可知生女真的居地和东北路统军司所在地的长春州[③]邻近。长春州在今前郭县八郎乡北上台子的他虎城，则和长春州邻近的生女真居地的西界当在今扶余县境内的西部。据《辽史·地理志》东京道、宁江州条的记载，宁江州属东京道辖境，但"兵事属东北统军司"，而不属东京统军司或东京都部署司。由此可知，宁江州当和东北统军司所在地的长春州邻近，正当今扶余县境内的西部。

许亢宗《宣和乙巳奉使行程录》和洪皓《松漠纪闻》都谈到从乌舍

①参见《辽史拾遗》卷18，第10—11页，女直国，引无名氏《北风扬沙录》。（光绪乙亥三月，江苏书局重刊本）。

②《辽史》卷98，《萧兀纳传》。

③《契丹国志》卷22、26。

寨即宾州（今农安县东北靠山乡新成大队广元店古城，即通说的红石垒古城）渡江直到涞流河（今拉林河）之间，即今扶余县境内有一契丹与生女真的分界线，"界隔甚明，乃契丹昔与女直两国古界也"。《松漠纪闻》亦载，"契丹从宾州混同江北八十余里筑寨而守，余尝从宾州渡江过其寨"。既然生女真居住在"粟末之北，宁江之东北"，并和长春州邻近，则今扶余县及其东北千余里的地方当为生女真的居地。因此，宁江州不可能在今扶余县以东的地方，而应在今扶余县的西部。如此，在生女真居地西南的宁江州，正当今伯都讷古城。

（二）从女真起义的地点和辽军进军的路线来看，宁江州亦当推定在扶余境内的西部

天庆四年（1114年）九月，阿骨打会诸路精兵约二千五百人在涞流水（今拉林河）下游得胜陀之地（今扶余县徐家店乡石碑崴子屯）起义。大定二十五年（1185年）七月，在得胜陀建立的《大金得胜陀颂碑》明确指出："得胜陀，太祖武元皇帝誓师之地也。"1962年笔者曾在石碑周围采集到一些金代勾滴和布纹瓦（现藏吉林省博物馆），当为碑亭遗物。从碑文和碑亭可以确证女真起义的地点在今石碑崴子附近。

女真起义以后，首先向宁江州进攻，"次扎只水，光见如初，将至辽界，先使宗翰督士卒夷堑，既度，遇渤海军"[①]。从女真起义的地点和"将至辽界"可知，今扶余县境内的女真人和契丹人隔界而居。天庆四年（1114年）十月，女真军攻陷宁江州，这是女真军的第一次胜利。十一月，女真军渡鸭子河，在出河店（即金肇州所在地，在今黑龙江省肇东八里城）（详见本书十五）又大败辽军，这是女真军的第二次胜利。据《金史》卷98，《萧兀纳传》载，"天庆五年，天祚亲征"。这次亲征，声势浩大，率番汉兵十万，"自长春州分道而进"，一军"北出骆驼

---

① 《金史》卷2，《太祖本纪》二，太祖二年九月条。

口"；一军"南出宁江州"①。这里所说的南道即"南出宁江州"，是指对北道即"北出骆驼口"而言的。不是从关内或辽阳、沈州经黄龙府、宾州等地到女真或上京的这一条路线。宋人的行程录②从未记载宁江州在这条南北路线上。从古城分布的情况来看，榆树大坡古城，是从金上京会宁府到东京辽阳府这条路线上的一座较大的辽、金城址，但它不是宁江州的所在地。骆驼口当今何地，还有待今后的考古调查来推定，但从长春州出发向东进军的路线以及辽和女真这次作战的地点（鸭子河、剌离水）来看，骆驼口可能在今松、嫩会流处一带，其南道则当在今扶余县的西部。关于这次辽军和女真军作战的地点，据《辽史》卷101，《萧胡笃传》的记载说：辽军"进至剌离水，与金兵战，败，大军亦却"。《辽史》卷100，《耶律章奴传》载："及天祚亲征女直，萧胡笃为先锋都统，章奴为都监。大军渡鸭子河，章奴与魏国王淳妻见萧敌里及其甥萧延留等谋立淳，诱将卒三百余人亡归。"同书《耶律术者传》载，耶律章奴"自鸭子河亡去"。由此可知，这次两军决战的地点在剌离水（今拉林河）、鸭子河一带。辽军在鸭子河、剌离河全线溃退以后，节节败退，直到灭亡。这是女真军第三次的重大胜利，也是女真军和辽军的一次大决战。从女真军起义的地点以及1115年辽军从长春州出发，分南北两路向东夹攻女真军的路线和大战的地点来看，宁江州不会在今扶余县以东的榆树大坡古城或永吉县乌拉街古城。又从收国元年（1115年）金太祖自黄龙府北的益州（今农安县城北七十里的小城子）"率兵趋达鲁古城，次宁江州西"③的记载可知，宁江州和达鲁古城邻近，达鲁古城当在今扶余县城西北十里的土城子（周长三里），因此，和达鲁古城邻近的宁江州不可能在今榆树县境内。

①《辽史》卷28，《天祚帝本纪》二，天庆五年八月甲子。
②许亢宗：《宣和乙巳奉使行程录》。赵彦卫：《御寨行程》。
③《金史》卷2，《太祖本纪》二。

（三）伯都讷古城内出土的莲瓣纹瓦当为推定宁江州在今伯都讷古城提供了物证

据《金史》卷73，《宗雄传》载："攻宁江州，渤海兵锐甚，宗雄以所部败渤海兵。"1114年9月，女真军进攻宁江州时，"遇渤海军"[1]来迎战。十月，女真军攻陷宁江州，"获防御使大药师奴"[2]。由此可知，宁江州是由渤海军驻守。驻守宁江州的防御使大药师奴，以及辽道宗时驻守宁江州的防御使大荣[3]，都是渤海大氏的后裔。辽代古城出土莲瓣纹瓦当，显然和渤海人的移入有关，辽上京的周围祖州城等，也有渤海莲瓣纹瓦当的出土。宁江州是由渤海军驻守，1982年在今伯都讷古城内曾出土一片莲瓣纹瓦当残块[4]，这就为推定伯都讷古城为辽代宁江州提供了一个物证。1983年7月，我和庞志国等同志到榆树大坡古城进行考古调查时，征集到大坡古城内出土的一面边刻"天城县官押"的金代铜镜（现藏榆树县博物馆）和金代大定通宝（现存古城内群众手中），这是大坡古城为金代古城遗址的物证。据《金史·地理志》的记载，辽代州县金代沿用者都有记载，如长春州改为长春县、新泰州，泰州改为金安县，黄龙府改为济州、隆安府等等。但辽代宁江州被女真军屠城后，到金代并没有被沿用的记载。因此，大坡古城内出土的金代文物，又为大坡古城不是辽代宁江州遗址提供了物证。

通过以前提出的四点根据，和这次提出的三点补充可知，辽代宁江州在长春州（今前郭县他虎城）附近，在生女真居地之西。以今扶余县伯都讷古城为辽代宁江州遗址，不但和文献所记载的方位相符，而且也和观察州应有的规模以及出土文物相符。

---

① 《金史》卷2，《太祖本纪》二，太祖二年九月条。

② 《金史》卷2，《太祖本纪》二，太祖二年十月条。

③ 《辽史》卷22，《道宗本纪》二，咸雍七年三月己酉。

④ 吉林省文物志编委会：《扶余县文物志》第43页。

（四）关于"冷山去宁江州百七十里"的问题

过去多是根据洪皓《松漠纪闻》所载："冷山去宁江州百七十里"这一史料来推定宁江州的位置。如曹廷杰认为"冷山在五常厅山河屯巡检地方界内"，这是"南至乌拉城约百七八十里"，因此，他推定"宁江州为今之乌拉城"[①]。近来也有的认为"确定冷山的地理位置是寻求辽宁江州治所的惟一重要根据"[②]。我认为这一记载，能否作为考证宁江州的根据，要看和其他文献记载有无矛盾，如果和其他有关宁江州所在地的文献记载都不相符，则可以推知这一记载当系传闻之误，不能作为立论的根据。这一记载和前述七点（前考四点，续考三点）有关推定宁江州所在地的文献记载和考古资料都不相符，因此，在推定宁江州的位置时，不引用《松漠纪闻》这一记载，而采用其他有关宁江州所在地的文献记载和考古资料来推定宁江州的所在地。

洪皓《松漠纪闻》这部书的史料价值很高，不容忽视，尤其所记从燕京到金上京的行程路线，更是研究东北历史地理的珍贵资料。但是必须看到这部书是洪皓根据在冷山流放期间所听到的传闻追述成书的[③]。其中有些传闻和记载是错误的，正如《四库提要》所说，这部书是"仅据传述者笔之于书，不若目击之亲切，中间所言金太祖、太宗诸子封号及辽林牙达什北走之事，皆与史不合，又不晓音译，往往讹异失真"，"真赝相参"。因此，在引用《松漠纪闻》的史料时，要和其他文献记载对比研究，看其是否可靠，然后才能引以为据。如关于威州位置的记载，《松漠纪闻》的记载是威州距济州即黄龙府为一百四十里，距信州为四十里。而《御寨行程》的记载则是威州距龙骧馆（即黄龙府、济州）为五十里，距信州为百七十里。辽代威州是黄龙府所属的刺史州，应在

---

①曹廷杰：《东三省舆地图说》冷山考。

②绍维、志国：《榆树大坡古城调查——兼论辽宁江州治地望》，载《博物馆研究》1982年创刊号。

③洪皓在流放期间，根据当地群众的传闻，整理成书，当放归南宋时，恐被金人搜获，忍痛将书烧掉，归南宋后，又追述成书。

黄龙府附近，威州不是信州所属的刺史州①，不应在信州附近，因此，关于威州位置的推定，不应以《松漠记闻》为据，而应以《御寨行程》为是。又如《松漠纪闻》所载，"黄龙府南百余里曰宾州，州近混同江"，从"州近混同江"等记载可知，当为"黄龙府北百余里"之误。这段记载不但方向错误，而且里数也不确切，百余里当为一百二十里或一百四十里②。又如，洪皓归宋时，自北而南行，《松漠纪闻》载，"至宾州渡混同江"，当为"渡混同江至宾州"之误等等。由此可知，《松漠纪闻》有些记载是有明显错误的，在引用时，应该和其他文献记载对比研究，经过去伪存真的考证以后，才能引以为据，否则必将以错误的根据得出错误的结论。

关于冷山所在地的问题，《松漠纪闻》卷下载：冷山"去金国所都二百余里"。但《宋史》卷373，《洪皓传》载：冷山"距金主所都仅百里，地苦寒，四月草生，八月已雪，穴居百家，陈王悟室（即希尹）聚落也"。因此，冷山当在金都（今阿城白城）一二百里的范围内求之。有的把冷山推定在舒兰县小城子一带，这里距阿城白城（金都）为三百余里，和"去金国所都二百余里"的记载不符，故不可取。考古资料可以纠正文献史料的错误，但完颜希尹墓地的所在地，不能作为推定完颜希尹故乡和冷山所在地的根据。因为墓地并不是都埋葬在故乡。这样的例子，古今中外都可找到，如完颜娄室的故乡，初"居阿注浒水（今阿什河）之源，为完颜部人"，后徙居七水，为"七水部长"，后来金"太祖命王（娄室）为黄龙府路统牧"，天会八年（1130年），"卒于泾州"，"归葬于济州之东南奥吉里"③，即今农安东南一百五十余里的石碑岭（在今长春市东郊）。很明显，墓地的所在地，并不是故乡所在地的有力证明。又据《金史》卷73，《希尹传》载："皇统三年，上知希尹实无他心，而死非其罪，赠

---

①据《辽史·地理志》载：信州是节度州，"统州三，未详"。据《御寨行程》所载可知，胜州当为信州的属州，可补《辽史·地理志》的缺漏。

②《松漠纪闻》卷下，从济州到宾州为一百四十里；《御寨行程》：从龙骧馆（即济州）到宾州为一百二十里。

③《完颜娄室碑》碑文，见杨宾：《柳边纪略》卷4。

希尹仪同三司邢国公，改葬之。"可知今希尹墓地，当系改葬之地，非希尹故乡和原葬之地。因此，以希尹墓地所在地推定冷山和希尹故乡的所在地，是不符合实际和文献记载的。

据《金史》卷1的记载，到献祖时，女真完颜部"遂定居于安出虎水之侧矣"。《金史》卷68，《欢都传》载："欢都（希尹之父）完颜部人，祖石鲁与昭祖同时、同部、同名"，也居住在安出虎水（今阿什河）一带。又载，"土人呼昭祖为勇石鲁，呼石鲁（即欢都之祖）为贤石鲁……至景祖时石鲁之子劾孙（欢都之父）举部来归，居于安出虎水源，胡凯山南，胡凯山者所谓和陵之地是也"。由此可知，希尹世居安出虎水（今阿什河）上源胡凯山南附近一带。这里距金都（今阿城白城）为一百里。和《宋史·洪皓传》所载：冷山"距金主所都仅百里"的记载相符。

曹廷杰把冷山推定在今黑龙江省五常县山河屯一带，和文献所载冷山"去金国所载二百余里"的距离基本相符，但据调查，这里并没有遗址、遗物可证。近年来，黑龙江省松花江地区文物管理站的王禹浪同志在阿城周围二百里范围内进行了考古调查，根据考古调查资料，把冷山推定在五常县冲河乡南、北两座古城。从其调查所述古城周围的自然环境（周围环山，只有一个出口）及其附近有一座高山（大青顶子山），山顶终年积雪不化等情况来看，把冷山推定在这里较为可信。高士奇和杨宾也均认为曷木逊逻（即俄莫贺索洛站，今额穆）东北二百余里为冷山（即今敦化县境内的大青顶子山）所在地[1]。

根据"冷山去宁江州百七十里"的记载，无论把宁江州推定在前述那一冷山所在地周围一百七十里的地方都和前述有关宁江州所在地的文献记载不符。因此，可以证实"冷山去宁江州百七十里"的记载当系传闻之误，既不是推定宁江州所在地的可靠根据，更不是"唯一重要根据"。

---

①杨宾：《柳边纪略》卷1："冷山宋洪忠宣公皓所居也，余于必儿汉必拉北望相去约数十里，见其积素凝寒，高出众山之上，土人呼为白山，以其无冬夏皆雪也"，必儿汉必拉北数十里（即今额穆东北二百里）正为今大青顶子山，这一高山山顶积雪终年不化。

十　辽代达鲁古城考

达鲁古亦书达卢骨、达卢古、挞鲁噶、达鲁虢、徒鲁古。关于达鲁古城的位置，过去有人进行过考证，如曹廷杰以音转为根据，认为"他虎城即挞鲁噶城，亦即辽之长春州"①。但据《金史》的记载，金军在辽天庆五年（1115年）正月，攻陷了达鲁古城②，九月攻陷黄龙府，天庆七年（1117年）正月，才攻陷长春州、泰州。由此可知，他虎城是辽代的长春州（详见本书十二），但不是挞鲁噶城（即达鲁古城）。日本松井等以达鲁古部应在挞鲁河（今洮儿河）附近，因此，他推定达鲁古城当在今洮儿河之南③。日本津田左右吉根据"上（阿骨打）率兵趋达鲁古城，次宁江州西"的记载，认为达鲁古城当在宁江州之西，松花江右岸。他认为达鲁古部的四至"东拉林河，南、西、北三面临松花江"④。《中国历史地图集》根据"黄龙府罗涅河女直达卢古来贡"等记载，推定达卢古部在"今吉林省拉林河以西地区"⑤。笔者认为辽代达鲁古城当

---

①曹廷杰：《东三省舆地图说》，嫩江陀喇河、喀鲁伦河、黑龙江考，附临潢府考，长春州考。

②《金史》卷2，《太祖本纪》二，收国元年（1115年）正月条。

③《满洲历史地理》第2卷，第105页。

④（日）津田左右吉：《达卢古考》，载《满鲜地理历史研究报告》第2卷，第17—100页。

⑤《中国历史地图集》东北地区资料汇编，第157页。

在今吉林省扶余县城北十里的土城子，其根据如下：

（一）达鲁古城在宁江州附近

据《金史》卷2，《太祖本纪》载：女真和达鲁古部邻近，当在今扶余县境内。当金军大举围攻黄龙府时，"辽遣都统耶律讹里朵、左副统萧乙薛、右副统耶律张奴、都监萧谢佛留骑二十万、步卒七万戍边"[1]，以牵制金军的进攻。这时金太祖（阿骨打）为了截击辽军的进攻，在进攻黄龙府之前，首先"率兵趋达鲁古城，次宁江州西"[2]，先和辽使僧家奴议和，议和破裂后，太祖率兵攻陷了达鲁古城。据《辽史》卷33，营卫志载："术哲达鲁虢部。圣宗以达鲁虢户置。隶北府，节度使属东北路统军司，戍境内，居境外。"由此可知，术哲达鲁虢部即达鲁古部和宁江州同样，在兵事上都属于东北路统军司（在长春州，今他虎城）。这就是推定达鲁古城在宁江州附近的根据。宁江州在今扶余县城北二十五里的伯都讷古城，则达鲁古城当在今伯都讷古城附近求之。

（二）伯都讷古城附近的土城子是达鲁古城的遗址

日本学者津田左右吉认为达鲁古城的位置"当在宁江州之西，松花江右岸"[3]。但他所说的宁江州是在今扶余县三岔河乡的石头城子。笔者认为辽代宁江州在今伯都讷古城，因此，推定达鲁古城当在今伯都讷古城附近的土城子。据1959年10月和1962年6月的实地考古调查和《吉林省扶余县的文物普查档案》，基本摸清了扶余境内辽、金古城的分布情况，这就为考证辽代宁江州和达鲁古城的位置提供了可靠的根据。据1962年6月的亲自考古调查，土城子在今扶余县城西北十里，松花江右岸（见图七），土城子之北十五里为伯都讷古城。据实测土城子周长为

①《金史》卷2，《太祖本纪》二，收国元年（1115年）正月条。

②《金史》卷2，《太祖本纪》二，收国元年（1115年）正月条。

③（日）津田左右吉：《达卢古考》，见《满鲜地理历史研究报告》第2卷，第17—100页。

一千六百七十五米，有东、西二门，二道护城河，有角楼，仅东墙还能看出马面。地表上散布灰色布纹瓦、灰砖和辽、金瓷片。据谈，过去还出土过宋钱和铁箭头等。城的四周有沙丘和漫岗，土城子处在盆地中。土城子的自然环境，和《金史》所载达鲁古城的周围形势相符。据《金史》载：金军"进逼达鲁古城，上（金太祖阿骨打）登高望辽兵若连云灌木状，顾谓左右曰：'辽兵心贰而情怯，虽多不足畏'，遂趋高阜为阵"[1]，经过激烈的战斗，大败辽军。金军围攻达鲁古城时，《金史》所载"登高望辽兵""遂趋高阜为阵"的情况，和今土城子"四周有沙丘和漫岗，土城子处在盆地中"的实际情况完全相符。今扶余县境内的其他辽、金古城，不但距宁江州即今伯都讷古城较远，而且也没有这样的自然环境。因此，以土城子为达鲁古城是符合文献记载的古城实际的。

---

①《金史》卷2，《太祖本纪》二，收国元年（1115年）正月条。

十一　辽代宾、祥、益、威四州考

　　辽代宾、祥、益、威四州是黄龙府（今农安县城）周围的重要州城，也是金代从上京会宁府（今阿城县白城）到燕京（今北京）这条交通线上的重要驿站，在辽、金史上经常出现的重要州城名称。所以搞清这四座州城的地理位置，对研究辽、金史，以及金代东北交通路线都是有帮助的。

　　我国著名历史地理学家曹廷杰在光绪十三年（1887年）亲历农安、万金塔、青山口等处，对这四座州城的位置曾作过考证。他推定宾州在红石砑高楼上地方，临混同江；祥州在东小城子西南四十里的孟家城子；益州在西小城子；威州在东小城子正南二十余里的小城子[①]。他所说的东、西小城子是指在万金塔东行（实为东北行）二十余里的道旁，有东、西相距数里的两座小城[②]。其后，史学界多采其说。但经过多次的亲自考古调查[③]，以及和有关文献记载一一核对的结果，得知其所推定的四

---

　　①曹廷杰：《东三省舆地图说》，得胜陀瘗碑记。

　　②据1983年10月的亲自考古调查，得知在万金塔东北行二十余里的道旁，并没有东、西相距数里的两座小城，只有一座小城，叫小城子，周长二里半，在今农安县万金塔乡小城子屯东一里，城南之四里处有伊通河。在这一小城子之西四十里处，而不是数里处又有一座小城子，周长六里。

　　③1958 年、1962年、1983年三次考古调查，基本上摸清了农安县境内的古城分布情况。

座州城的位置多属不确和误断。

（一）宾州—吉林省农安县靠山乡新成大队广元店古城

宾州是在统和十七年（999年），迁兀惹户建置的刺史州，后升为节度州，"兵事隶黄龙府都部署司"[①]。

《元一统志》载："废祥州在宾州西南"，则宾州当在祥州（今农安东北六十里的万金塔古城）的东北。《松漠纪闻》载：宾州"州近混同江，即古之粟末河、黑水也"。如前述，宾州是在统和十七年迁兀惹户建置的。《松漠纪闻》亦载："契丹徙置温热人（即兀惹人）于黄龙府南（按：为北之误）百余里曰宾州。"由此可知，许亢宗《宣和乙巳奉使行程录》（以下简称《行程录》）所说的在混同江畔的古乌舍寨即宾州。

曹廷杰把宾州推定在"红石砑高楼上地方"。但他所说的"红石砑高楼上地方"是在"靠山屯西又六十里"[②]的地方。日本松井等推定在"松花江和伊通河会流处"[③]。《中国历史地图集》东北地区资料汇编（以下简称《地图集》）推定在"农安县东北境之红石垒"[④]。

据1983年10月的考古调查得知，曹廷杰所说的"红石砑高楼上地方"在"靠山屯西又六十里"的地方，是错误的，红石砑即红石垒或红石砬子，是在今靠山屯东北三十里的松花江和伊通河汇合处（见图八）。因此，《地图集》和松井等推定在农安东北松、伊汇合处的红石垒，大体不误。据亲自考古调查知道，所谓红石垒即红石砬子，是在松花江和伊通河汇合处左岸的高崖，这是一条相当长的高崖，崖高二三十米，完全是红色的石崖，故名。在红石垒的广元店有一周长四里的辽、金古城遗址，古城在红石垒之上，城下即二三十米的高崖，下是松、伊会合处。松花江像一条银带在广阔的平野中穿过，江面宽阔，站在广元

---

①《辽史》卷38，《地理志》二，东京道、宾州条。

②曹廷杰：《东三省舆地图说》，得胜陀瘗碑记。

③《满洲历史地理》第2卷，第31—32页。

④《中国历史地图集》东北地区资料汇编，第144—145页。

店古城上举目远眺，心旷神怡。这里的地理形势和许亢宗《行程录》所说的乌舍寨（即宾州）"寨枕混同江湄""江面阔可半里许，寨前高岸""俯瞰长江"的地理形势完全一致。这是推定广元店古城为乌舍寨即宾州的重要根据。这一座辽、金古城遗址，现仅有北墙还能看出，其他三面今已不见。据当地老人的记忆，还能找出古城的四至，经实测，知其周长为四里。据当地老人谈，城内叫城子里，城外叫城子外。过去在城子里砖瓦块遍地都是，出土过铜锅、铁铧、石杵、石臼、铜钱等。在调查时，在城子里地表上还能看到许多布纹瓦块和陶瓷片。在城子里曾采到手掌印纹的大砖和兽面瓦当，还采集到龙泉窑、钧窑瓷片、白釉黑花瓷片、黑釉瓷片以及篦纹细泥灰陶片，和一枚皇宋通宝。城西即今广元店屯内为古墓葬地，农民经常挖出人骨。广元店南二里的地方叫南楼，在高约二三十米的红色石崖上，有比较密集的辽、金瓦块和勾滴。在这里采集到大量的泥质篦纹灰陶片口沿、器底、大板瓦、鸱尾、兽面瓦当。此外，还采集到类似渤海时代的蔓草纹瓦当残块和少量的辽白瓷片，并采集到一枚景祐元宝铜钱等。从红石垒一带西行直到小城子乡的小城子，有许多辽、金城址和遗址、遗物，很显然是一条古道。广元店一带土地肥沃，地临松、伊汇流处，被称为鱼米之乡，直到1898年至1903年，东清铁路的支线（从今哈尔滨到旅大）修筑前，一直是南北交通的要道。广元店就是当时有名的旅店，当时商旅云集，川流不息，从这里渡江到扶余县的三岔河。宋使许亢宗赴上京会宁府（今阿城县白城）和洪皓由上京归宋时，都从这里经过，并有详细的记述。从许亢宗《行程录》所记乌舍寨即宾州的方隅里到和地理形势来看，把乌舍寨即宾州推定在广元店古城是完全符合文献记载和古城实际的。从济州经北易州（即益州，今农安北八十里的小城子）到宾州为一百四十里[①]；从龙骧馆（即黄龙府、济州，今农安县城）经祥州（今农安东北六十里的万

---

①洪皓：《松漠纪闻》。

金塔古城）到宾州为一百二十里①的记载，和从今农安经小城子到广元店古城；从农安经万金塔到广元店古城的距离基本相符。从北易州（今农安北八十里的小城子）到宾州，和从报打字董寨（扶余县三岔河石头城子）到宾州皆为七十里的记载②，和从今农安县城北八十里的小城子到广元店古城，从扶余县三岔河石头城子到广元店古城皆为七十里的距离亦相符。

过去史学界把宾州推定在松、伊汇流处的红石垒大体不误，但不确切，因为红石垒是松花江左岸一条很长的红色石崖，更确切地说，红石垒一带的广元店古城（见图八）才是宾州城的遗址所在。

宾州初为刺史州，后升节度州，是黄龙府（济州）东北混同江畔的重要州城。因此，宾州应在今农安东北松花江左岸较大的辽、金古城中求之。据过去和1983年10月的几次考古调查知道，今广元店古城是农安东北松花江左岸较大的辽、金古城，其他皆为周长二里多的小城，从农安东北松花江左岸辽、金古城的分布情况来看，以广元店古城为宾州遗址，不但符合前述文献记载，也和古城分布的实际情况相符。

辽、金时代的节度州，城址周长一般均在八到十里之间，最小的也在六里以上。宾州初为刺史州，后升节度州，是黄龙府东北的重镇和交通要道。广元店古城周长四里，当为刺史州时的规模，不是节度州的规模，说明升节度州以后，并未扩建。它是今农安东北松花江左岸一带较大的辽、金古城，和前述文献所载宾州的方位也相符。因此，以广元店古城为宾州遗址是完全符合实际的。

《辽史·地理志》东京道、宾州条："统和十七年，迁兀惹户，置刺史于鸭子、混同二水之间。"把宾州置于鸭子、混同二水之间的记载可能为误记。

---

①赵彦卫：《御寨行程》，载于《云麓漫钞》。
②洪皓：《松漠纪闻》。

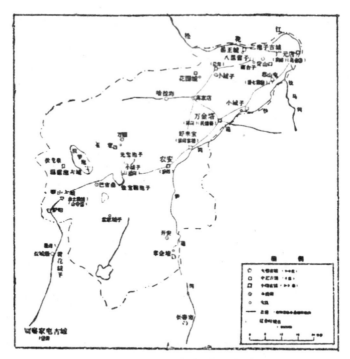

图八：农安辽、金古城分布略图

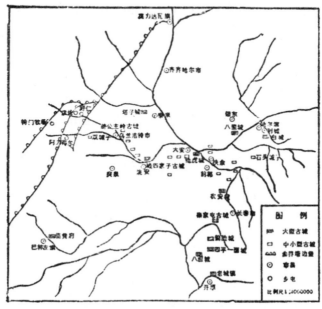

图九：吉、黑两省西部地区辽、金古城分布略图

辽太宗在946年，将粟末河改称混同江①。许亢宗《行程录》载：乌舍寨（即宾州）"寨枕混同江湄"。洪皓《松漠纪闻》载：宾州"州近混同江，即古之粟末河"。许亢宗和洪皓在其著作中都谈到自乌舍寨即宾州渡混同江之事，都没有关于宾州在"鸭子、混同二水之间"的记载。《新唐书·流鬼传》达末娄条载：那河"或曰他漏河，东北流入黑水"。说明那河或他漏河包括今嫩江一带。所谓"那河或曰他漏河"，系指今嫩江和洮儿河汇合以后的一段而言的。因此，从"踏弩河（它漏河）……东流入鸭子河"②的记载，说明这里的鸭子河不是嫩江。太平四年（1024年）："诏改鸭子河曰混同江，挞鲁河曰长春河"③，到这时（1024年），统称为混同江。在这以前，一直把嫩江一带看作一条河流，而统称之为难河、那河。宾州在今广元店古城，这一古城在松花江和伊通河汇流处，而不是在"鸭子、混同二水之间"。《辽史》卷98，《耶律俨传》有关"清宁四年，城鸭子、混同二水之间"的记载，即今吉林省扶余县境内筑城的事，而不是在宾州一带筑城的事。因此，所谓宾州在"鸭子、混同二水之间"的说法当属误记，不应以宾州作为鸭子河和混同江分界线的根据。

（二）祥州——吉林省农安县城东北六十里的万金塔古城

《辽史·地理志》东京道、祥州条载："祥州，瑞圣军、节度。兴宗以铁骊户置。兵事隶黄龙府都部罩司，统县一，怀德县。"从祥州在兵事上隶黄龙府都部署司，可知祥州当在黄龙府辖境内。从《元一统志》所载："废祥州，在宾州西南"，宾州在今广元店古城，则祥州当在今广元店古城的西南。《御寨行程》载：从"龙骧馆（今农安）六十里至祥州常平馆，六十里至宾州混同馆"的记载可知，祥州在宾州和黄龙府之间，即在今农安县城东北六十里，在广元店古城西南六十里之间。祥州是节

———

①《契丹国志》卷27，长白山条。
②曾公亮：《武经总要》前集，卷22，蕃界有名山川。
③《辽史》卷16，圣宗本纪，太平四年二月己未朔。

十一 辽代宾、祥、益、威四州考

091

度州，应在今农安和广元店古城之间的较大辽、金古城中求之。今农安县城和广元店古城之间最大的辽、金古城为今万金塔古城，周长将近七里，仅次于今农安县城（周长九里）。万金塔古城东南距伊通河五里，这里四通八达，是交通的中心（见图八）。万金塔古城内的西北隅的土丘上，有辽、金时代的勾滴和兽面瓦当，在城内采集到细泥灰陶片和辽白瓷片。城外东北角，距北门约一百零八米处，有一高约六米的塔基，这是万金塔地名的由来。1970年7月，农民在挖土时，挖到塔基和地宫，清理出一批辽代文物[1]，根据出土的宋钱，以"天禧通宝"为最晚，祥州是辽兴宗时代以铁骊户建置的，则此塔亦当为辽兴宗时所建。辽、金时代的节度州一般均在八到十里之间，最小的也在六里以上。以万金塔为祥州遗址，不但符合文献记载的方隅里到，而且也和古城的规模（周长七里）相符。

曹廷杰把祥州推定在"今东小城子西南四十里"的孟家城子[2]。曹廷杰所说的东小城子是在今"万金塔东行二十里道旁"的地方。其所说的孟家城子在"今东小城子西南四十里"，就是在今万金塔西南二十里的地方。但据历次的考古调查和地方志的记载，这里并没有发现过任何城址和遗址，就是有古城址，也和文献所载祥州的方位不符。

日本学者松井等把祥州推定在今农安县之北[3]，实际应在今农安县城东北，由于当时缺乏考古调查资料，没有指出具体的古城址。

《地图集》把祥州推定在"农安县万金塔东北苏家店"[4]。这里所说的苏家店即东小城子和西小城子附近，说"东小城子不见今图，因其与西小城子相距数里，当在今苏家店附近"。据过去和1983年10月的亲自考古调查知道，曹廷杰所说的东小城子，在"万金塔东行二十余里"的道旁，即今小城子古城，在万金塔东北二十里的公路北三里处，在今小城

①刘振华：《农安万金塔基出土文物》，见《文物》1973年8期。
②曹廷杰：《东三省舆地图说》，得胜陀瘗碑记。
③《满洲历史地理志》第2卷，第51页。
④《中国历史地图集》东北地区资料汇编，第154页。

子大队屯东一里处，城南三四里处有伊通河。据实测，小城子周长约为一千二百米，约二里半的方形城，有南、北二门，已不见马面、角楼、瓮城。据当地老人讲，过去城内外都出土过大砖、陶罐、四耳铜锅和铜钱等。在小城子内采集到灰色细泥陶片和辽、金瓷片，瓦片不多见。曹廷杰说："自万金塔东行二十余里道旁有古城基二，相距数里，曰西小城子、东小城子。"据历次的考古调查得知，在万金塔东北二十里的道旁只有小城子古城，此即曹廷杰所说的东小城子，并未在东小城子之西数里的地方发现另一古城址，即西小城子。不是在小城子（即东小城子）之西数里，而是在东小城子之西四十里的地方有小城子古城，周长六里，此为益州（北易州）所在（见后述）。把祥州推定在曹廷杰所说的东小城子即今万金塔东北二十里的小城子，或苏家店附近，和文献所载祥州的方位不符。祥州距龙骧馆（今农安）六十里，而小城子即东小城子距今农安城为八十里，祥州是节度州，小城子（东小城子）周长二里半，不具备节度州的规模，不应是祥州州治的所在地。万金塔古城周长七里，是较大的辽、金古城，在今农安县城东北六十里，把万金塔古城推定为祥州所在地，不但符合文献有关祥州地理方位的记载，而且也和古城的实际规模相符。因此，把祥州推定在其他地方的小型古城是不符合实际的。

（三）益州——农安北八十里的小城子

《辽史·地理志》载："益州，观察。属黄龙府，统县一，静远县。"许亢宗著《行程录》第三十三程载："自黄龙府六十里至托撒孛董寨。"第三十四程载："自托撒九十里至漫七离孛董寨，道旁有契丹的益州、宾州空城。"第三十五程载：自"漫七离行六十里即古乌舍寨，寨枕混同江湄"。托撒孛董寨距黄龙府六十里，当即祥州，今万金塔地方。漫七离孛董寨在托撒孛董寨和古乌舍寨之间，据考古调查得知，在今万金塔（祥州）和广元店古城（古乌舍寨、宾州）之间，即今靠山屯西侧有一辽、金古城，周长二里半，今已不见城址，地表上还散布着许多辽、金时代的勾滴、布纹瓦片等物。这里至今还称为城子里，城外称为城子外。当地老人有的看到过城址，在当地老人的指引下测量了古城的周长为二里半。从其方位来看，这当是漫七离孛堇寨遗址。根据古城的调查，基本搞清了托撒孛堇寨在今万金塔，漫七离孛堇寨在今靠山屯古城，乌舍寨在今广元店古城。从万金塔到靠山屯古城为六十里，从靠山屯古城到广元店古城为三十里。由此可知，《行程录》所谓："自托撒九十里至漫七离孛堇寨"当为六十里之误。自"漫七离行六十里即古乌舍寨"，应当为三十里之误。如果按《行程录》的里数计算，则自托撒孛堇寨（今万金塔）经漫七离孛堇寨（今靠山屯古城）至乌舍寨（今广元店古城）为一百五十里，已越过混同江北到达今扶余县境内。因此可以肯定《行程录》关于从托撒经漫七离到乌舍寨的里数记载是错误的，当以古城的方位来订正其里数。《行程录》说益州、宾州在托撒和漫七离之间的道旁，即在今万金塔和靠山屯古城之间的道旁。如前述，宾州近混同江，在今广元店古城，益州即北易州，洪皓著《松漠纪闻》载：自宾州"七十里至北易州，五十里至济州东铺，二十里至济州"。由此可知，北易州即益州当在济州（今农安）和宾州（今广元店古城）之间，距济州、宾州各为七十里。益州是观察州，因此，益州应在今农安北七十里较大的辽、金古城中求之，今农安北较大的辽、金古城并具备观察州规模（一般在四到六里之间）的辽、金古城有二，一是花园城，在小城子西二十五里，周长四里半，其他皆为小城。从《松漠纪闻》所载从益州至宾州、济州皆为七十里，和从今小城子到广元店古城，农安县城的距离基本相符（见图八）。如以花园城为益州，从花园城到广元店古城（宾州）为九十五里，和从益州到宾州七十里的记载不符。并且从农安经花园城到广元店古城，不如从小城子去广元店古城顺道。因此，以小城子为益州的所在地，和文献所载益州的方位和规模相符。从上述关于宾州、益州位置的论述和推定可知，许亢宗著《行程录》把宾州推定在托撒孛堇寨到漫七离孛堇寨这条路线的道旁，是不符合其他文献的记载和古城实际的，不应作为推定宾州、益州所在地的根据。曹廷杰根据《行程录》的这一错误推断，把宾州、益州推定在万金塔东行（实际为东北行）二十余里的道旁。他说这一道旁"有古城基二，相距数里，曰西小城子、东小城子，知即益州、宾州空城"[1]。这一推断，不但和前述有关益州、宾州方位的文献记载不符，也和古城规模以及方位的实际不符，后人多引其说[2]，实误。

（四）威州——农安县城西（稍偏南）四十里的小城子

关于威州的位置，《松漠纪闻》和《御寨行程》的记载不同。《松漠纪闻》载：

济州——胜州（威州之误）——小寺铺（山寺铺之误）——威州（胜
　40里　　　　　　　　50里　　　　　　　　50里
州之误）——信州
40里（70里之误）

《御寨行程》：

龙骧馆——威州——山寺铺——胜州——信州
（今农安）50里　50里　　50里　　70里

据《辽史·地理志》黄龙府条的记载：威州是黄龙府所属的刺史州，当距黄龙府较近，距信州较远，因此可以肯定《松漠纪闻》所记为误，应以《御寨行程》所记为是。因此，威州当在济州（即龙骧馆、今农安县城）去信州（今怀德县秦家屯古城）这条路线上求之。据过去和1983年10月的考古调查，基本上摸清了农安县境内的辽、金古城的分布情况和农安去怀德秦家屯古城的一条古道，这就为考证威州的位置提供了可靠的根据。从农安去秦家屯古城这条古道上的辽、金古城来看，威州当在今农安西（稍偏南）四十里的小城子，这一古城在元宝泡子和敖宝图泡子之间（见图八），周长二里半，符合刺史州的规模。这一小城

①曹廷杰：《东三省舆地图说》，得胜陀瘗碑记。
②《满洲历史地理》第2卷，第42—43页。《中国历史地图集》东北地区资料汇编，第146页。

子，不但和威州距龙骧馆（今农安）的里数基本相符，而且也和通往山寺铺、胜州、信州各站的里数以及路线相符（见"辽、金州城和辽金古城对照表"），所以把威州推定在农安西（稍偏南）四十里的小城子是符合文献记载和古城、古道的实际情况的。

曹廷杰把威州推定在"东小城子正南二十余里"的小城子[①]。他所说的东小城子是在万金塔东行二十里的道旁。这一推断和有关威州方位的记载完全不符，当属误断。

日本学者松井等把威州推定在"今农安县南约四十三清里附近"[②]。《地图集》把威州推定在"农安县南约四十三里之刘家附近"[③]。这一推论，虽和文献所载威州距龙骧馆（今农安）四五十里的里数相符，但在农安南四五十里的地方并没有辽、金古城。在农安南七十里的地方，即开安乡南十里，伊通河西岸、库金堆屯有一古城，周长约三里多。在农安南六十里的地方，有孟家城子的地名，但据地方志和文物普查档案迄未发现古城址，而且这两处，没有从农安（济州）去秦家屯古城（信州）的古道。威州当在从济州到信州这条路线上。农安西（稍偏南）四十里的小城子，不但和威州距济州（今农安）的里数相符，而且也是从农安到秦家屯古城（信州）这条古道上的辽、金城址，其间的辽、金古城和从济州（龙骧馆，即今农安县城）到信州所经州城的数目和各州城间的距离里数完全相符，所以把威州推定在农安西（稍偏南）四十里的小城子比推定在其他地方更符合文献记载和辽、金古道以及古城分布的实际情况。

综上所述，今将农安辽、金古城分布图（见图八）及辽、金州城和辽、金古城的方位距离列一对照表，更能清楚地了解宾、祥、益、威四州的推定是符合文献记载和古城实际的。

①曹廷杰：《东三省舆地图说》，得胜陀瘗碑记。
②《满洲历史地理》第2卷，第43页。
③《中国历史地图集》东北地区资料汇编，第146页。

辽、金州城和辽、金古城对照表

洪皓松漠纪闻	宾州 —70里— 北易州（一） —50里— 济益州（一） —20里— 济州东铺 —40里— 胜州（威州之误） —50里— 小寺铺（山寺铺之误） —50里— 威州（胜州之误）（70里之误） —40里— 信州
今辽、金古城	广元店古城 —70里— 小城子 —60里— 好来宝古城 —20里— 农安 —40里— 小城子 —50里— 顺山古城（白土埃古城） —50里— 黄花城 —70里— 秦家屯古城
赵彦卫御寨行程	宾州 —60里（90里之误）— 祥州 —60里— 龙骧馆 —50里— 威州 —50里— 山寺铺 —50里— 胜州 —70里— 信州
今辽、金古城	广元店古城 —90里— 万金塔城 —60里— 农安 —40里— 小城子 —50里— 顺山古城（白土埃古城） —50里— 黄花城 —70里— 秦家屯古城
许亢宗行程录	古乌舍寨 —60里（30里之误）— 漫七离孛董寨 —90里（60里之误）— 托撒孛董寨 —60里— 黄龙府 —40里— 蒲里孛董寨 —90里（170里之误）— 信州
今辽、金古城	广元店古城 —30里— 靠山屯城 —60里— 万金塔城 —60里— 农安 —40里— 小城子 —170里— 秦家屯古城

十二 吉、黑两省西部地区四座辽、金古城考

　　吉林、黑龙江两省西部地区（指今中长路以西）有许多辽、金古城。解放后，在这一地区进行了文物普查和多次的考古调查，基本摸清了古城的分布情况。在这许多古城中（见图九），以周长一至三里的小古城为最多，四至六里的中型古城次之，而八至十里的大型古城，仅有农安古城、前郭他虎城，洮安城四家子古城、肇东八里城、泰来塔子城五座（见图九）。这些古城，有的在元、明时代也沿用过。所以研究这些古城的历史，对研究辽、金、元、明时代的东北历史地理都有帮助。过去，史学工作者对这些古城也作过一些考证，但多数只是提出结论，而论据则很少，尤其缺乏可靠的考古调查资料，文献史料的引用也不全面，因此有必要根据考古调查资料和文献史料作进一步的探讨。农安古城已另有专文考证，现就其他四座较大的古城，谈谈自己的看法。

（一）他虎城是辽代长春州、金代新泰州的故址

　　他虎城在今吉林省前郭尔罗斯蒙古族自治县（以下简称前郭县）北上台子村（见图九）。古城附近，地势平坦，有嫩江、松花江和许多湖泊，其中较大的有查干泡、茂兴泡、月亮泡。这一带是著名的鱼场和雁鸭群集之地。

　　他虎城是保存比较完整的典型辽、金古城，周长五千一百八十一米，方形，有角楼、马面、瓮城和两道护城河。1958年和1962年两次考

古调查，在城内采集和征集到的一些文物已发表[①]，兹不赘述。

关于他虎城当辽、金时代哪一州城的问题，曹廷杰等人都作过考证。曹廷杰认为他虎城在"陀喇河（今洮儿河）入嫩江之处"日月池（今月亮泡）的西南，并谓"陀喇河即他鲁河亦即挞鲁古河，他虎城即挞鲁噶城，亦即辽之长春州韶阳军治，金复置之泰州昌德军长春县治所在。"[②]

王国维认为"鸭子河即今松花江，鸭子河泊即今松花江西之科布尔察罕泊（即今查干泡），其西南三十五里，即辽长春州、金长春县之所在，承安三年（1198年）置新泰州于此"[③]。

金毓黻认为辽代长春州（金代新泰州）在他虎城或绰尔城。但金先生所说的他虎城和曹廷杰一样，在今洮儿河入嫩江之处。他所说的绰尔城即今黑龙江省泰来县塔子城[④]。

《奉天通志》的作者认为辽代长春州在今洮安县东城四家子古城[⑤]。

日本松井等认为辽代长春州在今查干泡的西南[⑥]，津田左右吉则认为在松花江曲折处三十至五十里的西方[⑦]。

辽代长春州在行政上隶属于上京道，在军事上属于东北统军司，是辽代东北地区的一个军事重镇。据《契丹国志》卷22控制诸国条的记载，长春州负责控制女真、室韦等部族。据《辽史》卷16《圣宗纪》记载，圣宗在"太平二年（1022年）三月甲戌，如长春州"，长春州早在圣宗时代就已建置。《辽史·兴宗纪》载："重熙八年（1039年）十一月己酉城长春"，《辽史·地理志》载：长春州，"兴宗重熙八年置"，系指

---

① 李健才：《他虎城调查简记》，见《考古》1964年第1期。（日）山下泰藏：《塔呼城址》，见《满洲史学》1卷1期。

② 曹廷杰：《东三省舆地图说》第18页，见《辽海丛书》第10函之7。

③ 王国维：《观堂集林》附别集三，卷15，第723页。

④ 金毓黻：《东北通史》上编卷6，第422页，1943年版。

⑤ 《奉天通志》卷72。

⑥ 《满洲历史地理》第2卷，第86—88页。

⑦ （日）津田左右吉：《达卢古考》，见《满鲜地理历史研究报告》第2册。

州城的建筑年代。金初，仍沿用旧名，天德二年（1150年）降为县，隶肇州。承安三年（1198年）改泰州为金安县，另于此肇州长春县置新泰州，隶属于北京路，金代东北路招讨司曾设在这里，是金代控制北方蒙古各部的军事重镇。

根据文献记载和考古调查，笔者认为前郭县他虎城即辽长春州、金新泰州的州治所在。

1. 他虎城附近的河流湖泊和文献记载辽代长春州境内的河流湖泊相符。

辽长春州是皇帝"春猎之地"①。自圣宗以后，直至天祚帝，经常在每年的正月至三月间，到长春州境内的鸭子河、混同江、长春河、鱼儿泺等地进行春猎。据《辽史》诸帝本纪统计，到混同江二十九次、鱼儿泺二十三次、鸭子河十四次、长春河六次、长春州十三次、春水十次、纳水二次。因此，搞清这些河流、湖泊的位置，长春州治的问题也就容易解决了。

《金史·地理志》记载：泰州长春县（即辽代长春州）有"挞鲁古河、鸭子河"。欲知长春州治所在，必先考此两河。

粟末水，"源于（长白）山，西北注它漏河"②，辽"太宗破晋（946年），改为混同江"③。

鸭子河。《武经总要》前集卷22载："鸭子河在大水泊之东，是雁鸭生育之处"，"大水泊周围三百里"。今松、嫩两江和洮儿河下游交汇处，湖泊众多，其中最大的为查干泡，周长约二百多里，这里至今仍为"雁鸭生育之处"。因此，大水泊当即今查干泡；而嫩江在查干泡西北，不合"大水泊之东"的记载。

辽圣宗太平四年（1024年）"诏改鸭子河曰混同江"。但鸭子河旧

①《辽史》卷37，《地理志》一，长春州条。
②《新唐书·黑水靺鞨传》。
③《契丹国志》卷27，长白山条。

称，仍屡见于史书。如辽道宗清宁四年（1058年）云"城鸭子、混同二水间"①；又如辽和女真两军在出河店隔江对峙，同一江名，《辽史》称混同江，《金史》仍叫鸭子河。

挞鲁河又称它漏河、踏弩河。从粟末河西北注入它漏河及"踏弩河……东流入鸭子河"②的记载分析，挞鲁河不但指今洮儿河，而且还包括有嫩江下游河段。辽圣宗时，因它在长春州左近，故诏改挞鲁河为长春河。

鱼儿泺是长春州境内的产鱼湖泊。如前统计，辽帝到混同江和鱼儿泺渔猎的次数最多，今松、嫩交汇口一带和月亮泡是东北著名的鱼场，鱼儿泺应在此求之，当指今月亮泡。

文献记载长春州境内的河流湖泊以及特产，和他虎城周围的河湖特产完全相符，这是定他虎城为辽代长春州的根据之一。

2. 他虎城东北的茂兴泡即长春州东北的鸭子河泺。

《辽史·营卫志》载："鸭子河泺东西二十里，南北三十里，在长春州东北三十五里。"又据《辽史拾遗》卷13引宋王易《燕北录》载："春捺钵多于长春州东北三十里就泺甸住坐。"从和长春州的距离来看，泺甸即指鸭子河泺而言。搞清鸭子河泺的所在，是解决长春州治所的关键。

王国维③和日本学者松井等④多数学者都认为今前郭县境内的查干泡为辽代的鸭子河泺。因此，推定辽代长春州（金代新泰州）在今查干泡西南三五里的地方。但据调查，该地并没有较大的辽、金古城。吉林省博物馆1960年全省文物普查档案，在今查干泡的西南有两座中小型古城。一为乾安县境内的为字井（屯名）古城，在查干泡西南约二十六里，周长为五百米。二为道字井古城，在查干泡西南八十里，周长为五里。这两座中、小型古城至查干泡的距离和长春州至鸭子河泺的距离不

---

① 《辽史·耶律俨传》。
② 《武经总要》前集，卷22，蕃界有名山川。
③ 王国维：《观堂集林》附别集三，卷15，第723页。
④ 《满洲历史地理》第2卷，第86—88页。

符。并且这两座古城的规模较小，不似节镇的规模，不可能是辽代长春州的所在地。从查干泡西南没有较大的辽、金古城来看，证明查干泡不是辽代的鸭子河泺。

曹廷杰认为今月亮泡为辽代的鸭子河泺，并说"纳喇萨喇池在他虎城东北数十里，今通呼月亮泡"。现已查明：月亮泡在他虎城西北，曹说误。曹又说："他虎城即挞鲁噶城（即挞鲁古城、达卢古城），亦即辽之长春州。"[①]据《金史·太祖纪二》载：辽天庆五年（1115年）正月，攻陷了达鲁古城。金天辅元年（ 1117年）正月，才开始进攻长春州；又挞鲁噶部和女真为邻境，不可能在今月亮泡的西南洮儿河一带。由此可知，达鲁古城既不是辽代的长春州，也不是现在的他虎城。

吉林省博物馆 1960年在月亮泡周围进行文物普查，发现三座小古城。一为大安县安广镇附近的腰新荒屯古城，在月亮泡的西南七里，周长六百米。二为安广镇西南的古城子屯内的古城，周长七百米，在月亮泡西南四十八里。三为镇赉县境内的后少力根古城，东距嫩江约十里，南距月亮泡五里，周长五百米。从这些小古城和月亮泡的方向距离以及规模来看，都不可能是辽、金时代的军事重镇——长春州的州治所在地。如上所述，以今月亮泡为辽代鸭子河泺和文献记载以及实际情况都不相符。

今松、嫩、洮三水交汇处有许多湖泊，推定哪一个湖泊为辽代的鸭子河泺，取决于它的西南三四十里处有无较大的辽、金古城。如前述，以查干泡或月亮泡为辽鸭子河泺不能成立。在这些湖泊中，唯有今黑龙江省肇源县境内的茂兴泡可当鸭子河泺：一，它在鸭子河北，与泺名相符；二，从茂兴泡到他虎城的方向距离和从鸭子河泺到长春州的方向距离完全相符。这是定他虎城为辽代长春州、金代新泰州的两上根据。

3．他虎城至八里城和新泰州至肇州的方向距离一致。

《金史·地理志上》载：泰州"东至肇州三百五十里"。金代肇州即今肇东县八里城（详后）。他虎城东至八里城约为三百里，和文献记载

---

①曹廷杰：《东三省舆地图说》第18页，见《辽海丛书》第10函之7。

基本相符。这是以他虎城为辽代长春州、金代新泰州的另一根据。

（二）肇东八里城是金、元时代的肇州城

八里城在黑龙江省肇东县东八里大队（见图九）。城南二里为陡坡，坡下即为松花江左岸的沼泽地带。城为方形，周长八里，俗称八里城，有角楼、马面，四门皆有瓮城，城外有护城河一道。从城内出土的文物[①]看，可以断定八里城是金代古城址。当然，从八里城内外也发现一些元代文物，如钧窑大碗、钧窑瓷片、铜玉壶春瓶、元代八思巴文"大元通宝"等，说明它在元代也是一个城市。

过去和现在史学界关于肇州所在地的问题，都有过考证，其说不一。

《嘉庆重修一统志》卷68以及曹廷杰等[②]，都认为肇州即今逊札堡站东北珠赫城（朱家城子），但都没有提出论据。中、日史学界一般均采此说。

金毓黻认为金、元肇州在今拉林河入松花江处的得胜陀，或在今嫩江和松花江汇流处的东方某一古城[③]。

屠寄认为金代肇州故城在"珠克都噶珊"即今肇源县茂兴站以南的吐什吐，元代肇州故城在布喇克即今肇东八里城[④]。

日本学者津田左右吉和池内宏都认为出河店（即金代肇州）松花江南岸、宁江州的南方[⑤]。

我认为，金元时代的肇州城即今肇东八里城：

1. 辽代出河店即金代肇州，在鸭子河北，距江五里。

《金史·太祖纪》载："辽都统萧乩里、副都统挞不野，将步骑

---

①王修治：《黑龙江肇东县八里城清理简报》。《考古》1960年第2期。

②曹廷杰：《东三省舆地图说》。景方昶：《东北舆地略》卷1，《辽海丛书》本。《满洲历史地理》第2卷，第172—174页。

③金毓黻：《东北通史》上编卷6，第426—428页。（1943年再版）。

④屠寄：《蒙兀儿史记》卷103，《刘哈剌八都鲁传》。屠注所谓巴尔斯城即今八里城。屠寄：《黑龙江舆地图》（中下二幅）和《图说》。

⑤（日）津田左右吉：《达鲁古考》，见《满鲜地理历史研究报告》第2册。

十万，会于鸭子河北。太祖将击之……大军继进，遂登岸。"《辽史·天祚帝纪》载：天庆四年（1114年）冬十月壬寅朔："以守司空萧嗣先为东北路都统，静江军节度使萧挞不也为副……引军屯出河店，两军对垒，女真军潜渡混同江，掩击辽众。"《金史·地理志》肇州附郭始兴县境内"有鸭子河、黑龙江"，可知不但长春县境内有鸭子河[①]，肇州境内也有鸭子河。

据《金史·纥石烈德传》："鸭子河去肇州五里。"据我们1959年的实地踏查[②]，珠赫城（朱家城子）不但是比较小的辽、金古城，而且和距江五里的记载不符。八里城目前城南二里处为陡坡，坡下即有宽广的松花江古河道，说明松花江变化不定，和距江五里的记载不矛盾。

2．肇州为金太祖兴起之地，为金代东北重镇之一。

肇州即旧出河店，"天会八年（1130年），以太祖兵胜辽，肇基王绩于此，遂建为州"，"承安三年（1198年），复以为太祖神武隆兴之地，升为节镇"，"贞祐二年（1214年），复升为武兴军节镇，置招讨司"[③]。因此，肇州应在今辽、金古城中求之。据目前所知，辽、金时代的府治和节镇、招讨司所在地的州城，一般都在八至十里之间。今三肇（肇东、肇州、肇源）一带，除八里城外，还没有发现其他较大的古城。有的把金代肇州推定在今肇源县茂兴站以南的某一古城，但这里的古城规模较小，无论从考古资料和文献史料来看，都不可能是肇州州治的所在地。

天庆四年（1114年）出河店之战和次年来流河之役，是辽和女真军决战之地。把这两次战争的地点搞清以后，肇州治所也就更清楚了。

天庆四年（1114年）九月，阿骨打会诸路精兵约二千五百人在涞流水（今拉林河）下游起义，地点就在今扶余县东北石碑崴子屯，这里有"大金得胜陀颂碑"，是金世宗大定二十五年（1185年）七月，在太祖誓

---

①《金史·地理志》泰州长春县。

②李健才、张满庭：《吉林省前郭、扶余、德惠考古调查》，见《考古》1961年第1期。

③《金史·地理志》肇州。

师之地建立的纪念碑。得胜陀东距拉林河八里，东北隔江至八里城五十里。阿骨打领导的女真军在这里誓师后，首先攻陷宁江州，辽天祚帝以萧嗣先为东北路都统，屯于出河店，女真军向江北进攻，二军"会于鸭子河北"，辽军大败。天庆五年（1115年）天祚帝下诏亲征，"渡鸭子河"后①，一路"进至涞流水（今拉林河）与金兵战"②。辽军大败溃退，耶律章奴从鸭子河前线逃归③。天祚帝率败军从鸭子河前线"一日夜走三百里，退保长春州"④。这次大决战的地点在今拉林河、鸭子河一带，正当今肇东县八里城一带。这和"太祖神武隆兴之地"的肇州完全符合。这是以今肇东县八里城为辽代出河店、金代肇州的根据之二。

3．八里城之西有长达六十里的断续湖泊和出河店之西有长泺相符。

女真军在出河店获胜后，乘胜追击辽军，在斡邻泺（亦作斡论泺或长泺）⑤又大败辽军。斡邻泺在出河店之西百余里⑥的肇州境内⑦。今八里城西六十至一百二十里之间，即今肇州和肇源两县交界处，有长达六十里的断续湖泊，当即斡邻泺所在。

4．肇州在泰州之东三百五十里。

《金史·地理志》泰州载："东至肇州三百五十里"，王国维认为这是旧泰州东至肇州的距离。我认为，此处所谓泰州即新泰州，亦即辽代的长春州，今他虎城。他虎城东至八里城约为三百里，和泰州至肇州里距相符。辽天祚帝率败军从出河店附近的刺离水西逃出河店三百里保长春州，也可推知出河店即肇州，距长春州即新泰州确为三百里以上。《金

---

① 《辽史》卷100，《耶律章奴传》。

② 《辽史》卷101，《萧胡笃传》。

③ 《辽史》卷100，《耶律术者传》《耶律章奴传》。

④ 《三朝北盟会编》卷21，引《亡辽录》。《契丹国志》卷10，《天祚皇帝》上载："一日一夜走五百里，退保长春。"今以三百里为是。

⑤ 《辽史》卷27，《天祚帝》一，天庆四年十一月。《金史》卷2，《太祖纪》二。《辽史》卷98，《萧兀纳传》。

⑥ 《契丹国志》卷10，《天祚皇帝纪》载："复以兵追杀百余里，管押官崔公义、邢颖等死之，又获其甲兵三千。"此即斡论泺之战。

⑦ 《金史》卷94，《内族襄传》。"战于肇州之长泺"。

史·地理志》上京会宁府（治所在今阿城县白城）："西至肇州五百五十里"的记载，和前述关于长春州、肇州所在地的各项文献记载都不相符，显然是错误的，不能作为推定肇州所在地的依据。

5．金、元肇州都在今八里城。

金、元肇州两地说者，认为《元一统志》既然称："废肇州"，则元之肇州非金代之旧。查《元一统志》开元路古迹说到境内有上京、南京、谷州、建州、宾州、黄龙府、信州、肇州、哈州、奴儿干等，"城，皆渤海、辽、金所建，元废，城址犹存"①。这是说元初，这些辽、金州城，虽已废掉，但仍沿用为城镇和驿站，位置未变。考《元一统志》第一次成书于至元二十八年（1291年），而元代肇州是在至元三十年（1293年）建立的，元贞元年（1295年），立肇州屯田万户府。可知当《元一统志》第一次成书时，元代肇州尚未建立，故《元一统志》把肇州列入废城，当《元一统志》在大德七年（1303年）第二次编纂成书时，元代肇州虽已建立，但仍抄录旧文，没有把肇州列入。因此，《元史》载："大一统志与经世大典皆不载此州，不知其所属所领之详""附注于广宁府之下。"②可知明修元史时，对元代肇州的所在地都不清楚，更谈不到记述肇州的历史沿革了。

也有人根据《元史·刘哈剌八都鲁传》有关"乃颜故地曰阿八剌忽者，产鱼，吾今立城……名其城曰肇州"的记载，便认为元代新立肇州，非金之旧。实际上辽、金古城如黄龙府、泰州、信州、宾州等，到元代沿用时稍加修建就称为建，并不意味着在另一地新建。

总之，不能以"元废"或"立城"来做为推断金、元肇州两地说的根据。

也有人以《析津志》载："肇州正东（按：应为西之误）北三十（里至）塔鲁"，认为塔鲁即明代洮儿河站，在嫩江口西的洮儿河附近，并以此推定元代的肇州站当是今肇源县茂兴站南的三家子古城，这一论断也

①《大元一统志辑本》二，《开元诸古城》条。《辽海丛书》本。
②《元史》卷59，《地理志》二。

难以成立。因为这一记载显然有错误，如把正西北写成正东北，而且洮儿河站距茂兴三家子古城决不是三十里，而是百余里的问题。最后，从元代肇州是通往奴儿干的一个驿站来看[1]，把肇州推定在今肇东八里城比推定在肇源县茂兴站南一带的中、小古城更符合实际。因为茂兴站南的古城，远离交通线，和去奴儿干的陆路交通不符。从文献和考古资料都证实金、元肇州在今肇东县八里城。

（三）城四家子古城为辽代泰州（金代金安县、旧泰州）遗址

洮安县城东二十里的城四家子古城（见图九）是吉林省西部地区著名的辽、金古城之一。据1962年5月考古调查，测得该城周长五千二百米，形制和其他辽、金古城一样，周围为一望无际的洮儿河平原，洮儿河在东墙下，成为天然的护城河，其他三面均有护城河。古城北墙外侧的西北部为古墓群所在地，东门外，有一座当地群众称为点将台的圆丘。1962年5月，在古城内踏查时，地表上还散布着大量的砖瓦块和陶瓷片、炼铁炉渣等，房址和建筑布局还能看出，出土文物和其他辽、金古城文物相同。此外，有一牡丹花纹铜镜（已残），边刻"泰州主"；还有一个刻有"泰州……"等字的铜风铃，高六厘米、宽二厘米。城四家子古城的考古调查资料过去已有发表[2]，兹不详述。

关于旧泰州所在地的问题，过去中、日学者都曾进行过考证。

王国维认为金之旧泰州"当在今洮儿河之南，洮南县之东某地点"[3]。金毓黻同意其说[4]。日人村田治郎认为城四家子古城为辽代泰州州治所在地[5]。其他如日人学者津田左右吉开始认为在今洮安之东南，后

---

① 《吉林通志》卷11，《肇州》条所引元杨瑀《山居新语》。

② （日）小村俊夫：《洮南"高丽城址"的遗物》。见《满蒙》第12期（1931年）第6号和第7号。（日）泷川政次郎：《狐狸营子古城址》，见《辽金的古城》第一辑。（日）鸟居龙藏著、陈念本译：《满洲古迹考》。

③ 王国维：《观堂集林》附别集三，卷15，第723页。

④ 金毓黻：《东北通史》上编卷6，第421页。

⑤ （日）村田治郎：《洮安附近的古城和辽代的泰州》《满蒙》10—5，昭和10年。

又认为在今洮安之西南①；箭内亘认为在今查干泡之西三百至四百里②；池内宏认为在今通榆县东之哈拉乌苏附近③；松井等认为在今农安县的西南④。近年来也有认为黑龙江省泰来县塔子城为辽代泰州故城者⑤。上述各家推断，多数主张在今洮安县城四家子古城一带。现在根据考古调查资料，在前人考证的基础上，对泰州所在地城四家子作以下补充分析。

1. 从金代上京经泰州、临潢府到燕京（今北京）这条交通路线来看：《金史·太宗纪》载：天会二年（1124年）春正月丁丑："始自京师至南京，每五十里置驿。"闰三月辛巳，"命置驿上京、春、泰之间"。在金太宗时开始建置自京师到南京（指辽南京，即今北京）的交通驿站。长春州、泰州是从金都会宁到燕京这条交通线上的主要城镇。金主亮在贞元元年（1153年）由会宁迁都燕京时，曾经过泰州（即旧泰州）、临潢、中京到达燕京⑥。如把旧泰州定在今塔子城，绕道太远，和这条交通路线的实际情况不符。

据《魏书·勿吉传》乙力支称："初发其国，乘船泝难河西上，至太泝河（今洮儿河），沉船于水，南出陆行，渡洛孤水，从契丹西界达和龙（今辽宁省朝阳县城）。"可知，从金上京经今洮儿河（泰州）到燕京的路线，是一条古道，不是从辽、金才开辟的。

正隆、大定年间（1161—1162年），窝斡领导的起义军进攻临潢府

---

① （日）津田左右吉：《达卢古考》，见《满鲜地理历史研究报告》第2，第81页以下。《金代北边考》，见《满鲜地理历史研究报告》第4，第141页以下。

② （日）箭内亘著，陈捷、陈清泉译：《辽金纪军及金代兵制考》。

③ （日）池内宏：《辽代春水考》，见《东洋学报》（大正5年）第6卷，第2号，注22。

④ 《满洲历史地理》第2卷，第86页。

⑤ 孙秀仁：《黑龙江历史考古述论》，见《社会科学战线》1979年第1期，第224页。

⑥ 《金史》卷5，《海陵纪》，天德四年二月戊子次泰州。四月壬辰，上自泰州如凉陉。九月甲午，次中京。贞元元年二月庚申，上自中京如燕京。三月辛亥，上至燕京。

以后，北上围攻泰州，又"自泰州往攻济州"①，济州即今农安城。从这条进军路线看，泰州也不可能在今塔子城。窝斡起义军不可能绕过这座重镇（城四家子古城）而进攻北方的另一座重镇（塔子城）。

又从明代海西西陆路交通路线的驿站②来看，从肇州西行经过台州（即旧泰州）到兀良河（今乌兰浩特市东北二十五里的古城），是东西方向，如以塔子城为旧泰州，则不是西行，而是西北行到塔子城，然后再绕道西南行到洮儿河上游。那就不是海西西陆路，而是海西西北陆路了。

2．城四家子古城至金代边墙遗址的距离，符合"泰州去边三百里"的记载。

《金史·宗浩传》云："初，朝廷置东北路招讨司泰州，去境三百里，每敌入，比出兵追袭，敌已遁去。至是，宗浩奏徙之金山，以据要害，设副招讨二员，分置左右，由是敌不敢犯。"又《金史·兵志》云："东北路者，初置乌古迪烈部，后置于泰州。泰和间（应为承安四年之误），以去边尚三百里，宗浩乃命分司于金山。"从这两条记载来看，泰州显然是指旧泰州，东北路招讨司先从乌古迪烈部迁到旧泰州，然后又由旧泰州迁到新泰州，最后才迁到肇州。所谓"去边""去境"三百里，是指旧泰州距金代界壕边堡的里数。金界壕边堡遗址在今洮儿河上游科右前旗，从好仁乡西到索伦乡和特门牧场一带，发现有三道界壕边堡，皆为东北、西南走向③。今城四家子古城西北距边墙正为三百里以上。这也是城四家子古城为旧泰州的有力证明。因为旧泰州距边境较远，所以招讨司徙于靠近边境的金山。据近来在科右前旗乌兰浩特北二十五里，发现有两座古城，西北距边墙百里。一叫前公主陵一号古城，在前公主陵屯后的缓坡上，二号古城在其东南一百五十米处。一号古城周长一千八百二十九米，出土文物较少，仅采集到一块绿釉瓦。二号古城周

①《金史》卷133，《窝斡传》。

②《辽东志》卷9。

③庞治国：《东北路、临潢路吉林省段界壕边堡调查》，见《中国长城遗迹调查报告集》。

长二千七百米，出土文物有金代六耳铁锅、铁镞、铁蒺藜、鸡腿瓶、兽面瓦当、北宋铜钱和金代正隆通宝等。一号古城虽较小，但有三道护城河，在古城内的西北角并有内城，周长一里多。二号古城无护城河，但在城外东南角有一高台，群众称之为点将台。两城西部之间还有一周长一里的小古城，当地群众称之为练兵场。在古城东七百米处有金代大墓，有龟趺、石人、石兽、石柱等①。在古城西北一百里处的索伦乡乌敦大队北五里靠近最外一道边墙的山沟里，有石崖墨书题记，其字已残缺不全，其中有"金山县住人"等字②。从公主陵古城到边墙以及城四家子古城的方位距离来看，公主陵古城当为金山县（即辽末的静州）的所在地。

据《辽史·地理志》记载，泰州辖有乐康和兴国两县，但据同书边防城条："静州，观察，本泰州之金山，天庆六年（1116年）升。"可知泰州原辖有乐康、兴国、金山三县，静州即金山县，是辽代的"边防城"。《金史·娄室传》："宗雄等下金山县，使娄室分兵二千，招沿山逃散之人"，说明金山县是靠近边疆，靠近山岭，即今兴安岭。前公主陵一、二号古城，东南距城四家子古城二百里，西北距边墙即兴安岭东麓约有百里。从这里的三道边墙形势来看，前公主陵一、二号古城当为重要的边防城——金山的所在地。

以上两点是确定旧泰州所在地的主要根据。此外，如前述城内出土的刻有"泰州"等字的铜风铃，这是建筑物上的风铃，它是断定城四家子古城为泰州城址的有力佐证。但它不能成为断定金代新泰州的根据。因为城四家子古城的地理位置及其附近的河流湖泊，和金代新泰州（即辽代长春州）周围的河流、湖泊位置不相符。

① 刘景文：《科右前旗前公主岭一、二号古城调查记》，见《东北考古与历史》1982年期。（日）泷川政次郎：《辽金的古城址》第一辑。

② 刘景文：《科右前旗前公主岭一、二号古城调查记》，见《东北考古与历史》1982年1期。（日）泷川政次郎：《辽金的古城址》第一辑。

（四）塔子城为辽代镇北州、金代乌古迪烈招讨司所在地

塔子城在今黑龙江省泰来县西北（见图九），古城方形，周长四千五百六十米，有四门、三道护城壕，有角楼、马面、瓮城。是嫩江以西、绰尔河下游最大的辽、金古城。城内出土的文物，瓷器有金代的白釉黑花碗、黑釉兔毫斑碗，元代的黑釉梅瓶，还有在瓷器上写着"清酒肥羊"的瓷罐和刻有"内府"二字的方形瓷瓶。地表上散布着大量的定州、钧州、磁州等中原著名瓷窑的瓷片，辽、金时代的瓦当、勾滴，也有元、明时代的三角形龙纹琉璃勾滴，和红、黄、绿、蓝等釉色的琉璃瓦。出土的铜钱最多的是北宋铜钱，也有少量的辽、金、元时代的铜钱。过去在古城附近，还发现过一颗铜印，印文是"匡义军节度使之印"。城内还出土过一面双龙纹铜镜，铸有"至正四年"的楷体汉字铭文[1]。塔子城附近，辽墓较多，1965年城内西南隅出土一块辽代"大安七年"刻石[2]。

塔子城即《清一统志》所说的绰尔城。有人把塔子城定为金代的新泰州（即辽代的长春州）[3]，或辽代的泰州（即金代的旧泰州）[4]州治的所在地。

关于辽代泰州在泰来塔子城还是在洮安城四家子古城，这是史学界还有争论的问题。我认为辽代的泰州和金承安三年（1198年）以前的泰州都在今洮安城四家子古城，是否正确，还有待于史学界同志们的进一步研究和讨论来做定论。

塔子城在城四家子古城北三百里，这一带是辽道宗寿昌二年（1096年）以后，乌古敌烈部（金代的乌古迪烈部）的居地。此前的乌古敌烈

---

① 《黑龙江古代文物》，第56—62页。（日）泷川政次郎：《辽金的古城》第一辑。

② 《黑龙江古代文物》，第56—62页。

③ 金毓黻：《东北通史》上编卷6，第422页。

④ 孙秀仁：《黑龙江历史考古述论》，见《社会科学战线》1979年第1期。

部"皆在今兴安岭之西"①。在兴宗时代,"诏天下言治道之要",萧韩家奴上奏,其中心内容是把主力放在对付宋朝上,他认为"国家大敌,唯在南方",所以他建议把东北的边防城和部族从今兴安岭以西迁到内地,即今兴安岭以东,以加强防务。他还建议"今宜徙可敦城于近地","益东北戍军","增修壁垒",强调"内徙戍兵"加强东北边防为当务之急②。所以在兴宗时代修筑东北军事重镇——长春州、泰州、镇北州③等州城。辽代的边防城,通化州就是在这时"遂移东南六百里"迁到内地泰州的。镇州本古可敦城④,为辽代乌古敌烈部统军司的所在地,"专捍御室韦、羽厥等国"⑤。道宗寿昌二年(1096年)九月,"徙乌古敌烈部于乌纳水,以扼北边之冲"⑥。乌纳水有的认为即今海拉尔河支流的乌诺尔河,但从"今宜徙可敦城于近地",以及"内徙戍兵"等记载来看,乌纳水可能是纳乌水,即今嫩江。从"今宜徙可敦城于近地"的记载可知,可敦城(即镇州,不是镇北州)也随乌古敌烈部内迁的同时,内迁到今兴安岭以东的镇北州,即今泰来塔子城。辽代皇帝在长春州春猎时,有时对附近州县实行大赦。兴宗二十四年(1055年)大赦"行在及长春、镇北二州徒以下罪"⑦。道宗大安四年(1088年)大赦长春州、泰州役徒⑧。这说明镇北州当距长春州、泰州不远。《辽史·地理志》的州县记载不全,如骓(骥)州,不见于《辽史·地理志》,而见于《契丹国志》。镇北州既不见于《辽史·地理志》,也不见于《金史·地理志》和《契丹

---

①王国维:《观堂集林》第3册,第720页。

②《辽史》卷103,《萧韩家奴传》。

③长春州"重熙八年置"。从泰州属县兴国县,"兴宗置县"来看,泰州也是在兴宗时建置的。镇北州是在兴宗二十四年出现的,可知也当在兴宗时建置的。

④(蒙古)X·佩尔列:《蒙古人民共和国境内的契丹古城古村遗址》,见《文物参考资料》1979年1期。镇州本古可敦城,在今蒙古人民共和国达其勒苏木(布尔根省)的青陶勒盖。

⑤《辽史》卷37,《地理志》一。

⑥《辽史》卷26,《道宗本纪》,寿隆(寿昌之误)二年。

⑦《辽史》卷20,《兴宗本纪》三,重熙二十四年三月癸亥。

⑧《辽史》卷25,《道宗本纪》五,大安四年二月甲午、己亥。

国志》，只见于《辽史·兴宗纪》。这样重要的州城为什么不见于《辽史》和《金史·地理志》，可能因辽末州县行政区划有一次变动，如金山县本属泰州，天庆六年（1116年）升为州，并改名为静州，所以泰州属县不载此县，而放在边防城条内。镇北州可能因辽末废掉，故《辽志》不载此州。金初沿用此州城，为乌古迪烈统军司（后改招讨司）的驻地，金代大定年间（1161—1189年）东北路招讨司由乌古迪烈部向南撤退到泰州以后，又废此州，故《金史·地理志》也不载此州。塔子城和长春州所在地的他虎城、泰州所在地的城四家子古城，都是比较大的辽、金古城，又都相距不远，这一带的州城，除长春州、泰州以外，并无其他州城，塔子城的位置正在辽的北边，和"徙乌古敌烈部于乌纳水，以扼北边之冲"的记载相符。因此，推定塔子城可能是辽代的镇北州（不是镇州）的遗址。

　　关于乌古迪烈部所在地的问题，《金史·地理志》有比较明确的记载："乌古迪烈统军司，后升招讨司，与蒲与路近。"[①]又从金朝"买珠于乌古迪烈部及蒲与路"[②]等记载来看，可知乌古迪烈部和蒲与路都是产珠之地，并且邻近。嫩江流域河流较多，正是古代东北产珠地区之一，嫩江支流的绰尔河、雅鲁河和乌裕尔河（呼裕尔河）东西相邻。金代蒲与路在今嫩江以东的乌裕尔河流域，今克东县西北十五里的金城乡古城（在今乌裕尔河南岸），即蒲与路路治的所在地。和蒲与路邻近的乌古迪烈部当在今嫩江以西的绰尔河、雅鲁河流域。据王国维考证："金时乌古迪烈部地在兴安岭之东，蒲与路之西，泰州之北。"[③]今塔子城在城四家子古城（旧泰州）之北，他虎城（新泰州）的西北，和蒲与路邻近，正是乌古迪烈部的居住范围，所以推定塔子城是金代乌古迪烈统军司（后改招讨司）的所在地。

---

①《金史》卷24，《地理志》上。
②《金史》卷5，《海陵纪》，天德四年十一月辛丑。
③王国维：《观堂集林》附别集三，第722页。

据《辽史·地理志》泰州载："本契丹二十部族放牧之地。因黑鼠族累犯通化州，民不能御，遂移东南六百里来，建城居之，以近本族。"因此，搞清通化州的位置也是推定辽代泰州所在地的一个有力根据。在塔子城或城四家子古城西北六百里处，正是在今兴安岭以西之地。从兴安岭以西向东南迁徙，古今以来有两条通路，一是北路，沿海拉尔河过兴安岭，然后沿雅鲁河或绰尔河东南行，到达嫩江流域。二是南路，沿哈拉哈过兴安岭沿洮儿河东南行，到达洮儿河下游。有的把通化州推定在内蒙呼伦贝尔盟陈巴尔虎旗（巴彦库仁）东北十五里海拉尔河北岸的浩特陶海古城，认为泰来塔子城古城适在浩特陶海古城东南，距离与六百里之数基本符合。因此，推定塔子城当为辽代泰州所在地。但浩特陶海古城距塔子城不是六百多里，而是千余里，其距离与六百里之数不是基本相符，而是相差太远，所以也难以成为推定辽代泰州所在地的根据。

金界壕边堡到洮儿河上游又增修二道界壕边堡，共有三道界壕边堡，这一事实说明这里是金代的边防要地，今乌兰浩特市东北二十五里的前公主岭一、二号辽、金古城西北距金界壕边堡较近，才一百里，东南距城四家子古城二百里。而城四家子古城西北距金界壕边堡为三百里，去金边较远。这两座辽、金古城的位置和三道界壕边堡的形势，说明金山（今兴安岭）以西各族，主要是由南路不断侵扰金边，和《金史·宗浩传》所载泰州"去境三百里，每敌入，比出兵追袭，敌已遁去。至是，宗浩奏徙之金山，以据要害"的事实相符。

如把辽泰州推定在今塔子城，则将金山县和乌古敌烈部置于何地？城四家子古城又当辽、金时代的哪一州城？这些都难以说明。

辽代大安七年（1091年）刻石[①]，刻石已残，在建塔题名残碑中有"纠首西头供奉官泰州河堤"等字，"泰州河堤"以下残缺。仅据"泰州

①孙秀仁：《塔子城古城和辽代大安七年刻石》，见《黑龙江古代文物》，第56—62页。景爱：《塔子城出土辽大安残刻三题》，见《社会科学战线》，1984年3期。

河堤"四字，也难以说明今塔子城是辽代泰州州治的所在地。

从金代东北路招讨司的几次迁移可知，金世宗以后，边防力量步步后退。金代东北路招讨司自天德二年（1150年）至大定年间置于乌古迪烈部（今塔子城）。大定年间，南迁到泰州（今城四家子古城）。承安三年到贞祐二年又东迁到新泰州（今他虎城）。其间承安四年（1199年）到泰和八年（1208年）置分司于金山（今乌兰浩特市东北二十五里的前公主岭古城）。最后，自贞祐二年（1214年）到金末，又东迁到肇州（今肇东八里城）。从金代东北路招讨司由北向南，又由西向东，步步向内地撤退，也可以看出金末在东北的统治日趋衰落。

十三　松花江名称的演变

　　松花江发源于长白山天池，流经吉、黑两省，注入黑龙江，全长一千八百四十公里。它宛若游龙，丽如素带，点缀在祖国东北土地之上，使祖国东北大地显得更加生气勃勃。松花江流域，不但给我们提供了丰富的资源，还给我们提供了舟楫和灌溉之利。在松花江流域发现的许多古代文化遗址和古城址，证实了我国东北古代各族人民很早以来就劳动、生息、繁殖在这块土地之上，自古以来就是各族人民进行经济、文化交流的水路干线。随着历史的变迁，朝代的更替，民族的迁徙，人们给它以不同的名称。松花江这一名称，经历了复杂的演变过程。它是我国各族人民经过长期的历史选择而确定下来的。搞清它的演变过程，对了解和研究我国东北古代各族的历史疆界和重要州城的位置都有重要的意义。

（一）汉、魏、晋时代的弱水

　　弱水之名始见于《尚书·禹贡》："导弱水至于合黎，余波入于流沙。"于其他文献记载，以弱水为名的江河是很多的[①]，但都不是指汉、魏、晋时代夫余和挹娄北部的弱水。《后汉书·夫余传》载：夫余"北有弱水"；《晋书》卷97，《东夷传》，"肃慎氏一名挹娄"，"北极弱

---

　　① （日）白鸟库吉：《弱水考》，见《史学杂志》第7编，第11号。

水"。这里所说的弱水是当今东北哪一条河流？中外史学界有不同的看法，有的认为这里所说的弱水是指今黑龙江[1]，笔者认为弱水当指东流松花江和黑龙江下游（即和松花江合流后的一段）。如把弱水推定在今黑龙江，则汉、魏时代夫余的北界为今黑龙江。这和文献所载夫余的辖境不符。夫余"在玄菟北千里"，是指从玄菟郡的郡治（今沈阳市附近的上柏官屯汉代古城）到夫余王城（前期王城在今吉林市龙潭山城）[2]的距离。汉、魏时代的千里，约当今七百里，和从今沈阳市到吉林市的距离相符。如从今吉林市再往北一千里，也达不到今黑龙江。夫余的版图"方可二千里"[3]。汉、魏时代，夫余的南界在今浑河和辉发河两河上游的分水岭一带[4]。如以方圆二千里计算，汉、魏时代，夫余的北界，无论如何也达不到今黑龙江流域。同时，如以今黑龙江为夫余的北界，则"挹娄在夫余东北千余里"[5]，把挹娄置于何地？到晋代，挹娄"东滨大海，西接寇漫汗国"[6]。寇漫汗即豆莫娄或达末娄，约松花江下游以西，嫩江以东，嫩江下游和那河之北。这是旧北夫余的一部分人，由于高句丽的侵袭，北渡那河以后建立的国家，并不是汉、魏以来北夫余的原住地。南北朝时代，北魏延兴（471—476年）以前，勿吉还居住在难河下游，距太沵河（今洮儿河）十八日程的地方[7]。由此可知，汉、魏时代，尤其是晋到北魏时代，夫余的北界不在今黑龙江。如把弱水推定在东流松花江，则挹娄不是"北极弱水"，而是"西极弱水"，和文献所说挹娄"北极弱水"的记载不符。由此可知，把弱水推定在黑龙江或松花江，解释不通夫余"北有弱水"，和挹娄"北极弱水"的有关记载。夫余和挹

①（日）白鸟库吉：《弱水考》，见《史学杂志》第7编，第11号。

②见本书三：《夫余的疆域和王城》。

③《三国志》卷30，《魏志·东夷夫余传》。

④见本书三：《夫余的疆域和王城》。

⑤《三国志》卷30，《魏志·东夷挹娄传》。

⑥《晋书》卷97，《四夷传·肃慎氏》（一名挹娄）。

⑦《魏书》卷100，《勿吉传》。自太鲁水"又东北行十八日到其国"。"初发其国，乘船泝难河西上，至太沵河"（此处的太鲁水、太沵河指今洮儿河）。

娄的北部都是弱水，因此，弱水决不是仅仅指东流松花江或黑龙江，而应是指今东流松花江和黑龙江下游而言。

（二）北魏时代的难河

据《魏书》卷100，《乌洛侯传》载："其国西北有完水，东北流合于难水，其地小水皆注于难，东入于海。"完水即今额尔古纳河、黑龙江，所谓"东北流合于难水"。系指今黑龙江汇合于松花江"其地小水皆注于难，东入于海"，是指乌洛侯所在地（今嫩江中游，齐齐哈尔西部一带）的小水皆注于今嫩江。"东入于海"，即连同东流松花江、黑龙江下游东入于海。这一记载，已为最近发现的嘎仙洞鲜卑石室所证实[1]。又据《魏书》卷100，《勿吉传》：延兴（471—476年）中，居住在难河下游的勿吉，遣使赴北魏进贡时，从勿吉出发，"乘船沂难河西上，至太沵河"。很明显这里所说的"沂难河西上"，是指嫩江下游西上至今洮儿河。由上述可知，北魏时代的难水（难河）包括今嫩江、东流松花江以及黑龙江下游。

（三）唐代的那河、粟末河（速末水）

《魏书》卷100，《失韦传》载：失韦地方"有大水从北而来，广四里余，名榇水"。这里所说的榇水即后来的纳水、那水（那河），亦即今嫩江。又据《旧唐书》卷199下，《室韦传》载：望建河（或书室建河，今黑龙江上游额尔古纳河）屈曲东流，经室韦各部，"又东流与那河、忽汗河合"[2]，又东流经黑水靺鞨之地，"东注于海"。可知望建河与那河合，指和今第一松花江合。又据《新唐书》卷220，《流鬼传》、达末娄条载：那河"或曰他漏河，东北流入黑水"。以上记载说明，那河包括嫩江和东流松花江。到唐代，东流松花江和黑龙江合流以后的一段称

---

[1]米文平：《鲜卑石室的发现与初步研究》，见《文物》1981年2期。

[2]忽汗河为今牡丹江已成定论，故此处所谓望建河屈曲东流，与"忽汗河合"当为误记。

黑水，是黑水靺鞨族的居地。所谓那河"或曰他漏河"，是指洮儿河合流后的一段和东流松花江而言。根据《新唐书》卷219，《黑水靺鞨传》所说，粟末部"依粟末水以居，水源子山（今长白山），西北注入它漏河"①。这是确定唐代的粟末水为西流松花江的可靠根据。粟末水之名始见于《魏书·勿吉传》："国有大水，阔三里余，名速末水。"速末水即粟末水。因为东流松花江在汉、魏时代称弱水，北魏时代称难河，唐代称那河，已有明确的记载，从没有称速末水（粟末水）的记载。据考西流松花江乃古代貊故地，速末乃涉貊音转，后为渤海涑州（今吉林市）辖境。由此可知，《魏书·勿吉传》所说的速末水，只能指西流松花江。又考《魏书》系北齐天保二年（551年）魏收奉敕撰，天保五年（554年）成书。勿吉的历史写到东魏孝静帝武定年间（543—549年）。494年以前，"夫余为勿吉所逐"，494年，夫余王率众逃亡到高句丽②。勿吉南迁，进入夫余故地。汉、魏时代的挹娄，还是"南与北沃沮接"③，到北魏时代的勿吉，已将其南界推进到徒太山（即太白山，今长白山）④一带，已被勿吉占据，成为勿吉国内的大水。到隋、唐时代，又成为粟末靺鞨部的居地⑤。故所谓勿吉国内有大水，名速末水。如速末水（粟末水），则《新唐书·黑水靺鞨传》不会出现粟末水"西北注它漏河"的记载。《吉林通志》卷22，《舆地志》10，山川条谓："唐时粟末之称，仅至嫩江而止"，是正确的。所以说，把速末水（粟末水）推定在东流松

---

①1974年中华书局标点本，此处标点："水源于山西，北注它漏河"。

②《三国史记》卷19，《高句丽本纪》，文咨明王三年（北魏孝文帝太和十八年，494年）二月，"扶余王及妻孥，以国来降"。

③《后汉书》卷85，《东夷传·挹娄》。

④《魏书》卷100，《勿吉传》，"国南有徒太山"。

⑤《隋书》卷81，《靺鞨传》："其一，号粟（粟）末部，与高丽相接"。《新唐书》卷219，《黑水靺鞨传》，"其著者曰粟末部，居最南，抵太白山，亦曰徒太山，与高丽接"。

花江①是不符合文献记载的。

（四）辽、金时代的混同江、鸭子河

《契丹国志》卷27，长白山条："旧云粟末河，太宗破晋（946年）改为混同江。"可知到辽太宗时（946年），粟末河又改称混同江，混同江之名始见于此。据《金史》卷1，世纪载："生女直地有混同江、长白山，混同江亦号黑龙江，所谓白山、黑水是也。"从粟末水（粟末河）"西北注它漏河"②，以及"踏弩河（它漏河）……东流入鸭子河"③的记载可知，鸭子河当指东流松花江。从《金史·地理志》上京路境内有混同江、宋瓦江、鸭子河等河流的记载可知，鸭子河当指东流松花江的一部分。有的认为踏弩河（它漏河）指今洮儿河，东流入鸭子河，指今东流入今嫩江，并认为鸭子河即今嫩江④。这一推断，和文献记载并不相符。

1．辽圣宗统和十七年（999年），"迁兀惹户，置刺史于鸭子、混同二水之间"⑤，是在东京道、宾州境内，指吉林省扶余县境内。如把鸭子河推定在今嫩江，则不在东京道、宾州境内，而在上京道、长春州境内，和记载不符。

2．辽圣宗太平四年（1024年），"诏改鸭子河曰混同江，挞鲁河曰长春河"⑥。到这时（1024年），才把东流、北流松花江看作一条河流，而统称之为混同江。在这以前，一直是把嫩江和东流松花江看作一条河流，而统称之为难河、那河。如把鸭子河推定在今嫩江，则今嫩江亦改称混同江，其误甚明。有的认为鸭子河指今嫩江一带，"诏改鸭子河曰混

①顾颉刚等编：《中国历史地图集》15图，《唐帝国和四邻图》，把粟末水划在东流松花江。

②《新唐书》卷219，《黑水靺鞨传》。

③《武经总要》前集，卷22，蕃界有名山川。

④中国历史地图集编辑组；《中国历史地图集》第六册（宋、辽、金）9—10，辽、东京道图。

⑤《辽史》卷38，《地理志》2，东京道、宾州条。

⑥《辽史》卷16，《圣宗本纪》，太平四年二月己未朔。

同江"是指把东流松花江改称混同江，而嫩江仍称鸭子河。这一推断也和文献记载不符。1204年"改鸭子河曰混同江"以后出现的鸭子河，仍然指东流松花江，而不是指今嫩江。如辽道宗清宁四年（1058年），"城鸭子、混同二水间"[①]，是指今吉林省扶余县境内筑城的事，而不是指在今嫩江和松花江之间筑城的事（详见本书八）。

3．1114年，辽和女真两军在出河店（今黑龙江省肇东县八里城）隔江对垒，同一江名，《辽史》用新名，称混同江[②]，而《金史》仍沿用旧名，而称鸭子河[③]。辽代的出河店即金代的肇州所在地，在鸭子河北五里[④]。如把鸭子河推定在今嫩江，和辽代出河店（金代肇州）所在地的记载不符。这里"诏改鸭子河曰混同江"以后出现的鸭子河，仍指今东流松花江，而不是指今嫩江。

4．关于鸭子河的位置，《武经总要》前集卷22，蕃界有名山川条，有比较明确的记载："鸭子河在大水泊之东，黄龙府之西，是雁鸭生育之处。"又载："大水泊周围三百里。"今洮儿河和嫩江下游两岸湖泊最多，其中最大的为今查干泡，现周长约为二百余里，此外，没有堪称为大水泊者。大水泊以东，当指今查干泡以东。黄龙府以西，当今农安，扶余县东部（为黄龙府辖境）以西。在其间的河流有东流、北流松花江。北流松花江不是鸭子河已如上述，只有指今东流松花江而言。如把鸭子河推定在今嫩江，则在大水泊（查干泡）之北，长春州（今吉林省前郭尔罗斯蒙古族自治县创业乡北上台子屯他虎城）之西，和"鸭子河在大水泊之东，黄龙府之西"的记载不符。

5．1024年"诏改鸭子河曰混同江"以后，仍然不断出现辽代皇帝到鸭子河等地进行春猎的记载。这里所说的鸭子河，仍然是指今东流松花江，而不是嫩江。今洮儿河和嫩江下游，在辽代称挞鲁（挞鲁古）河，

①《辽史》卷98，《耶律俨传》。

②《辽史》卷27，《天祚帝本纪》1，天庆四年冬十月壬寅朔。

③《金史》卷2，《太祖本纪》2，太祖二年十一月。

④《金史》卷128，《屹石烈德传》："鸭子河去肇州五里"。

即长春河。辽圣宗太平二年及三年正月，先后有两次"如纳水钩鱼"①的记载，这里所说的纳水是指嫩江下游，而不是嫩江上游。因为嫩江下游以及嫩江和松花江会合处，自古以来就是盛产鱼类的地方，至今也是东北著名的鱼场。纳水即那河，"或曰它漏河"，是对今嫩江下游一带而言。因为嫩江上游从没有称过它漏河。今洮儿河也从没有称过那河的记载，所以那河"或曰它漏河"既不包括嫩江上游，也不包括今洮儿河。因为纳水即那河，其下游即它漏河、挞鲁（挞鲁古）河，所以在太平四年（1024年）诏改挞鲁河曰长春河以后，直到辽亡，不再见辽帝到纳水渔猎的记载。唐、宋时代的那河或他漏河，都包括今嫩江下游一带。如果它漏河（他漏河）、挞鲁河（挞鲁左河）只指今洮儿河，则和上述那河"或曰它漏河，东北流入黑水"，粟末水"西北注它漏河"，"踏弩河……东流入鸭子河"的记载完全不符。而且今洮儿河也不是著名的产鱼区，辽代皇帝到挞鲁河（长春河）进行渔猎之地，应指盛产鱼类的挞鲁河，即今嫩江下游地方。

6. 《金史》卷24，地理志上，上京路境内有："按出虎水、混同江、来流河、宋瓦江、鸭子河。"可知鸭子河在金代上京路境内。如以今鸭子河指今嫩江，则不在金代上京路境内，而应在北京路境内。《金史》卷24，地理志上，北京路泰州条，长春县境内有"挞鲁古河、鸭子河"。金代长春县即辽代长春州，在今吉林省前郭尔罗斯蒙古族自治县创业乡北上台子屯他虎城，他虎城东距嫩江八里。今嫩江下游和今吉林省扶余县西部的松花江，正在辽代长春州附近。和金代长春县（辽代长春州）境内有"挞鲁古河、鸭子河"的记载相符。因挞鲁河（挞鲁古河，即今洮儿河和嫩江下游）在长春州（今他虎城）附近，可能是太平四年（1024年）"诏改挞鲁河曰长春河"的原因。如以今洮儿河为挞鲁河，嫩江为鸭子河，则和这一记载也不相符。

综上所述，辽代鸭子河指今东流松花江的西段，而不是指今嫩江。

---

①《辽史》卷16，《圣宗本纪》7，太平二年春正月，太平三年春正月。

辽代挞鲁河指今洮儿河和嫩江下游。北流松花江原称粟末水，辽太宗（946年）改称混同江。东流松花江的西段辽初称鸭子河，太平四年（1024年）改称混同江，从1024年以后，才把东流、北流松花江看成一条河，而统称之为混同江。混同江流域在辽代为东京道、金代为上京路辖境。混同江下游是辽代的五国部、金代的五国城的所在地。混同江是辽代通往五国部、金代通往五国城、吉列迷的交通古道。

（五）元代的宋瓦江、混同江

宋瓦江之名始见于《金史》卷24，地理志上，上京路条。金代上京路辖境内有混同江、宋瓦江、鸭子河等河流，可知金代的宋瓦江当指今松花江的一部分。据《大元大一统志》辑本二（辽海丛书本）载："混同江俗呼宋瓦江"，可知到了元代，宋瓦江、混同江同时并用。据《元史》卷50，《五行志》："仁宗皇庆元年（1312年）元月，大宁、水达达路水，宋瓦江溢，民避居亦母儿乞岭。"《元史》卷34，《文宗本纪》，至顺元年（1330年）九月丁未："辽阳行省水达达路自去夏霖雨，黑龙、宋瓦二江水溢，民无鱼为食，至是，末鲁孙一十五狗驿，狗多饿死，赈粮两月，狗死者给钞补市之。"宋瓦江流域在元代为开元路辖境，至元二十一年（1285年）到至顺元年（1330年）间，割出开元路的东北部而置水达达路。其辖境包括黑龙江下游一带。以上所谓宋瓦江指东流松花江无疑。又据《元史》卷59，地理志二，合兰府水达达等路条，"元初设军民万户府五，抚镇北边"，"分领混同江南北之地。其居民皆水达达、女真之人"。此处所谓水达达、女真，即指在松花江下游和黑龙江下游居住的女真人。此处所谓混同江。由上述可知，今东流松花江，在元代称宋瓦江或混同江。又据朝鲜李朝世宗二十九年（明正统十年，1447年）撰写的《龙飞御天歌》卷7，第53章记载："斡朵里，地名，在海西江（今松花江）东，火儿阿江（今牡丹江）之西。"可知元、明时代的海西江，当指流经海西地区的松花江。元朝曾置"辽东海西道提刑按察司"[①]"海西右丞"[②]等行政机构和官职。元代为了加强对宋瓦江、黑龙江流域的统治，在宋瓦江（混同江）、黑龙江下游两岸设立许多驿站和狗站，是元代通往弩儿哥（奴儿干）、东征元帅府的重要交通路线。

（六）明代的松花江

到明代才正式出现松花江之名。《明史》卷129，《冯胜传》：洪武二十年（1387年）出现"松花河"之名，到宣德四年（1429年）以后频见松花江之名。据《明宣宗实录》卷90，宣德七年（1432年）五月丙寅载："遣中官亦失哈等，往使奴儿干等处，令都指挥刘清领军松花江造船运粮。"明代松花江流域为海西女真居地，明朝在这里设立许多卫所，归明代奴儿干都司管辖。明朝为了加强对东北的经营管理，在元朝驿站的基础上，沿松花江、黑龙江下游两岸，设立四十五个驿站，即明代有名的"海西东水陆城站"。陆路从底失卜站（今黑龙江省双城县兰陵乡石家崴子古城，拉林河北岸）出发，沿松花江、黑龙江下游到亨滚河口北岸的终点站—满泾站。水路从今吉林市（明代造船厂）出发，顺江而下，直抵奴儿干都司。这条水路交通线，是明朝经营东北的重要交通干线，也是松花江、黑龙江流域的海西女真、野人女真各卫所头目进京朝贡的路线。

据《大明一统志》卷89，松花江"至海西合混同江，东流入海"。又据同书：黑龙江"南流入松花江"。《全辽志》卷1，山川条所载亦同。由此可知，东流松花江明代亦称混同江或松花江。

（七）清代的松阿哩乌拉

到清代，松花江满语称松阿哩乌拉。据《吉林通志》卷22，《舆地

124

①《元史》卷15，《世祖本纪》12，至元二十五年（1288年）二月壬戌。
②《明太祖实录》卷153，洪武十六年（1383年）夏四月己亥。

志》10，山川条："国语（满语）天河也"①又云："今之松花、混同二名，实为上下游之通称。然取发源高远之义，则自长白山以下宜定名曰松花江（即松阿哩乌拉）。论其受三江（嫩江、乌苏里江、黑龙江）之大，则自嫩江以下，宜称混同江"。因清代，对松、黑两江还不能定何为经流，所以今黑龙江下游在清代也称混同江②。今松花江流域、黑龙江下游，在清代为吉林将军辖境。今吉林市松花江北岸为清代的造船厂，故吉林旧名船厂。

---

① "粟末河为白河之意，松花江为白江之意，满语松戛里从女真语来为白色之意，天河只是清朝对其所作的褒美之词，形象的政治称谓，即使称之为天河，也含有银河、银白之意"。见《地名知识》1981年4、5合刊。

② 曹廷杰：《伯利探路记》，在"庙尔（今苏联境内黑龙江口的尼古拉耶夫斯克）上二百五十里，混同江东岸"发现明代永宁寺碑两座。由此可知，黑龙江下游在清代亦称混同江。

十四 白山黑水考

白山、黑水之名同时出现，始见于《金史·世纪》："生女直地有混同江、长白山，混同江亦号黑龙江，所谓白山、黑水是也。"白山、黑水是我国名山大川之一，是我国东北古代居民——肃慎及其后裔挹娄、勿吉、靺鞨、女真、满族的故乡和兴王之地。

（一）长白山在汉以前到晋代称为不咸山

早在战国和西汉初成书的我国最早的地理书《山海经》就记载了我国东北古代的名山和居民。《山海经·大荒北经》云："东北海之外……大荒之中有山名曰不咸，有肃慎氏之国。"由此可知，早在西汉以前，东北名山——不咸山就闻名于中原了。《山海经·海外西经》云："肃慎之国在白民北。"《后汉书·东夷传》云：挹娄即肃慎在北沃沮北①。《晋书·四夷传》云："肃慎氏一名挹娄，在不咸山北。"白民即涉貊民，北沃沮属涉貊族系，所以在白民北和北沃沮北的记载是一致的。北沃沮在今吉林省延边珲春、汪清和绥芬河流域，则肃慎当在今延边和绥芬河流域以北。所谓肃慎"在不咸山北"，是概指，更确切些说还是在北沃沮北的记载是比较具体可靠的。从肃慎（挹娄）"在不咸山北"的记载可知不咸山即今长白山。同时从《晋书·四夷传》尚称不咸山的记载可知，从西

126

---

① 《后汉书·东夷传·挹娄》载：挹娄"南与北沃沮接"。

汉以前，直到晋代仍名不咸山，并没有改称他名。

过去《吉林通志》等地方志皆谓汉以前称不咸山，"汉曰单单大岭"，"魏曰盖马大山"[①]。后人多从其说，实系以讹传讹。《三国志·东夷传》，濊"自单单大岭以西属乐浪，自岭以东七县，都尉主之，皆以濊为民；封其渠帅为侯，今不耐皆其种也"。从不耐濊和乐浪的方位，以及它们在单单大岭东、西的记载可知，单单大岭决不指今长白山。单单大岭是当今哪一座山，诸家考证其说不一，但皆认为在今朝鲜境内，而不认为指今长白山[②]。《三国志·东夷传》云："东沃沮在高句丽盖马大山之东，滨大海而居。其地形东北狭，西南长，可千里。"东沃沮在今朝鲜咸镜南、北两道和两江道，盖马大山在东沃沮之西，可知盖马大山也不可能指今长白山，而应指今朝鲜镜内的狼林山脉[③]。今朝鲜狼林山脉以东仍名盖马高原，这是盖马大山不是今长白山的又一个佐证。

（二）长白山后魏称为"徒太山""太皇山"

《魏书·勿吉传》："勿吉国南有徒太山，魏言大白。"勿吉国南之徒太山显然指今长白山。《北史》卷94，《勿吉传》载：勿吉"国南有从太山者，华言太皇，俗甚敬畏之"。《魏书·勿吉传》和《隋书·靺鞨传》[④]皆作"徒太山"，因此《北史·勿吉传》所书"从太山"当为"徒太山"之误。

（三）长白山唐称太白山

《新唐书·黑水靺鞨传》载：粟末部"居最南，抵太白山，亦曰徒太山，与高丽接，依粟末水以居，水源于山，西北注它漏河"。从粟末水源于山（长白山）的记载可知，太白山、徒太山即今长白山。《新唐

---

① 《吉林通志》卷18，山川条。
② 详见中央民族学院：《中国历史地图集》东北地区资料汇编，第52—53页。
③ 详见中央民族学院：《中国历史地图集》东北地区资料汇编，第26页。
④ 《隋书》卷81，《靺鞨传》载："有徒太山者，俗甚敬畏之。"

书·渤海传》载：靺鞨及高丽余众东走，"渡辽水，保太白山之东北，阻奥娄河，树壁自固"。这里所说的太白山指今长白山无疑。

（四）长白山之名从金代开始，一直沿用至今

长白山之名从金代开始[①]，一直沿用至今。虽然早在隋、唐时代，靺鞨七部中有白山部，辽代女真各部中有长白山部，但这是以部族名而非以山名出现的。虽然白山部和长白山部都在今长白山一带，但以山名出现的长白山还是从金代开始。

金代统治者认为"长白山在兴王之地，礼合尊崇议封爵，建庙宇"[②]。因此，在大定十二年（1172年）十二月，封长白山为"兴国灵应王，即其山北地建庙宇"。大定十五年（1175年）三月，奏定封册仪物，每年春秋二仲择日致祭。明昌四年（1193年）十月，"复册为开天弘圣帝"[③]。

到清代，长白山满语称为果勒敏（长）珊延（白）阿林（山）。清朝以长白山为其发祥地，康熙十六年（1677年），特命大臣觉罗武木纳前往长白山拜谒，回京奏疏，议封长白山神，每年遣使致祭。康熙二十一年（1682年），康熙东巡到吉林时，在吉林市松花江畔对长白山举行望祭，这就是后来在今吉林市小白山修建望祭殿的原因和根据。从此以后，每年春秋两季由将军、副都统率领官员在小白山望祭殿代表皇帝对长白山举行望祭。乾隆十九年（1754年），乾隆东巡到吉林时，亲至小白山望祭殿对长白山举行望祭，这是清朝皇帝第一次亲临望祭殿举行望祭。

①《金史》卷1，世纪。
②《金史》卷35，《礼志》8，诸神杂祠。
③《金史》卷35，《礼志》8，诸神杂祠。

（五）金代所说的黑水指黑龙江和松花江合流后的一段

黑水之名始见于《新唐书·流鬼传》或新旧唐书《室韦传》[①]。

《吉林通志》等地方志均认为黑水指今黑龙江，并谓《金史》等书所谓"混同江亦号黑龙江"是错误的。我认为这是误解。唐代黑水原指黑龙江下游，即和松花江合流后到入海口的一段，是唐代黑水靺鞨的故乡，唐开元十三年（725年）置黑水军于黑水靺鞨地，次年更置黑水都督府，任命当地部族的首领为都督和所领诸州的刺史，并派内地官吏前往黑水靺鞨地任长史，管理黑水即今黑龙江下游一带的黑水靺鞨。辽、金时代女真人所说的黑水则指黑龙江和松花江合流后的一段。《金史》等书所谓"混同江亦号黑龙江"，或云黑水发源于长白山的记载不是误记，而是如实地记载了当时女真人对河流的主流、支流，以及河源的看法。

南北朝时代的勿吉，唐代的黑水靺鞨，辽代的生女真和金代的女真各部逐渐南下，来到长白山一带。隋、唐时代，靺鞨七部中有白山部；辽代女真各部中有长白山部；金封长白山并遣使致祭，从北方黑龙江下游南迁的黑水靺鞨和生女真，他们有机会了解到长白山是三江发源地，他们认为其故乡的黑水发源于长白山。因此，他们把松花江和黑龙江下游一带看成一条河流。所以《契丹国志》卷26，嗢热者国条云："宾州，州近混同江，即古之粟末河、黑水也。"《契丹国志》卷27，长白山条："黑水发源于此，旧云粟末河，太宗破晋，改为混同江。"《大金国志》卷18谓："长白山，黑水发源于此，旧名粟末河，契丹目为混同江。"《松漠纪闻》云："黑水，掬之微黑，契丹目为混同江。"《金史·世纪》明确指出："混同江亦号黑龙江。"这些记载皆谓，粟末河、混同江即黑水、黑龙江，黑水发源于长白山。这是当时人们对河流主流、支流以及河源的看法和今天不同。如汉、魏、晋时代，把松花江和黑龙江下游一带看作一条河流，而统称之为弱水；北魏时代以今嫩江和黑龙江下游为一条河

---

①《山海经·海内经》中所说的黑水有多条，但都不是指东北地区的黑水。

流而统称之为难河，唐代则称为那河。唐代所说的粟末水仅指西流松花江，即从长白山发源到和嫩江合流为止的这一段而说的。到辽代才把东流、西流松花江看成一条河流，而统称之为混同江。金代人们对河流主流、支流、河源的看法和今天不同。因此，认为《金史》等书所记"混同江亦号黑龙江""黑水发源于长白山"黑水"旧云粟末水"等记载是错误的看法应该纠正。屠寄《蒙兀儿史记》卷63，《洪福源传》注云："今吉林伯都讷城北，嫩江、松花江汇流之三叉口以下一段之江，土人尚称黑龙江。（屠）寄乙未岁（1895年）十月，奉使过此，亲问土人知之。故《金史》云：混同江亦号黑龙江也。"搞清金代所谓黑水、黑龙江包括松花江和黑龙江下游这一事实以后，对下述文献记载才能得出正确的理解。《金史》卷24，《地理志》，上京路条载：肇州所辖始兴县境内有鸭子河、黑龙江，很明显这也不是什么误记，从金肇州的位置①可知，这里所说的黑龙江、鸭子河都是指混同江。又《满洲实录》卷1载："辉发国本姓益克得哩，原系萨哈连乌拉江尼马察部人"，原注云："萨哈连即混同江，一说黑龙江是也，此源从长白山发出。"从辉发部先世的故乡在今东流松花江下游②，以及原注所云："萨哈连即混同江"的记载可知，萨哈连乌拉包括松花江和黑龙江下游，但这里所说的辉发部先世的故乡萨哈连乌拉，不是指今黑龙江，而是指东流松花江下游。很明显，清代沿用金代的传统看法，把松花江和黑龙江看成一条河流而统之为混同江或黑龙江。

由上述可知，金代所谓白山即今长白山，黑水指松花江和黑龙江下游，认为金代所谓黑水仅指今黑龙江是不正确的。

①见本书十二，《吉、黑两省西部地区四座辽、金古城考》。
②见本书二十一，《明代扈伦四部》。

十五　鸭子河和金代肇州续考

鸭子河当今哪一条河流？金代肇州在哪里？这是史学界还在争论的问题。对这两个问题，过去虽然也进行过考证（详见本书第十二和十三），但不够深入，今根据新提出的一些问题，补充考证如下。

（一）鸭子河

《新唐书》卷219，《黑水靺鞨传》：粟末部"依粟末水以居，水源于山，西北注它漏河"，从粟末水"西北注它漏河"的记载可知，"唐时粟末之称，仅至嫩江而止"①。据《契丹国志》卷27，长白山条："旧云粟末河，太宗破晋（946年）改为混同江"。这是唐代粟末河到辽太宗时改名为混同江的明确记载。到辽圣宗太平四年（1024年），又"诏改鸭子河曰混同江"②。有的认为鸭子河指伊通河到嫩江的一段③。从"踏弩河……东流入鸭子河"④的记载可知，鸭子河当指东流松花江的西段，如鸭子河指西流松花江，它漏河怎能东流入鸭子河？从粟末水"西北注它漏河"⑤，以及那河"或曰它漏河，东北流入黑水"⑥的记载可知，

①《吉林通志》卷22，《舆地志》10，山川条。
②《辽史》卷10，《圣宗本纪》，太平四年二月己未朔。
③绍维：《鸭子河考》，见《博物馆研究》1983年1期。
④《武经总要》前集，卷22，《蕃界有名山川》。
⑤《新唐书》卷219，《黑水靺鞨传》。
⑥《新唐书》卷220，《流鬼传》，达末娄条。

它漏河（踏弩河）系指今洮儿河和嫩江下游（即嫩江和洮儿河合流后的一段），而不是仅指今洮儿河。如仅指今洮儿河则解释不通粟末水"西北注它漏河"，以及那河"或曰它漏河，东北流入黑水"的记载。踏弩河即它漏河亦即今洮儿河和嫩江下游"东流入鸭子河"的记载是确定鸭子河指东流松花江的可靠根据。"统和十七年，迁兀惹户，置刺史于鸭子、混同之间"，是指迁兀惹户于鸭子、混同二水之间，而不是说宾州在鸭子、混同二水之间。洪皓《松漠纪闻》和许亢宗《宣和乙巳奉使行程录》皆云渡混同江，而没有渡鸭子河的记载。以西流松花江为鸭子河，不但和上述文献记载不符，而且也和有关辽、金两军作战的地点和进军路线的记载（见后述）不符。

（二）出河店

辽军在天庆四年（1114年）十月，宁江州之战大败以后，十一月，又遣"辽都统萧纠里（萧嗣先之误），副统挞不野，将步骑十万会于鸭子河北……太祖自将击之……大军继进，遂登岸……俄与敌遇于出河店"[①]。《大金国志》载："天祚再以萧嗣先帅奚、契丹五千人屯出河店临白江与宁江州女真对垒。女真潜渡混同江掩击之。"[②]《辽史·天祚帝本纪》载：萧嗣先"引军屯出河店。两军对垒，女真军潜渡混同江，掩击辽众"[③]。这三项记载都明确指出两军隔江（即鸭子河、混同江、白江）对垒。辽军在鸭子河北，女真军在宁江州一带。关于宁江州的位置虽然众说纷纭，但都推定在今松花江江北。如有人认为鸭子河指伊通河到嫩江口，则在鸭子河北的辽军也在西流松花江北，如此，则辽和女真两军都在西流松花江北，这样两军怎能隔江（即鸭子河、混同江、白江）对垒呢？女真又怎能渡江掩击辽军呢？同样，把肇州推定在松花江北扶余县境内的伯都讷古城或朱家城子，也与辽和宁江州女真两军隔江对垒的

①《金史》卷2，《太祖本纪》。

②《大金国志》卷1，《太祖本纪》。

③《辽史》卷27，《天祚皇帝本纪》，天庆四年冬十月壬寅朔。

记载有矛盾。

（三）肇州在新泰州之东三百五十里

有的片面引用《金史·地理志》泰州条的记载："德昌军节度使，辽时本契丹二十部族牧地……东至肇州三百五十里。"据此便认为是旧泰州东至肇州三百五十里。但在"辽时本契丹二十部族牧地"之下，还有"海陵正隆间置德昌军，隶上京。大定二十五年罢之，承安二年（当为三年之误）复置于长春县，以旧泰州为金安县隶焉。北至边四百里，南至懿州八百里，东至肇州三百五十里。户三千五百四。县一（旧有金安县，承安三年置，寻废），堡十九。长春（辽长春州，韶阳军，天德二年降为县，隶肇州，承安三年来属，有挞鲁古河、鸭子河，有别里不泉）"等句。从全文看，辽代的泰州即金初的泰州，到承安三年（1198年）复置于长春县，即辽代的泰州在承安三年已迁到长春县，即迁到辽代的长春州。全文开始是叙述金代新泰州的历史沿革，金代新泰州是由辽代泰州演变而来的，承安三年辽代的泰州即金初的泰州迁到长春县（辽代长春州）。因此，《金史·地理志》泰州条所说的泰州至各地的里程，不可能指旧泰州，而是新泰州。辽代的长春州即金代的新泰州，在今吉林省前郭尔罗斯蒙古族自治县八郎乡北上台子村的他虎城。今他虎城东至黑龙江省肇东八里城约为三百余里，和泰州即新泰州东至肇州三百五十里的记载基本相符。《金史·地理志》载上京会宁府（今阿城白城）"西至肇州五百五十里"，从今阿城白城西五百五十里处已到达松、嫩合流处的辽代长春州一带，和新泰州（辽代长春州）东至肇州三百五十里的记载有矛盾，这一记载不能作为推定肇州所在地的可靠根据。又据《经世大典》站赤条载："不达迷至赵州（即肇州）为三百里"，不达迷即今黑龙江省宾县乌河入松花江处，在松花江南岸，从乌河口至今肇东八里城正为三百里。《析津志》天下站名条："召州正东北三十里为塔鲁"，为肇州正西三百里之误。

（四）金、元肇州在一地而非两地

金、元肇州都是军事重镇和交通要冲，因此，金、元肇州应在东流松花江北较大的金、元古城中求之。东流松花江北最大的金、元古城是肇东八里城。据已发表的考古调查资料和地方志的记载，在东流松花江北，除肇东八里城外，再无较大的古城。有的把金代肇州推定在今黑龙江省肇源县茂兴站南的吐什吐（即珠克都噶珊），或肇源县望海屯旧址，但据1985年在这两地的亲自考古调查得知，吐什吐不是古城而是遗址，望海屯古城是周长四里的中型古城，在这里迄无发现较大的金、元古城，因此，这两地都不可能是金代肇州旧址。

从肇东八里城出土的文物[1]看，和吉林省前郭尔罗斯蒙古族自治县他虎城、洮安县城四家子古城、梨树偏脸城、怀德秦家屯古城等著名辽、金古城出土的文物相同。从八里城出土的文物来看，无论如何也否定不了它是金代古城和金代文物。从铁农具铁铧来看，决不能断定它只是元代文物，而不是金代文物。从肇东八里城出土的文物和八里城的形制、规模（周长八里）来看，把它推定为金代大型古城是符合出土文物的实际的。金代肇州是金太祖神武隆兴之地，是节镇，是金末东北路招讨司的所在地，是辖有五千三百七十五户[2]的大城，金代军事重镇新泰州才辖有三千五百零四户[3]。因此，肇州故城应在鸭子河北较大的金代古城，决不在其他小城等地。东流松花江比较大的金代古城除肇东八里城外，迄无发现其他大型金代古城。因此，把金代肇州推定在今肇东八里城是符合实际的。

有人根据《元史》卷169，《刘哈剌八都鲁传》："乃颜故地曰阿八剌忽者，产鱼，吾今立城[4]……名其城曰肇州"的记载，便认为元代新

---

①王修治：《黑龙江肇东县八里城清理简报》，见《考古》，1960年2期。

②《金史》卷24，《地理志》上京路，肇州条。

③《金史》卷24，《地理志》北京路，泰州条。

④原文为"吾今立城"，而不是"吾立新城"。

立肇州，非金之旧。实际是金代州县行政区划到元代都已废除，但金代州县城镇到元代仍多沿用为城镇和驿站，此即《元一统志》开元诸古城条所说的"城，皆渤海、辽、金所建，元废，城址犹存"[①]。到元代、金代的州城地名和位置绝大部分没有改变，仍是原名、原地。如黄龙府、祥州、宾州、信州、韩州、泰州、咸平等地名、位置都没有变动。有变动或迁徙他处的重要城镇，如金泰州到元代改为泰宁。金末，东夏的都城——开元，到元初，迁到黄龙府，最后又迁到咸平（今开原老城镇），都有明确记载，而金代肇州到元代沿用并没有迁徙的记载。史学界均认为东流松花江北的肇东八里城为元代肇州，从八里城的形制、规模以及出土文物来看，推定为金代文物和古城是没有错误的。从八里城内外也发现一些元代文物，正说明元代沿用。八里城内外出土的金、元文物就是金、元肇州在一地，而非两地的有力证明。

（五）清代肇州厅置于肇州古城地方

据光绪三十二年（1906年）程德全奏折云："光绪三十二年，于郭尔罗斯后旗荒地之肇州古城地方，置肇州直隶厅。"[②]可知一直到清代仍有肇州城之名，今肇州即在金、元肇州故地建立的，这是今肇州以及肇东[③]、肇源[④]三县地名的由来。

---

①《大元一统志辑本》二，开元诸古城条。《辽海丛书》本。

②赵泉澄：《清代地理沿革表》，第29页和39页注228。肇州直隶厅城即今肇源县城（今已拆除），不是金、元肇州古城。

③清光绪年间放荒开垦，在昌五（昌字五井）设肇东分防经历，民国二年在昌五设肇东县，因在肇州之东，故名肇东。1938年县治迁到满沟，并改肇东镇。

④原为郭尔罗斯后旗牧地。光绪二十四年开始放荒开垦，1935年设肇源县。

十六　金代东北的交通路线

金太宗天会三年（1125年），金灭辽后，继续南下攻宋，南宋高宗绍兴十一年（1141年）十一月，宋、金双方缔和，东以淮水，西以大散关（今陕西省宝鸡市西南）为界。金朝占据着今淮水以北（河南、河北、山东、山西等地）、内蒙古自治区、辽宁、吉林、黑龙江等广大地区，在中国历史上又出现了一次南北朝的局面。据《金史·地理志》载："金之壤地封疆，东极吉里迷、兀的改诸野人之境。北自蒲与路之北三千余里火鲁火疃谋克之地。"由此可知，金代的北部疆域，东北至黑龙江下游，北至外兴安岭。

金朝统一北方以后，除采宋、辽旧制、颁行新的官制、实行州县制和猛安谋克制并行的地方统治制度以外，并建立通往各地的交通驿站，以加强统治。金代东北的交通是以上京会宁府（今黑龙江省阿城县白城）和东京辽阳府（今辽阳市）为中心通往各地（见图十）。金代东北的交通路线，上承辽代，下为元、明、清所沿用，所以搞清金代东北的交通路线，不但有助于了解金代东北的疆域，而且对研究金代的历史地理和历代的交通路线都是有帮助的。

据文献记载，从上京会宁府（今阿城白城）到燕京（今北京）有两条路线：一是从上京会宁府经济州（即黄龙府，今农安县城）、沈州（今沈阳）、显州（今北镇）、润州（今临榆县之海阳镇，在山海关西）等地到燕京。二是从上京会宁府经长春州（今吉林省前郭尔罗斯蒙古族自治县八郎乡北上台子村他虎城）、泰州（此为金初的泰州，即旧泰州，在今吉林省洮安县东二十里的城四家子古城）、临潢府（今内蒙昭乌达盟巴林左旗林东镇）到燕京。

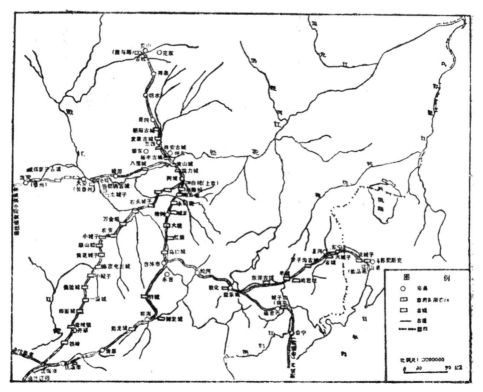

图十：从金上京通往各地的路线略图

（一）从上京会宁府经济州等地到燕京的路线（见图十）

这条路线及其所经州县城站的方位、距离，宋人都有比较详细的记载，如许亢宗的《宣和乙巳奉使行程录》、洪皓的《松漠纪闻》、张棣的《金虏图经》、赵彦卫的《御寨行程》等，都是考证这条路线和沿线州县城站的重要史料。这条路线上州县城站的位置，根据这些文献记载和已知辽、金古城的分布情况，基本上可以确定。今以洪皓《松漠纪

137

闻》所载这条路线所经州县城站的方向、距离，和已知辽、金古城的分布情况互相对照列表如下。

金代州县城站名称	当今辽、金古城或地名	备　　考
上京会宁府	黑龙江省阿城县白城	
┃30里	┃30里	
会宁头铺	阿城县杨树乡二白屯古城	在乡南四里
┃45里	┃45里	
会宁第二铺	双城县青岭乡万斛古城	
┃35里	┃35里	
阿　萨　铺	双城县单城乡单城子古城	在乡西十里
┃40里	┃40里	
来　流　河	双城县兰棱乡石家崴子古城	在乡南十五里
┃40里	┃40里	
报打孛堇寨	吉林省扶余县三岔河乡石头城子	
┃70里	┃70里	
宾　　州	农安县靠山乡广元店古城	通说农安北红石垒不确，今改。
┃70里	┃70里	
北　易　州	农安县北小城子乡小城子	
┃50里	┃60里	
济 州 东 铺	农安县东北二十里的好来宝古城	
┃20里	┃20里	
济　　州	农安古城	
┃40里	┃40里	
胜　　州	农安县城西南四十里的小城子	胜州为威州之误
┃50里	┃50里	
小　寺　铺	农安县新阳乡顺山古城	小寺铺为山寺铺之误 顺山原名白土埃
┃50里	┃50里	

金代州县城站名称	当今辽、金古城或地名	备　　考
威　　州 40里 | 70里之误	怀德县双城堡乡后黄花城子 | 70里	威州为胜州之误
信　　州 | 50里	怀德县秦家屯古城 | 40里	
木　阿　铺 | 50里	梨树县小城子乡屯内 | 45里	古城今已无
没　瓦　铺 | 50里	梨树县泉眼岭乡南岗子遗址 | 45里	
奚　　营 | 45里	梨树县北十里的偏脸城 | 45里	金天德二年（1150年） 韩州州治迁治于此 45里
杨柏店（通州） | 45里	四平市内的一面城 | 50里	
夹　道　店 | 50里	辽宁省昌图县北路镇四合屯古城 | 40里	
安 州 南 铺 | 40里	昌图县城西北四十里的四面城 | 50里	
宿 州 北 铺 | 40里	昌图县南二十里的马仲河古城 | 30里	一说在昌图镇
咸 州 南 铺 | 40里	开原老城镇 | 40里	
铜 州 南 铺 | 40里	开原和铁岭之间的中固 | 40里	
银 州 南 铺 | 50里	铁岭县城 | 50里	
兴　　州 40里	铁岭、沈阳间的懿路 40里	

金代州县城站名称	当今辽、金古城或地名	备　考
蒲　河	懿路南四十里的蒲河	
｜40里	｜40里	
沈　州	沈　阳	
｜60里	｜60里	
广　州	沈阳西南六十里的彰驿站	
｜70里	｜	
大　口	辽中县以西的辽河渡口	
｜60里	｜	自此以下缺乏考古调查资料，根据文献记载和已有考证推定。刘谦《金代行政建置——义州、锦州、广宁府等县城址考》，见《辽金契丹女真史研究动态》1984年3、4期合刊。在金代广宁府境内。
梁鱼务	辽宁省黑山县芳山镇乡公敖村古城	
｜50里	｜	
兔儿涡	在黑山县芳山镇乡公敖村古城西五十里	
｜50里	｜	
沙　河	北镇东五十里的沙河流域	
｜50里	｜	
显　州	即广州、今北镇西南五里的北镇庙	
｜80里	｜	
军官寨	不　详	
｜40里	｜	
惕隐寨	不　详	
｜40里	｜	
茂　州	不　详	
｜40里	｜	
新　城	锦　州	
｜40里	｜	
麻吉步落	不　详	
｜40里	｜	
胡家务	即红花务、今锦州西南高桥驿	

金代州县城站名称	当今辽、金古城或地名	备　考
｜40里	｜	
童　家　庄	不　　详	
｜40里	｜	
桃　花　岛	兴城县南海中的桃花岛	
｜40里	｜	
杨　家　馆	不　　详	
｜50里	｜	
隰　　　州	兴城西南的东关站	
｜40里	｜	
石　家　店	不　　详	
｜40里	｜	
来　　　州	绥中县前卫城	
｜40里	｜	
南　新　寨	不　　详	
｜40里	｜	
迁　　　州	山　海　关	
｜40里	｜	
润　　　州	山海关西南的海阳镇	
｜30里	｜	
旧　榆　关	河北省抚宁县东的榆关	
｜40里	｜	
新　　　安	不　　详	
｜40里	｜	
双　望　店	不　　详	
｜40里	｜	
平　　　州	河北省卢龙县城旧永平府治	
｜40里		

东北史地考略

金代州县城站名称	当今辽、金古城或地名	备　考
赤　峰　口 ｜40里	不　详 ｜	
七　个　岭 ｜40里	不　详 ｜	
榛　子　店 ｜40里	不　详 ｜	
永　济　务 ｜40里	不　详 ｜	
沙　流　河 ｜40里	不　详 ｜	
玉　田　县 ｜40里	河北省玉田县 ｜	
罗　山　铺 ｜30里	不　详 ｜	
蓟　　州 ｜30里	河北省蓟县 ｜	
邦　军　店 ｜35里	不　详 ｜	
下　　店 ｜40里	不　详 ｜	
三　河　县 ｜30里	河北省三河县 ｜	
潞　　县 ｜30里	通　州　东 ｜	
交　　亭 ｜30里	不　详 ｜	
燕　　京	北　　京	

上表所记从上京会宁府（今阿城白城）经济州（今农安县城）等地到燕京所经州县城站的距离、位置，和今辽、金古城间的距离、位置基本相符。这条路线是宋、金来往的主要交通线，宋、金使臣和商人来往不断。辽、金以后的元、明、清，从关内通往东北的主要交通线也是沿用这条路线。自从近代修筑铁路以后，这条路线上远离铁路沿线的古城镇，逐渐失去昔日的重要地位，铁路沿线的新兴城镇代之而起，逐渐发展成为大的城市。

（二）从上京会宁府经长春州等地到燕京的路线（见图十）

金太宗天会二年（1124年）正月，"始自京师至南京，每五十里置驿"。闰三月，"命置驿上京、春、泰之间"[①]。这时金代尚未建立五京，因此，这里所说的上京和南京是指辽代的上京临潢府（今内蒙昭乌达盟巴林左旗）和南京析津府（今北京）。由此可知，天会二年正月到三月，建立的是从辽代上京临潢府到南京，上京临潢府到春、泰二州的交通驿站。金主完颜亮从天德四年（1152年）二月到贞元元年（1153年）三月，由上京会宁府（今阿城白城）迁都燕京时，曾经过泰州（旧泰州）、临潢、中京到达燕京[②]。这条路线所经州县城站的名称、方位，由于缺乏详细记载，仅知中间所经重要府州县城镇，如长春州、泰州、临潢府、中京等，所经其他地方则不清楚。但从已知上京、长春州、泰州、临潢府、中京、南京（今北京）的方位和其间的辽、金古城遗址，可以推知这条路线的基本走向。

从今阿城白城（金上京会宁府）沿阿什河北行，经哈尔滨市东郊，然后又沿松花江北岸西南行，渡嫩江到前郭尔罗斯蒙古族自治县他虎城（长春州）。另一条路线是从阿城白城出发西南行，然后又沿拉林河西

[①]《金史》卷3，《太宗本纪》三，天会二年春正月丁丑，闰三月辛巳。

[②]《金史》卷5，《海陵本纪》，天德四年二月戊子，次泰州。四月壬辰，上自泰州如凉陉。九月甲午，次中京。贞元元年二月庚申，上自中京如燕京。三月辛亥，上至燕京。

行到松花江东流，渡江到前郭县他虎城。从阿城白城到他虎城之间，沿拉林河、松花江有许多辽、金古城遗址，很明显是一条古道。据《大安县文物志》的记载，由他虎城（长春州）西行，经大安县联合乡前二龙山屯南八十米的古城（周长一里半）、大安县两家子乡同兴大队金善屯南三里的古城（周长一里）、大安县新荒乡屯南五十米的新荒古城（周长约一里半）、大安县古城乡古城大队屯内的古城（周长约一里余）等辽、金古城到洮安县城四家子古城（泰州）。从今他虎城（长春州）到城四家子古城（泰州）之间的辽、金古城分布情况来看，都是小型辽、金古城，其间的距离都是在四五十里之间，和金太宗天会二年（1124年）"每五十里置驿"，以及"命置驿上京、春、泰之间"的记载相符。很明显的可以看出这些小古城是金代建置的交通驿站。

由洮安县城四家子古城（泰州）西行，经突泉县宝石乡双城子古城①，然后又西南行到科右中旗的吐列毛杜古城，由吐列毛杜古城沿现在的公路南行，经扎鲁特旗到巴林左旗（临潢府）。由临潢府南行，经今赤峰、宁城县大明城（辽中京、金代北京）到平泉（辽之路口村）。据沈括《使辽图抄》和宋绶《契丹风俗》的记载，由此分两路，一路过喜峰口，经遵化、蓟县到北京；一路过古北口，经密云、怀柔到北京（燕京）②。今将这条路线所经辽、金州县和辽、金古城列表如下：

上京会宁府（阿城白城）——长春州（前郭县他虎城）——二龙山古城——金善屯古城——新荒古城——古城屯古城——泰州（洮安县城四家子古城）——突泉县双城子——科右中旗吐列毛杜古城——扎鲁特旗——临潢府（巴林左旗）——赤峰市——中京（宁城县大明城）平泉——北京（燕京）。

这条路线是根据文献记载和已发表的辽、金古城的分布情况推定

①李逸友：《突泉县双城子辽代文物》，载《考古》，1959年4期。
②承德地区文化局辽驿调查组：《辽中京到南京口外驿道调查》，载《社会科学战线》1984年1期。

的，更详细可靠的行程路线，还有待于今后的考古调查、考古研究来确定。

金代海陵王亮，由上京会宁府迁都燕京时，就是走的这条路线[①]。正隆、大定年间（1161—1162年），窝斡领导的起义军进攻临潢府以后，北上围攻泰州时，也是走这条路线。

（三）从上京会宁府到东京辽阳府的路线（见图十）

从上京会宁府（阿城白城）到东京辽阳府的路线，由于缺乏文献记载，很难搞清这条路线所经州县城站的名称。但从今阿城白城（金上京会宁府）到辽阳（东京辽阳府）之间辽、金古城的分布情况来看，也可以推知从上京会宁府到东京辽阳府的路线。这条路线上的辽、金古城有：

阿城白城（金上京会宁府）$\frac{}{35里}$黑龙江省五常县兴隆乡古城 $\frac{}{50里}$ 五常县南土城子$\frac{}{40里}$吉林省榆树县新庄乡南五里的永和城（城子古城）$\frac{}{40里}$榆树县城发乡屯内的城发古城$\frac{}{40里}$榆树县新立乡附近的古城$\frac{}{50里}$榆树县大坡古城$\frac{}{50里}$舒兰县红旗乡附近的古城$\frac{}{70里}$永吉县的乌拉城$\frac{}{70里}$吉林市$\frac{}{40里}$永吉县口前$\frac{}{140里}$磐石县明城古城$\frac{}{60里}$磐石县城$\frac{}{50里}$辉南县东北三十五里的辉发城$\frac{}{40里}$辉南县朝阳镇东北八里的西小城子$\frac{}{40里}$海龙镇古城$\frac{}{100里}$海龙山城镇（北山城子）$\frac{}{100里}$辽宁省清原县城$\frac{}{100里}$南杂木$\frac{}{100里}$抚顺市$\frac{}{80里}$沈阳$\frac{}{120里}$辽阳市（东京辽阳府）。

从今辽阳沿浑河、柳河、辉发河、温特河两岸的辽、金古城到吉林市，这是一条古道。早在汉、魏时代，就是由辽东玄菟郡到夫余王城（前期王城在今吉林市，后西徙到今农安）的路线。到渤海时代，又成为营州道的一部分，到辽代则是从东京辽阳府东北行到回霸部（回跋、恢八）的路线。到金代则是从上京会宁府到东京辽阳府的路线。沿路所经州县城站的名称，因缺乏文献记载已不可考，但从沿河平原分布的

[①]《金史》卷5，海陵本纪。

辽、金古城及其距离（一般都在40里到100里之间）来看，显然是一条古道，这条古道也是现在铁路和公路的干线。

（四）从上京会宁府到所属各路的路线（见图十）

金代上京路下设蒲与路、合懒路、恤品路、胡里改路管辖女真猛安、谋克户。金贞元元年（1153年），自上京会宁府迁都燕京（今北京）以后，上京仍为一路的中心，从这里通往所属各路。

1. 从上京会宁府通往蒲与路的路线

金代蒲与路的路治在今黑龙江省克东县金城乡古城大队。古城在克东县西北十五里乌裕尔河东岸。古城为椭圆形，周长二千八百九十二米，有南北瓮门，城内出土过"蒲峪路印"和金代兽面瓦当、北宋铜钱等。据《金史·地理志》载：蒲与路"南至上京六百七十里，东南至胡里改一千四百里，北至边界火鲁火疃谋克三千里"。从蒲与路路治以北三千里，已到达今外兴安岭。

从上京会宁府到蒲与路的路线和所经州县城站的名称，由于缺乏文献记载已无法考证，但上京会宁府和蒲与路路治的位置明确以后，再参考两城间金代古城的分布情况以及参考河流、公路的走向等情况，也可以推知这条路线的基本走向。

从阿城白城（上京会宁府）沿阿什河西北行，经哈尔滨香坊区幸福乡莫力街屯内的古城、哈尔滨市黄山南北二城（在阿什河入松花江处），在这里渡松花江，然后又沿呼兰河右岸北上，经呼兰县乐业乡裕丰大队古城（在乡西南二十里处）、兰西县太阳乡临安屯古城（在乡东七里）、兰西县郊区发展大队屯内的古城、兰西县朝阳乡朝阳屯内的古城（西北距乡八里），然后沿通肯河右岸北上，经青冈、明水、拜泉等地，由拜泉再北行到克东县城，由克东县城西北行十五里到乌裕尔河东岸的乌裕尔古城，即蒲与路遗址。自青冈以后到克东之间的古城分布情况不明，这段路线是根据现在公路的路线推定的。今将这条路线所经古城列表如下：

阿城白城（上京会宁府）$\overline{60里}$莫力街古城$\overline{40里}$黄山城$\overline{40里}$呼兰县乐业乡裕丰大队古城$\overline{50里}$兰西县太阳升乡临安屯古城$\overline{50里}$兰西县郊区发展大队古城$\overline{40里}$兰西县朝阳乡屯内的古城$\overline{60里}$青冈$\overline{120里}$明水$\overline{100里}$拜泉$\overline{110里}$克东县城西北十五里的乌裕尔古城（蒲与路路治）。

以上推定的从阿城白城到乌裕尔古城这条路线共计六百七十里，和蒲与路"南至上京六百七十里"的记载完全相符。由此可知，这条路线的推定，基本上是符合实际的。

2．从上京会宁府通往合懒路的路线

金代合懒路的路治，史学界有三种不同的看法：一是认为在今朝鲜的咸兴[1]；二是认为在今朝鲜咸镜北道的镜城[2]；三是认为在今朝鲜咸镜北道的吉州[3]。笔者认为金、元时代的合懒路（元代后废路改府）都在今朝鲜的咸兴，其根据是：

推定元代合懒路的路治（后废路改府）所在地的根据有三：一是，《析津志》"天下站名"中所载从唆吉（今敦化）到合懒府的路线，"唆吉（东南百一十）谋丹（百一十）南京（百一十）蛮出海（温）（七十）蓬苦（百三十）毛连苦（百二十）木吉（百一十）迭甫（百四十）阿剌可失列（百四十）瑞州（当为端州）（百二十）青州（百一十）洪宽（百二十）合懒府（高丽后门），其东海。"从所载元代驿站的方向、里数，以及端州（今朝鲜端川）、青州（今朝鲜北青）、洪宽站（今朝鲜洪原县）的位置来看，元代合懒府当在今朝鲜的咸兴，不可能在镜城或吉州。二是，朝鲜《李朝太宗实录》卷7，太宗四年（甲申，永乐二年，1404年）五月己未条的记载"咸州称哈兰"，咸州即今咸

①丁镛：《大韩疆域考》卷6，《北路沿革考》，以咸兴为曷懒（即合懒）路路治，元为合兰府治所。

②《满洲历史地理》第2卷，第179—180页，（日）松井等以今镜城为合懒路路治。

③《朝鲜历史地理》卷2，第116—119页，（日）津田左右吉以今朝鲜吉州为合懒路路治。

兴①。哈兰即合兰、曷懒、合懒。三是，《新增东国舆地胜览》卷48，咸兴府古迹条："哈兰府，元置哈兰府，其古治在今府南五里"。以上三条记载是推定元代合懒路（府）在今朝鲜咸镜南道咸兴城南五里的可靠根据。

推定金代合懒路路治的根据是：《金史》卷24，地理志，上京路合懒路条载："有移鹿古水，西北至上京一千八百里，东南至高丽界五百里。"据《高丽史》卷58，地理志，高丽的东北界即合懒路的西南界，为定州（今朝鲜咸镜南道咸兴西南三十五里的定平）、宣德（咸兴南四十五里）、元兴（定平南五十里）三关门一带。由此可知，所谓"东南至高丽界五百里"，当为"西南至高丽五百里"之误。金代合懒路"东南（按：为西南之误）至高丽界五百里"的记载，和从今朝鲜咸镜北道的吉州到定州高丽界的距离相符。这就是有的以今朝鲜的吉州为金代合懒路路治的根据。但是这一推定和"西北至上京一千八百里"的记载不符。从吉州西北行，经钟城过图们江到南京（今延吉市东二十里的城子山山城），由南京经今安图县明月镇到唆吉（今敦化），由唆吉到建州（今吉林市），由建州北上到上京会宁府（今阿城白城）为一千三四百里，和从金代合懒路西北至上京一千八百里的距离不符。日本学者松井等以今朝鲜咸镜北道的镜城为金代合懒路路治的所在地，他说"从今镜城北至豆满江北约三百清里，自此到宁古塔（今宁安）约六百（按：实为三百清里之误），自宁古塔到阿勒楚喀附近的白城（今阿城白城）约七百清里（按：实为五六百里之误），合计约一千六百清里（按：实为一千二百里之误），和上京（阿城白城）与金代合懒路的治所（指今镜城）的距离相符（按：并不相符）"②。由此可知，把金代合懒路推定在今朝鲜的吉州或镜城，虽然和"东南（按：为西南之误）至高丽界五百

①《新增东国舆地胜览》卷48，咸镜道："太宗十六年（1416年），升咸州为咸兴府"。

②《满洲历史地理》第2卷，第179—180页。

里"的记载相差仅百余里，但和"西北至上京一千八百里"的记载却相差四五百里。把金代合懒路推定在今朝鲜咸镜南道的咸兴，虽然和"西北至上京一千八百里"的记载相符，但又和"东南（按：实为西南之误）至高丽界五百里"的记载不符。因为从咸兴西南至高丽界（定州）才仅仅几十里。因此，丁镛认为《金史·地理志》合懒路条所谓"东南（按：实为西南之误）至高丽界五百里"的记载，当为东南（实为西南）至高丽五百里之误，他认为"案此界字必误"①。此说甚是。如此，则和由合懒路（今朝鲜咸兴）西北至上京一千八百里，西南至高丽（指高丽都城开京，今朝鲜开城）五百里的记载完全相符。

关于合懒路的移鹿古水（乙离骨水）当今何水的问题，主张金代合懒路路治在今咸兴者，便以移鹿古水（乙离骨水）在今咸兴附近的瑚琏川②。主张金代合懒路路治在今朝鲜镜城者便以移鹿古水在今镜城附近的德山川，俗称吾利川③。主张金代合懒路路治在今吉州者，便以移鹿古水在今吉州附近的斜下洞川④。据《金史》卷1，世纪条载："自景祖以来，两世四主，志业相因，卒定离析，一切治以本部法令，东南至乙离骨、曷懒、耶懒、土骨论，东北至于五国主隈秃答，金盖盛于此。"由此可知，乙离骨（即移鹿古）和曷懒（合懒）不在同一地，因此，不应把移鹿古水（乙离骨水）推定在合懒路路治附近，而应推定在合懒路境内。由于移鹿古水当今何水的问题，没有确凿的文献根据，只是推论，因此，推定金代合懒路路治的所在地，只有根据合懒路"西北至上京一千八百里，东南（按：实为西南之误）至高丽界（按：应为至高丽，无界字）五百里"的记载来推定金代合懒路的路治在今朝鲜咸镜南道的

---

①丁镛：《大韩疆域考》卷6，《北路沿革考》。

②《满鲜地理历史研究报告》第8册，《完颜氏的曷懒甸经略和尹瓘九城之役》，第369页。

③《满洲历史地理》第2卷，第179—180页。

④《满鲜地理历史研究报告》第8册，第362—363页，注③引《朝鲜历史地理》卷2，第116—119页。

咸兴。

关于从金代合懒路到上京会宁府的路线，因缺乏文献记载，可根据元代从建州（今吉林市）经唆吉（今敦化）、南京（今延吉市东二十里的城子山山城）、瑞州（当为端州之误，今朝鲜端川）、青州（今朝鲜北青）、洪宽站（今朝鲜洪原县）到合懒府（即金代的合懒路）①的路线，以及金代古城的分布情况来探讨从金代合懒路到上京会宁府的路线。这一路线应是：

阿城白城（金上京会宁府）$\frac{}{450里}$吉林市（建州）$\frac{}{150里}$蛟河$\frac{}{170里}$敦化（元代唆吉）$\frac{}{250里}$南京（今延吉市东二十里的城子山山城）$\frac{}{40里}$钟城$\frac{}{50里}$会宁$\frac{}{200里}$镜城$\frac{}{150里}$吉州$\frac{}{150里}$端川$\frac{}{110里}$北青$\frac{}{110里}$洪原$\frac{}{70里}$咸兴（金代合懒路路治）。从阿城白城（金上京）到咸兴（金代合懒路路治所在地）共为一千九百里，和《金史·地理志》合懒路"西北至上京一千八百里"的记载基本相符。

3. 从上京会宁府通往恤品路的路线

金代恤品路在今绥芬河流域的双城子（今苏联境内的乌苏里斯克）已成定论，不再重述。据《金史·地理志》上京路、恤品路条的记载："西北至上京一千五百七十里，东北（按：为西北之误）至胡里改一千一百，西南至合懒一千二百，北至边界斡可阿怜千户二千里。"从阿城白城（上京会宁府）沿阿什河东南行，到今尚志县，然后沿蚂蚁河上游东南行，到亚布力、牡丹江市，由牡丹江市东行过穆棱河，又东行沿绥芬河东南行到乌苏里斯克（双城子）。据已发表的考古调查资料知道，这一路线的两侧附近，虽有一些辽、金古城和遗址，但辽、金古城遗址较少，连不成一线，而且这条路线从阿城白城（上京会宁府）到双城子（恤品路）仅有一千余里，和恤品路（今双城子）"西北至上京一千五百七十里"的记载不符。从金代恤品路到上京会宁府的路线，缺

①《析津志》"天下站名"，载于《永乐大典》卷19426，中华书局新印本，第175册。

乏文献记载，但从元代驿站以及金代古城的分布情况，也可以推知这条路线的基本走向。

从元代尚京（金上京会宁府）南下经五常县兴隆乡古城等辽、金古城（见前（二））到建州（今吉林市），据《析津志》"天下站名"[①]载：由建州东行经石敦$\frac{}{100里}$散送$\frac{}{正东100里}$阿忽$\frac{}{100里}$禅春$\frac{}{100里}$阿母$\frac{}{120里}$阿剌$\frac{}{120里}$唆吉。其间所记各站间的距离里数有误，不足为据。唆吉即今敦化，由此分两路，一路正东微北行，经开元等地到永明城；一路东南行，经南京（今延吉市东二十里的城子山山城）等地到合懒府。由敦化到双城子（金代恤品路）的路线，可从元代由唆吉（今敦化）正东微北行，到开元的路线求之。这里的开元即旧开原、东开原，在今苏联乌苏里斯克（双城子）的克腊斯诺雅尔山城[②]。从阿城白城南下到吉林市（建州），由吉林市又东行经敦化到双城子，这条路线上有许多辽、金古城，从元代驿站所经辽、金古城可以推知这一条路线在金、元时代是相同的。《析津志》所载，元代从建州到唆吉，又从唆吉到开元的路线，是推定从金上京会宁府到恤品路的根据。据《析津志》载："唆吉（正东微北百二十里）石迪（正东五十）甫丹（百一十）东洋州（百二十）土罗火（百三十）希田（百二十）开元。"从唆吉（今敦化）出发，"正东微北"行（不是东北行）到东洋州为二百八十里，从东洋州到开元为三百七十里。东洋州即今吉林省汪清县蛤蟆塘乡西南十五里的东洋古城（今改称东阳，周长半里）及其北十里的山城（周长约六里）。山城内出土过天显通宝、开元通宝、大定通宝等铜钱。这是金代古城，元代沿用。从唆吉到东洋州，以及从东洋州到开元的方向、距离，和从今敦化到东阳古城，以及从东阳古城到绥芬河流域的双城子的方向、距离基本相符。从上京会宁府到恤品路的路线和古城有：

①《析津志》"天下站名"，载于《永乐大典》卷19426，中华书局新印本，第175册。

②张泰湘：《试论元初开元城的位置》，载《学习与探索》1982年1期。

阿城白城 $\frac{}{35里}$ 五常县兴隆乡古城 $\frac{}{50里}$ 五常县南土城子 $\frac{}{40里}$ 榆树县新庄乡南五里的永和城（城子古城） $\frac{}{40里}$ 榆树县城发乡屯内的城发古城 $\frac{}{40里}$ 榆树县新立乡附近的古城 $\frac{}{50里}$ 榆树大坡古城 $\frac{}{50里}$ 舒兰县红旗乡附近的古城 $\frac{}{70里}$ 永吉县乌拉古城 $\frac{}{70里}$ 吉林市（东行） $\frac{}{150里}$ 蛟河 $\frac{}{170里}$ 敦化 $\frac{}{280里}$ 东阳古城 $\frac{}{40里}$ 汪清县双河乡东北五里的半城 $\frac{}{40里}$ 汪清县鸡冠乡东北三里的鸡冠山城 $\frac{}{100里}$ 罗子沟古城 $\frac{}{160里}$ 东宁大城子（渤海城） $\frac{}{120里}$ 双城子（恤品路）。从阿城白城经吉林市、敦化到双城子共计一千五百零五里。这和从恤品路"西北至上京一千五百七十里"的记载基本相符。从其间分布的辽、金古城来看，这当是金代从上京会宁府到恤品路的路线。

4．从上京会宁府到胡里改路的路线

金代胡里改路的路治在今依兰。据《金史·地理志》载，胡里改路"西至上京六百三十里，北至边界合里宾忒千户一千五百里"。合里宾忒即元代的合里宾、明代的哈尔分，在今黑龙江下游苏联境内的阿纽伊河口。由此可知，金代胡里改路的北境到今黑龙江下游苏联境内。

从上京会宁府到胡里改路以及黑龙江下游，有水、陆两路。水路是顺松花江而下直抵胡里改路（今依兰）和黑龙江下游；陆路则是沿松花江和黑龙江下游两岸的许多辽、金古城直到胡里改路（今依兰）和黑龙江下游一带。这条水、陆交通线，是辽代经营五国部，金代经营五国城和黑龙江下游的交通路线。到元代又是通往五个军民万户府，经营黑龙江下游的交通路线。到明代又成为通过"海西东水陆城站"经营黑龙江下游奴儿干都司的重要交通路线。

（五）从东京辽阳府通往婆速府路的化成县的路线

金代东北，北以上京会宁府，南以东京辽阳府为中心通往各地。从东京辽阳府通往各地的路线和沿路州县城站的名称、位置，根据过去已有的研究成果[①]分述如下。

---

① 《中国历史地图集》东北地区资料汇编，辽金元时期。

1. 从东京辽阳府通往婆速府路的路线

从东京辽阳府东南行，经石城县（今辽阳城东五十余里的燕州城）到婆速府路（今丹东市九连城）。中间所经城站名称、位置，因缺乏文献记载和研究还不清楚。这一路线也是辽代从东京辽阳府经开州（今辽宁省凤城县）到来远城（今丹东市九连城东之黔定岛上），元代从辽阳行省（今辽阳市）经甜水站（今辽阳市东南）、开州（凤城县）、汤站（凤城县南）到婆娑府（即金代婆速府，今丹东市九连城），明代从辽东都司（今辽阳市）经甜水站、连山关、通远堡、凤凰城、汤站到镇江城（今丹东市）的路线。

2. 从东京辽阳府到化成县的路线

从东京辽阳府经澄州（今海城）、汤池县（盖县东北七十里的汤池堡）、熊岳县（盖县西南六十里的熊岳城）、复州（今复县西北之复州城）到化成县（即辽代之苏州，今金县城）。这条路线也是辽代从东京辽阳府经海州（今海城）、耀州（今营口县北岳州城）、铁州（今营口县即大石桥东南的汤池堡）、辰州（盖县）、卢州（盖县西南的熊岳城）、归州（熊岳城西南三十里的归州）、复州（复县的复州城）到苏州（金改化成县，今金县城）；元代从辽阳行省（今辽阳）经海州（海城）、盖州（盖县）、复州（复县西北的复州城）到金州（金县）的路线。

金朝统一北方后，建立地方行政机构和交通驿站，不但巩固了中国的北部边疆，而且也促进了各族人民之间的经济文化交流和各族社会经济的发展。

由于自己的研究还不够深入，以上关于金代东北交通路线的推定是否正确，还有待于今后的考古调查和进一步研究来补充、纠正。

十七　关于东夏几个问题的探讨

金末，蒲鲜万奴叛金自立，建立东夏。关于东夏建立的时间、地点，东夏的京城——开元，东夏的疆域等问题，是国内外史学界长期以来进行研究和探讨的重要课题之一。由于史书记载不一，理解各异，因此，对以上几个问题的看法，众说纷纭，莫衷一是。为了搞清东夏的历史和地理，对以上几个问题，实有进一步探讨的必要。

（一）东夏建立的时间、地点问题

蒲鲜万奴《金史》无传，其事迹比较集中的见于《金史》卷103《纥石烈桓端传》，其他则散见于《金史·宣宗本纪》《元史·太祖、太宗本纪》《元史》卷119《塔思传》《元史》卷149《王荣祖传》《元史》卷150《石抹也先传》，以及《高丽史》卷22、23，《高宗世家》等书中。而《新元史》和《蒙兀儿史记》都有《蒲鲜万奴传》。《元史新编》卷17，《东北诸部》中有东夏条。关于蒲鲜万奴叛金自立，建立东夏的问题，在以上这些文献的记载中各有出入，究以哪一记载为准，需要经过认真的对比研究，弄清哪些记载是正确的，哪些记载是错误的，才能得出正确的结论。

金末，蒙古兴起，不断南下进攻，金在东北的统治力量日趋分化瓦解。金大安三年（1211年），金军在会河堡（今万全西北）被蒙古军打败，中都（今北京）戒严，金乃调遣上京①、泰州②之守军入卫中都③，这时，金在东北的统治力量大为削弱。金朝北边千户契丹人耶律留哥，因"金人疑辽遗民有他志，下令辽民一户，以二女真户夹居防之，留哥不自安"④，遂于金崇庆元年（1212年）乘虚离开任地，逃到隆安（今农安县城）、韩州（今梨树县偏脸城）一带，不数月聚众十余万，众"推留哥为都元帅，耶的副之，营帐百里，威震辽东"⑤。留哥率所部往附蒙古，在金山与蒙古按陈相会，折矢以盟。金遣胡沙率军进攻留哥，留哥与蒙古军联合击败金兵于迪吉脑儿。这时金朝统治阶级内部也开始分裂，驻在咸平（今开原老城镇）的宣抚蒲鲜万奴"忌铁哥（东北路招讨使）兵强，牒取所部骑兵二千，又召泰州军三千及户口迁咸平，铁哥察其有异志，不遣"⑥，"会万奴代完颜承裕⑦为辽东宣抚，即坐铁哥罪，下狱杀之。北京留守奥屯襄、宣差蒲察五斤表万奴有异志，金人疑三人不协，诏谕每事同心并力备御，万奴益不自安"⑧。元太祖八年（1213年）春，"耶律留哥自立为辽王，改元元统"⑨，"甲戌（1214年），金遣使青狗诱以重禄使降，不从，青狗度势不可，反臣之。金主怒，遣宣抚万奴领军四十余万攻之，留哥逆战于归仁县北河上⑩，金兵大溃，万奴收散

①金上京，今黑龙江省阿城县白城。

②金泰州，这时的泰州在今吉林省前郭尔罗斯蒙古族自治县八郎乡北上台子村他虎城，即辽代的长春州，金初的长春县。

③《金史》卷99，《徒单谊传》；《金史》卷106，《求虎高琪传》。

④《元史》卷149，《耶律留哥传》。

⑤《元史》卷149，《耶律留哥传》。

⑥《金史》卷103，《完颜铁哥传》；《金史》卷122，《梁持胜传》："宣抚使蒲鲜万奴有异志，欲弃咸平，徙曷懒路"。

⑦《金史》卷103，《完颜铁哥传》为承充。

⑧《新元史》卷134，《蒲鲜万奴传》。

⑨《元史》卷1，《太祖本纪》，八年癸酉（1213年）春；《奉天通志》卷253：宣统二年于安东（今丹东）九连城出土的"大辽尚书吏部之印"，背刻"天统三年四月造"。据此印文可订正一般史书所载"元统"之误。

⑩屠寄：《蒙兀儿史记·耶律留哥传》。归仁县（今昌图县北四面城）北有细河，今二道河的支流。

卒，奔东京（今辽阳）。安东同知阿怜惧，遣使求附，于是（留哥）尽有辽东州郡，遂都咸平，号为中京"①。逃归东京（今辽阳）的辽东宣抚使蒲鲜万奴，因战败畏罪不安。正在这时，元太祖九年（1214年）十月，蒙古木华黎率军征辽东、辽西之地，首先师过临潢，攻陷高州②、锦州（今锦州市）③。元太祖十年（1215年）正月到八月，蒙古军连陷通州、北京（今内蒙昭乌达盟宁城县大明城）、兴中府（今辽宁省朝阳县城）、霸州、青州、顺州。五月，攻陷中都（今北京）。七月，攻陷红罗山。八月，攻陷平州、广宁府（今辽宁省北镇）。是秋，取城邑凡八百六十有二④。在蒙古军的大举进攻下，金在东北的统治日趋瓦解。金贞祐二年（1214年），金代东北路招讨司被迫从泰州（当时的泰州在今吉林省前郭县他虎城）向东撤退到肇州（今黑龙江省肇东八里城）⑤。贞祐三年（1215年），驻在隆安（今农安县城）的蒲察移剌都"矫称宣召弃隆安"⑥，逃回南京⑦。这时，金朝为了防止蒙古的东进和耶律留哥的南下，于贞祐三年（1215年）三月，"谕辽东宣抚使蒲鲜万奴选精锐屯沈州、广宁以候进止"⑧。在金代东北统治力量日趋瓦解的形势下，蒲鲜万奴认为"据地自擅"的时机已到，便于贞祐三年（乙亥岁，1215年）十月，率兵北取咸平，赶走耶律留哥后的第十四天⑨，叛金自立，"据辽

---

① 《元史》卷149，《耶律留哥传》。

② 高州，今内蒙昭乌达盟赤峰市东北建昌营以北的哈拉木头。

③ 《元史》卷1，《太祖本纪》，太祖九年冬十月条。

④ 《元史》卷1，《太祖本纪》，太祖十年八月条。

⑤ 《金史》卷122，《乌古论德升传》。

⑥ 《金史》卷104，《蒲察移剌都传》。

⑦ 金的国都已在贞祐二年（1214年）五月，从中都（今北京）南迁到南京，即汴京，今河南省开封。

⑧ 《金史》卷14，《宣宗本纪》上，贞祐三年三月庚午条。

⑨ 《金史》卷14，《宣宗本纪》上，贞祐三年（1215年）十月戊戌："辽东宣抚司报败留哥之捷。"同上，十月壬子："辽东贼蒲鲜万奴僭号，改元天泰。"《新元史》卷134，《蒲鲜万奴传》："（太祖）十年（1215年）正月。遂据东京叛。"

东①，僭称天王，国号大真，改元天泰"②。蒲鲜万奴攻下咸平以后，"东京（今辽阳）、沈（今沈阳）、澄（今辽宁省海城）诸州及猛安谋克人亦多从之者"③。1216年④，万奴军进攻婆速府（今丹东市九连城）、上京城（今黑龙江省阿城县白城）、望云驿，皆失败。进攻三义里、大宁镇（今辽宁省岫岩县城北的土城）、宜风（应为宜丰，今辽阳南）及汤池（今辽宁省盖平东北的汤池堡）等地的万奴兵也被金兵打败⑤。贞祐四年（1216年），纥石烈桓端遣王汝弼由海道至南京（今河南省开封）报捷，宣宗嘉其功⑥。当蒲鲜万奴率军南征北战之际，"是时⑦，耶律留哥谍知万奴兵东出，国内空虚，乘间与可特哥以兵袭破东京（今辽阳）"⑧，"可特哥娶万奴之妻李仙娥"⑨。1216年，木华黎率蒙古军再次攻陷兴中府、广宁，并攻陷懿州（今辽宁省阜新市北百里的塔营子古城），拔苏（今辽宁省金县）、复（今辽宁省复县）、海（辽代海州即金代澄州，今海城）三州⑩。元太祖十一年（1216年）十月，蒲鲜万奴被迫投降蒙

①据《新元史》卷134，《蒲鲜万奴传》，这里的辽东当指东京。

②《元史》卷1，《太祖本纪》，太祖十年（1215年）十月。

③《金史》卷103，《纥石烈桓端传》。

④《金史》卷103，《纥石烈桓端传》：蒲鲜万奴于贞祐三年（1215年）十月叛金自立，因此，本传所云：贞祐三年"三月，步骑九千侵婆速近境"，应是第二年即贞祐四年（1216年）三月。万奴军攻上京见《金史》卷122，《温迪罕老儿传》。

⑤《金史》卷103，《纥石烈桓端传》：蒲鲜万奴于贞祐三年（1215年）十月叛金自立，因此，本传所云：贞祐三年"三月，步骑九千侵婆速近境"，应是第二年即贞祐四年（1216年）三月。万奴军攻上京见《金史》卷122，《温迪罕老儿传》。

⑥《金史》卷103，《纥石烈桓端传》：蒲鲜万奴于贞祐三年（1215年）十月叛金自立，因此，本传所云：贞祐三年"三月，步骑九千侵婆速近境"，应是第二年即贞祐四年（1216年）三月。万奴军攻上京见《金史》卷122，《温迪罕老儿传》。

⑦万奴于乙亥（1215年）十月，据东京叛金自立，1216年三月东出进攻辽东诸城，故耶律留哥乘间以兵袭破东京的时间当在1216年初。《元史》卷149，《耶律留哥传》："乙亥（1215年），留哥破东京"，当系误记。

⑧《新元史》卷134，《蒲鲜万奴传》。

⑨《元史》卷149，《耶律留哥传》。

⑩《元史》卷119，《木华黎传》。

古，以其子帖哥入侍①。但随即"杀辽东行省右丞耶律捏儿哥，复叛去，帅众栖于海岛"②。元太祖十二年（1217年）四月，蒲鲜万奴"帅众登陆"③，"破金兵于大夫营，转入女真故地，自称东夏国"④。关于万奴的国号问题，《元史》卷1，《太祖本纪》⑤《新元史》⑥和《蒙兀儿史记》《蒲鲜万奴传》⑦，皆以万奴初号大真，继号东夏。高丽称之为东真⑧。1216年7月，高丽据金东京总管府奉圣旨移牒称："金宣抚蒲鲜万奴据辽东僭称天王，国号大真。"⑨朝鲜李奎报辑《东文选》卷61收录的《回东夏国书》中："高丽国王，谨回书于东夏国王殿下"⑩的记载，可知蒲鲜万奴的国号初称大真，继号东夏，高丽称之为东真，但东真并非国号。日本学者箭内亘主东真说，认为东夏为东真字形之误⑪。这一看法，和文献记载不符，当属误断。池内宏以东真之称非国号，东夏之称为不误，这是正确的。岩井大慧认为万奴初称东夏王，建国后称大真，迄于亡国而未

---

①《元史》卷1，《太祖本纪》，十一年（1216年）冬十月："蒲鲜万奴降，以其子帖哥入侍，既而复叛，僭称东夏。"

②《新元史》卷134，《蒲鲜万奴传》；《元史》卷119，《木华黎传》。

③《蒙兀儿史记·蒲鲜万奴传》

④《新元史》卷134，《蒲鲜万奴传》。

⑤《元史》卷1，《太祖本纪》："太祖十年十月，金宣抚蒲鲜万奴据辽东僭称天王，国号大真，改元天泰。"同上书："太祖十一年丙子（1216年）冬十月，蒲鲜万奴以其子帖哥入侍，既而复叛，僭称东夏。"

⑥《新元史》卷134，《蒲鲜万奴传》："（太祖）十年（1215年）正月（系十月之误），遂据东京叛，自称天王，国号大真，建元天泰。""明年（1217年）四月，破金兵于大夫营，转入女真故地，自称东夏国。"

⑦《蒙兀儿史记·蒲鲜万奴传》，"遂据东京叛，自称天王，国号大真，世谓之东真"。

⑧《高丽史》卷22、23，《高宗世家》。

⑨《高丽史》卷22，《高宗世家》，丙子（1216年）闰七月丙戌。

⑩转引金毓黻：《东北通史》上编，第413页。（社会科学战线杂志社翻印本）。

⑪（日）箭内亘：《东真国的疆域》，见《满洲历史地理》第2卷，第236页。

之改①，此说与文献记载不符，其误已为池内宏所批驳②，不再重述。

1216年初，蒲鲜万奴逃到东海地区，以北京、南京为根据地建立东夏以后，"仍羁属蒙兀"③，所以出现万奴军和蒙古军联合镇压契丹反金势力的局面。1218年12月，蒙古元帅哈真及札刺率兵一万与东夏万奴所遣完颜子渊兵二万联合进攻契丹军，攻陷和、猛、顺、德四城，直指江东城④。1219年正月，蒙古哈真等与东夏万奴所遣完颜子渊兵，以及赵冲、金就砺所率高丽军三方联合攻陷契丹军喊舍占据的高丽江东城⑤，"喊舍自经死，徙其民于西楼"⑥。这时"高丽王瞰遂降，请岁贡方物"⑦。当蒙古军基本上平定东北以后，1217年8月，木华黎挥师南下，进攻中原⑧。成吉思汗在1219年6月，率师亲征西域⑨。蒙古暂时放松对东北的进军，所以东夏得以偏安一时。蒲鲜万奴乘蒙古远征无暇东顾之际，和蒙古断绝旧好⑩，宣布独立，建立中央官制，加强和扩大自己的势力，进攻高丽的东北部。从出土的东夏官印⑪来看，天泰七年（1221年）以后铸造的东夏官印，皆为"少府监造"，而不是北京行部或南京行部造。说明天泰七年（1221年）以后，东夏已正式建立中央官制，北京、南京已成为东夏的都城，不再称行部了。从出土的东夏官印，以及万奴与蒙古断绝旧好

①金毓黻：《东北通史》上编，第413—414页。

②（日）池内宏：《读岩井学士的"蒲鲜万奴国号考"》，见《东洋学报》20卷4号。

③《蒙兀儿史记·蒲鲜万奴传》。

④《高丽史》卷22，《高宗世家》，戊寅五年（1218年）十二月己亥朔。

⑤《高丽史》卷22，《高宗世家》，己卯六年（1219年）春正月辛巳。

⑥《元史》卷149，《耶律留哥传》。

⑦《元史》卷1，《太祖本纪》，十三年（1218年）。

⑧《元史》卷1，《太祖本纪》，十二年（1217年）秋八月。

⑨《元史》卷1，《太祖本纪》，十四年（1219年）夏六月。

⑩《高丽史》卷22，《高宗世家》，十一年（1224年）正月戊申条：蒲鲜万奴遣使高丽，赍牒二道来，其一曰："蒙古成吉思汗师老绝域，不知所存，讹赤忻贪暴不仁，已绝旧好。"

⑪张绍维、李莲：《东夏年号的研究》，见《史学集刊》1983年3期。

的事实来看，天泰九年（1223年）以后，改元大同（1224年）①，是可能的，但方志所载天泰十四年和十八年的官印，是否为天泰四年或八年之误，因原印已失，无据可证，只能是推论。蒙古统治者对蒲鲜万奴脱离蒙古而独立，并不断扩大势力，当然不能置之不理。所以，元太宗（窝阔台）在1229年即位后，便于五年（癸巳岁，1233年）二月，"诏诸王议伐万奴，遂命皇子贵由及诸王按赤带将左翼军讨之"②。同年九月，在南京生擒万奴③，接着又攻陷开元，东土悉平④。"万奴自乙亥岁（1215年）僭号，至是（癸巳岁，1233年）凡十有九年而亡"⑤。

关于蒲鲜万奴叛金自立后，初都咸平还是东京或东海的问题，金毓黻先生认为"自元太祖十年乙亥至十二年丁丑之三年间，为前期，其建都之地应在咸平"⑥。但据文献记载均为初都东京，而没有初都咸平的记载。《新元史》卷134，《蒲鲜万奴传》："（元太祖）十年（1215年）正月（为十月之误），遂据东京叛。"《元史》卷149，《耶律留哥传》："乙亥⑦，留哥破东京，可特哥娶万奴之妻李仙娥。"由此可知，蒲鲜万奴初都东京（今辽阳）而非咸平（今开原老城镇）。金先生所谓"元史王荣祖、塔思两传称为咸平宣抚者，以其初都咸平而云然也"⑧。这一推断是

---

① 张绍维、李莲：《东夏年号的研究》，见《史学集刊》1983年3期。

② 《元史》卷2，《太宗本纪》，五年癸巳（1233年）二月。

③ 《元史》卷59，《地理志》二，开元路；《大明清类天文分野之书》卷24，《辽东都指挥使司》，开元路条；《元史》卷2，《太宗本纪》，五年癸巳（1233年）九月；《元史》卷119，《塔思传》；《元史》卷150，《石抹也先传》，同书卷152，《石抹阿辛（即也先）传》。

④ 《元史》卷59，《地理志》二，开元路；《大明清类天文分野之书》卷24，《辽东都指挥使司》，开元路条；《元史》卷2，《太宗本纪》，五年癸巳（1233年）九月；《元史》卷119，《塔思传》；《元史》卷150，《石抹也先传》，同书卷152，《石抹阿辛（即也先）传》。

⑤ 《新元史》卷134，《蒲鲜万奴传》。

⑥ 金毓黻：《东北通史》上编，第417页。（社会科学战线杂志社翻印本）。

⑦ 据《新元史》卷134，《蒲鲜万奴传》等书记载，耶律留哥破东京为丙子年（1216年）

⑧ 金毓黻：《东北通史》上编，第417页。（翻印本）。

错误的，蒲鲜万奴所以称为咸平宣抚使者是因为万奴初任宣抚使时，驻在咸平[1]而说的。《金史》卷122，《梁持胜传》："兴定初（1217年），宣抚使蒲鲜万奴有异志，欲弃咸平，徙曷懒路……是时（1217年），太平已与万奴通谋……执元帅承充夺其军。"[2]这说明万奴任宣抚使时在咸平，而不是初都咸平。因为1215年万奴已叛金自立，称天王，到1217年已不称宣抚使，所以这里的兴定初（1217年），是指太平执承充的年代，不是指万奴任咸平宣抚使期间"有异志，欲弃咸平，徙曷懒路"的年代。

关于蒲鲜万奴在什么时候从辽沈地区迁到东海地区建立东夏的问题，金毓黻先生认为是在"元太祖十三年"即1218年。他认为"自元太祖十三年（1218年）至太宗五年（1233年）之十六年间，为后期，其建都之地在南京"[3]。这一论断和文献记载以及出土的东夏官印都是不相符的。《元史·塔思传》载："万奴自乙亥岁率众保东海。"但是乙亥岁（1215年）是万奴据东京叛金自立的年代，不是率众保东海的年代。《元史·太祖本纪》："太祖十一年丙子（1216年）冬十月，蒲鲜万奴以其子帖哥入侍，既而复叛，僭称东夏。"《新元史》卷134，《蒲鲜万奴传》载："明年（1217年）四月，破金兵于大夫营，转入女真故地，自称东夏国。"[4]从上述两条记载可知，蒲鲜万奴从辽沈地区东迁到东海地区，改国号为东夏的时间当在1216年10月到1217年4月之间。但据下述出土的东夏官印可以断定万奴东迁，建都北京，南京的时间在1216年2月以前。

---

①《金史》卷103，《完颜铁哥传》："蒲鲜万奴在咸平，忌铁哥兵强"。

②参见《金史》卷130，《阿鲁真传》："兴定元年（1217年），承充为上京元帅，上京行省太平执承充应蒲鲜万奴"。

③金毓黻：《东北通史》上编，第417页。

④《蒙兀儿史记·蒲鲜万奴传》："丁丑（1217年）四月，帅众登陆，破金兵于大夫畜，转入女真故地，改上京会宁府曰开元，都之，别置南京，仍羁属蒙兀"；（按："改上京会宁府曰开元，都之"，是改上京路为开元路，即北京路，不是都于上京会宁府，详见后述。）《高丽史》卷22，《高宗世家》，丁丑四年（1217年）三月戊辰："金万奴兵来破大夫营。"

1984年7月，在牡丹江市北郊出土一方东夏官印，铸汉字九叠篆书"古州之印"四个字，印背左刻"应辨所造"四个字，右侧刻有"天泰二年二月廿五日"九个字①。1975年5月，在黑龙江省海林县长汀乡新胜村出土的"万户天字号印"，背刻："天泰二年六月，北京行部造"，侧刻"万户印"②。1954年7月，在吉林省延吉市东二十里的城子山山城出土的"南京路勾当公事之印"，背刻："天泰三年六月一日，南京路勾当公事印"，侧刻："南京行部造。"③这三方东夏官印可以证实蒲鲜万奴从辽沈地区迁到东海地区，以北京、南京为根据地建立东夏的时间，当在天泰二年（1216年）二月以前④。而不是在1215年末，或1217年，更不是在"元太祖十三年"，即1218年。从刻有北京、南京的东夏官印可知，蒲鲜万奴后期建都之地，不仅有南京，而且还有北京。

（二）东夏的京城——开元

《元史》卷149，《王荣祖传》："咸平路宣抚使蒲鲜万奴僭号于开元。"1233年，蒙古军征蒲鲜万奴，在南京生擒万奴，继而"师至开元、恤品，东土悉平"⑤。出土的东夏官印又有北京和南京。开元在哪里？开元、恤品，开元、北京是一地还是两地？这是中外史学界长期以来有争论的问题。

本文所要探讨的开元，是指蒲鲜万奴"僭号于开元"的开元，亦即"元太宗癸巳岁（1233年），师至开元，东土悉平，于建州故城北石墩

---

①樊万象：《"古州之印"与地望》，见《北方文物》1985年3期。

②黑龙江省文物考古工作队：《黑龙江省古代官印集》第44页，原载"万户王字号印"。从印文看当为"万户天字号印"。

③张绍维、李莲：《东夏年号的研究》，见《史学集刊》1983年3期。

④《元史》卷119，《塔思传》："万奴自乙亥岁（1215年）率众保东海"的记载是不确切的；《元史新编》卷17，《东北诸部》东夏条：万奴于丙子岁（1216年）十月降蒙古后，"复袭据东京，僭称东夏"，系据开元，僭称东夏之误。

⑤《元史》卷59，《地理志》二，开元路条。

寨设官行路事，辖女真等户"①的开元，而不是元太宗七年（1235年）迁到黄龙府（今农安），后（元顺帝至正二年，1342年）又迁到咸平（今开原老城镇）的开元。明初为避帝讳（朱元璋之元）改开元为开原，后来为了区别最初的开元（东夏的开元）和西迁后的开元，就把西迁前的开元称为旧开原、东开原。开元（即旧开原、东开原）在哪里？据目前所知有下述十二种说法。

顺序号	开元位置的推定地点	作者	论文名	刊载刊物名
1	双城子南面的山城	张秦湘	试论元初开元城的位置	《学习与探索》1982年1期
2	东宁大城子	郭毅生 和田清	明代建州卫新探 开原古州及毛怜	《北方论丛》1979年3期 《东亚史研究》（满洲篇）第223–248页
3	双城子	徐中舒	明初建州女真居地迁徙考	《历史语言研究所集刊》第16本第2分册
4	珲春以东	孟森	建州卫地址变迁考	《国学季刊》第3卷第4号
5	石墩寨	金毓黻	十、元代与东北之关系	《东北通史》上编第440页（翻印本）
6	依兰	箭内亘	《满洲的元代疆》	《满洲历史地理》第2卷第396—399页
7	金上京会宁府	柯劭忞		《新元史》卷134，《蒲鲜万奴传》
8	宁古塔东北的刻印城	冈田英弘	开元城新考	和田博士古稀纪念 《东洋史论丛》（昭和35年11月版）
9	宁安城子后山城	景爱	关于开元路若干问题的探讨	《学习与探索》1979年3期
10	渤海上京（今东京城）	张博泉	开元城史地考略	《史学集刊》1983年3期
11	牡丹江中下游	朴真奭	关于东夏国南京及其位置的考证	《延边大学学报》1981年1、2期合刊
12	穆稜②	和田清	元代的开元路	《东亚史研究》（满洲篇）第199—203页

①《大明清类天文分野之书》卷24，《辽东都指挥使司》，开元路条。

②（日）和田清先主穆稜说，后改东宁大城子说。

上述这些论说，归纳起来基本上可分为两说，一是认为开元在今绥芬河流域（上表1—5）；二是认为开元在今牡丹江流域（上表6—12）。

笔者认为开元（旧开原、东开原）在今绥芬河流域的双城子南面的山城，其根据是：

1．文献资料的根据

第一，《元一统志》开元诸古城条："开元城西南曰宁远县，又西南曰南京，又南曰合兰府，又南曰双城，直抵高丽王都。正西曰谷州，西北曰上京，即金之会宁府。"这是推定东夏和元初的开元城（即旧开原、东开原）方位的可靠根据。其中搞清南京和谷州的位置是推定开元方位的关键。把南京推定在今延吉市东二十里的城子山山城[①]是符合文献记载和考古资料的，因已有论文发表，不再重述。谷州的位置据《辽东志》卷1，《地理志》，开原山川条载："忽儿海河（今牡丹江），城（开原城）东北一千里，源出潭州城东诸山，北流谷州城东，经斡朵里城北，流入松花江。"由此可知，谷州（古州）当在今潭州（今敦化境内）之北，斡朵里（今依兰）之南，忽儿海河（今牡丹江）之西。因此，有的把谷州（古州）推定在东京城[②]、姑里甸（东京城北）[③]、宁安县城[④]，都在今宁安县境内。这些推论虽然和文献记载相符，但还没有得到考古资料的证实。1984年7月，在牡丹江市北郊发现一方东夏铜印，铸汉字九叠篆书"古州之印"四个字，印背左刻"应辨所造"四个字，右侧刻有"天泰二年二月廿五日"九个字[⑤]。据黑龙江文物工作同志的调查研究资料，在今牡丹江市西南，海浪河入牡丹江处，在海浪河南北两岸有两座

---

① （日）箭内亘：《东真国的疆域》，见《满洲历史地理》第2卷，第262—265页；朴真奭：《关于东夏国南京及其位置的考证》，见《延边大学学报》1981年1、2期合刊。

② （日）和田清：《开原、古州及毛怜》，见《东亚史研究》（满洲篇）第242页

③ 张博泉：《开元城史地考略》，见《史学集刊》1983年3期。

④ 《中国历史地图集》东北地区资料汇编，第296页。

⑤ 樊万象：《"古州之印"与地望》，见《北方文物》1985年3期。

古城，一为渤海古城，一为渤海古城辽、金沿用。考古州始建于辽代，金、元、明沿用。因此，把古州推定在牡丹江西岸牡丹江市附近的辽、金古城更符合文献记载和考古资料的实际。

南京、古州的位置搞清后，这就为推定开元的位置提供了根据。如上述，则开元当在今延吉市城子山山城（南京）的东北，牡丹江市（古州）的正东。把开元推定在今牡丹江流域（上表6—12），不如推定在今绥芬河流域更符合文献记载的方位。如把开元推定在今牡丹江流域，则和谷州（古州）同在一地，或相距不远，而不是在古州（谷州）的正东。尤其从下述《析津志》和《辽东志》所载通往开元（旧开原）的驿站方位距离更进一步说明开元（旧开原）是在绥芬河流域，而不是在牡丹江流域。

第二，《析津志》所载元代从唆吉（今敦化）到开元的驿站及其方向、距离，是考证开元所在地的可靠根据。据《析津志》载，从唆吉出发，"正东微北"行，到东洋州为二百八十里，从东洋州到开元为三百七十里[①]。日本和田清认为东洋州在今东京城附近[②]，这和从唆吉（今敦化）出发，"正东微北"行的方向不符，从唆吉出发到东京城不是"正东微北"行，而是正东北行。又从古城的分布情况来看，从唆吉出发，"正东微北"行，古城较多，显然是一条古道。据考古调查资料，东洋州即今吉林省汪清县蛤蟆塘乡西南十五里的东洋古城（今改称东阳，周长半里）及其北十里的山城（周长六里）。山城内出土过天显通宝、开元通宝、大定通宝等铜钱，当为金代古城，元代沿用。从唆吉到东洋州，以及从东洋州到开元的方向距离，和从今敦化到东阳古城，以及从东阳古城到绥芬河流域的东宁大城子的方向、距离基本相符。从今敦化

---

① 《析津志·天下站名》。（录自《永乐大典》第19426卷，见中华书局新印本《永乐大典》第175册。）"唆吉正东微北百二十里石迪，正东北五十甫丹，百一十东洋州，百二十土罗火，百三十希田，百二十开元，正东孛迷、梁母、孛吾、阿失吉、舍站、永明城，其东海"。

② （日）和田清：《东亚史研究》（满洲篇），第236—237页。

正东微北行（不是东北行），正是经今东阳（东洋）古城、汪清县双河乡东北五里的半城、鸡冠乡东北三里的鸡冠山城、罗子沟乡屯内的罗子沟古城，黑龙江省东宁县道河乡红石砬子山城（周长四里），在绥芬河右岸，又经东宁大城子到苏联境内的乌苏里斯克（双城子），最后到永明城。从这条路线所载从唠吉到开元的方向、距离来看，开元当在唠吉（今敦化）的正东微北方向的六百五十里处。这是开元不在今牡丹江流域，而在今绥芬河流域的有力证明。

《辽东志》卷9，明代"纳丹府东北陆路"是明初通往建州卫、毛怜卫的路线。从纳丹府（今吉林省桦甸苏密城）东北行到潭州（今敦化）①，由潭州东北行到古州（即谷州，今牡丹江市），又由古州到旧开原（即开元）。从"开元城…… 正西曰谷州"②的记载可知，由古州东行到开元，即旧开原。旧开原（即开元）的下一站，即"纳丹府东北陆路"的终点站毛怜站。因毛怜在"旧开原南"③，所以由旧开原折而南行到毛怜。毛怜明初在今图们江北珲春县境内④。则旧开原（开元）当在今珲春县以北之地。但今珲春县以北之地不是牡丹江而是绥芬河。由上述可知，元代从唠吉正东微北行，经东洋州到开元；明代从潭州东北行，经古州（谷州）又东行到开元，两者的路线是不同的。

第三，从"（蒲鲜）万奴自乙亥岁率众保东海"⑤，"僭号于开元"⑥，以及"师至开元、恤品，东土悉平"⑦的记载可知，东夏的开元

————————

① 《辽东志》卷1，《地理》，开原山川条："忽儿海河…… 源出潭州城东诸山。"则潭州当在忽儿海河即今牡丹江上游之西，当在今敦化。

② 《大元大一统志辑本》二，辽阳行省：开元路、古迹、开元诸古城条。（辽海丛书本）。

③ 《辽东志》卷9，《纳丹府东北陆路》。

④ 《龙飞御天歌》卷7，第53章；朝鲜《李朝太宗实录》卷19，太宗十年三月乙亥。

⑤ 《元史》卷119，《塔思传》。

⑥ 《元史》卷149，《王荣祖传》。

⑦ 《元史》卷59，《地理志》，开元路条。

是在东北的东部沿海一带。所谓东海、东土之地，当在今图们江、绥芬河流域，而不是今牡丹江流域。

第四，《大明清类天文分野之书》卷24，《辽东都指挥使司》，开元路条："元太宗癸巳岁（1233年），师至开元，东土悉平，于建州故城北石墩寨设官行路事，辖女真等户。"这里明确指出开元（东夏的开元，元代初置的开元）在建州故城北石墩寨。这里的建州是指渤海率宾府辖境内的建州，在今绥芬河流域，因此，建州故城北石墩寨的开元，当在今绥芬河流域，而不是在今牡丹江流域。因为牡丹江流域是渤海上京龙泉府的辖境，渤海率宾府所辖建州不可能在牡丹江流域。从开元的方位看，这里所说的建州不是在今吉林市附近的元、明时代的建州，这里的石墩寨也不是《析津志·天下站名》中所说的建州（今吉林市）东南一百里的石墩寨，两者名同地异。

2．考古资料的根据

据上述文献记载可知，开元在今绥芬河流域，而不是在今牡丹江流域。关于开元在今绥芬河流域的哪一古城问题，史学界也有不同看法，有的认为在今绥芬河流域的东宁大城子[①]；有的认为在今绥芬河流域的双城子（即今苏联的乌苏里斯克）[②]；有的认为在今双城子南面的克拉斯诺雅尔山城[③]。今以后说为是，并提出以下论据。

考证开元在绥芬河流域中的哪一古城，首先应该弄清绥芬河流域古城的分布情况。据目前所知，绥芬河流域的古城有：一是吉林省汪清县东北二百里的罗子沟乡屯内的罗子沟古城，在绥芬河上游的北岸，周长二里，有角楼、马面、瓮城。出土文物有兽面瓦当、北宋宣和通宝、边刻"沤鲁抹官"四个字和一个押记的金代铜镜等。从古城的形制和出土文物可以断定为金代古城。二是黑龙江省东宁县道河乡的红石砬子山

---

①见前表2。

②见前表3。

③见前表1。

城，周长四里，在绥芬河右岸。在红石砬子山城南十五里有五排山城，在绥芬河右岸，是较小的小山城。在红石砬子山城东三十里有抽水砬子山城，在绥芬河右岸，也是规模很小的山城。在这三座山城中，没有发现可以断代的文物①。三是黑龙江省东宁县大城子渤海古城。周长七里，有护城河、角楼、瓮城，而无马面。出土文物有莲花纹瓦当，以及一些"具有典型的唐代作风"的渤海文物②。从古城的形制、规模和出土文物来看，可以断定为渤海古城，没有后代沿用的遗迹、遗物。据已发表的考古资料可知，大城子是绥芬河流域较大的渤海城。四是双城子，有东城，周长四里；西城，周长三里。东、西两城"均以土垒围之"，即都有马面，这是辽、金、元古城的特点，渤海古城均无马面。东、西两城都出土过宋钱。从这两座古城的形制和出土的宋钱来看，是辽、金古城。在东城和双城子南面的山城中都出土过开元通宝，这是在辽、金、元古城中经常见到的，不能作为曾是唐代渤海古城的断代根据。在东、西两城之间，有金代墓葬，墓前有石狮、龟座和完颜公神道碑。五是规模较大的克拉斯诺雅尔山城，绥芬河从山城的北部、东部流过。山城从山脚下到山上，共有三层城墙，外城周长十六里，北、东两面环水，形势险要，当是一座军事重镇。这一山城，曾出土过"开元通宝、崇宁通宝等古钱，约有五种。据（俄人希郁陶氏）研究的结果，此（山）城之时代，去金不甚相远；元朝亦似加以补葺而利用之"。并认为山城"当为其后所筑，即三城（双城子和山城）之中，对岸山城为最新"③。这一山城"曾出土过元代的龙头形建筑饰件，形制非常类似哈喇和林和康堆元代早期古城中出土的同类文物。近年来，又发掘出带有大型柱础的宫殿式

①张泰湘：《绥芬河上游瑚布图河左岸考古调查》，见《黑龙江大学学报》1979年4期。

②《文物考古工作三十年》第117页；张泰湘：《唐代渤海率宾府辨》，见《历史地理》第2辑。

③（日）鸟居龙藏著、汤尔和译述：《东北亚洲搜访记》第203—204页。（商务印书馆，民国15年初版）。

建筑"①。此外，在"乌苏里斯克附近鲍里索夫卡村旁一座庙宇和堡垒的综合建筑……有渤海纹饰的板瓦"②。"在南乌苏里斯克古城还发现了一块长方石板，上面阴刻着突厥的文字符号，铭文是渤海绥宾（或率宾）府的名称"③。这一铭刻突厥文的长方石板，虽然能说明今乌苏里斯克（双城子）地方是渤海率宾府的辖境，但能否作为渤海率宾府府治所在地的物证，还有待考证，还应结合绥芬河流域渤海古城的分布情况来推定。由此可知，乌苏里斯克地方不但有金代的古城和文物，而且还有一些渤海的遗迹、遗物。但从中外已发表的考古资料来看，双城子并没有发现周长超过七里的大型渤海古城。双城子及其南面的山城无论从古城的形制和出土文物来看，当是金、元古城。虽然也出土过开元通宝，但这是辽、金古城中经常见到的，不能作为推定双城子及其南面的山城曾是唐代渤海古城的根据。

从上述绥芬河流域分布的古城情况可知，罗子沟古城、红石砬子山城、双城子等古城，规模较小，都不可能是金末蒲鲜万奴东夏国的都城——开元城的所在地。东夏的都城和元初的开元，应在绥芬河流域较大的金、元古城中求之。东宁大城子的方位虽然和前述文献所载开元的方位相符，但从大城子的形制和出土文物来看，不是金、元古城，而是绥芬河流域最大的渤海古城④，没有后代沿用的遗迹、遗物。因此，它不可能是金末东夏的都城——开元的遗址。据已知的渤海府城遗址，如珲春八连城（渤海的东京龙原府）、和龙西古城子（渤海的中京显德府）、桦

①张秦湘：《试论元初开元城的位置》，见《学习与探索》1982年1期。

②奥克拉德尼科夫：《苏联科学院西伯利亚分院的历史研究》，见吉林省博物馆编印：《奥克拉德尼科夫言论集》第五集第72页。原文载苏联《历史问题》1975年第6期。

③林树山译、林沄校：《苏联滨海边区的渤海文化遗存》，见《东北考古与历史》1982年1期。

④有的把双城子南面的山城推定为渤海城和城内出土文物不符，从出土文物来看当是金、元古城。苏联波谢特湾北岸克拉斯基诺附近发现的渤海国海港，不是较大的渤海城，它是渤海东京龙原府辖境内的盐州城遗址。

甸苏密城（渤海的长岭府）等，其规模都在五里左右，东宁大城子周长七里，具有渤海府城的规模，而不是渤海州城的规模。据目前已知的渤海州城还没有超过四里以上者。因此，东宁大城子当是渤海府城遗址，而不是州城遗址。渤海的率宾府应是东宁大城子，而不是双城子等其他金代古城。如前述，双城子南面的山城是绥芬河流域最大的金、元古城，无论从古城的规模、出土文物以及险要的地理形势来看，应是金代恤品路①和金末东夏国的都城—开元所在地。曹廷杰认为渤海和辽代的率宾府、金代的恤品路都在今双城子②。金毓黻也认为渤海的率宾府在今双城子③。这一推论和考古资料以及古城的实际并不相符。从古城的规模、形制和出土文物来看，渤海的率宾府和金代的恤品路并不在同一地。把绥芬河流域较大的渤海古城东宁大城子推定为渤海的率宾府，把双城子及其南面的克拉斯诺雅尔山城（金、元城）推定为金代的恤品路和东夏的都城——开元，是完全符合考古资料和古城的实际情况的。东宁大城子是渤海的率宾府，则其所属的华、益、建三州的建州当在东宁大城子（率宾府）以外的双城子。如前述，乌苏里斯克附近也有渤海遗迹、遗物，当是渤海建州的所在地。有的把渤海的率宾府推定在双城子，但双城子及其南的山城是金、元古城，不是渤海古城。把渤海的建州推定在东宁大城子，但渤海的州城其周长还没有超过四里以上者，最大的是四里，一般都在二到三里之间，所以说这些推论是不符合实际情况的。把金末东夏和元初的开元推定在双城子南面的山城，也和前述文献所载"于建州故城北石墩寨设官行路事"，以及开元在南京（今延吉市城子山山城）的东北、在东土、东海的文献记载相符。

3. 开元、恤品，开元、北京是一地还是两地的问题

推定开元在今双城子南面的山城，必须搞清开元、恤品是一地还是

---

①华泉：《完颜忠墓神道碑与金代的恤品路》，见《文物》1976年4期。

②曹廷杰：《率宾国即绥芬河双城子地方考》，见《东三省舆地图说》（辽海丛书本）。

③金毓黻：《渤海国志长编》卷14，《地理考》，率宾府条。

两地的问题。《元史·地理志》:"师至开元、恤品,东土悉平。"《新元史·蒲鲜万奴传》:"开元、恤品两路亦先后下。"因此,有的认为开元、恤品是两地,恤品在今双城子,殆已成定论,则开元就不可能同时也在双城子。但实际是一地,而非两地,其根据是:

第一,《大明清类天文分野之书》卷24,《辽东都指挥使司》开元路条:"元太宗癸巳岁(1233年),师至开元,东土悉平。"这里只有开元而无恤品。

第二,《析津志·天下站名》书中所载,元代从唵吉(今敦化)出发,经东洋州、开元到永明城的驿站中,记有开元等大小驿站,而独无恤品。如果开元在今东宁大城子,恤品在今双城子,恤品是这条交通路线必经之地,而且又是这条路线上较大的历史名城,不可能只有开元而无恤品。

第三,《元一统志·辽阳行省·开元路》、开元诸古城条中,列举许多古城,有开元等古城,而无恤品。《元一统志》初撰于至元二十八年(1291年),重修于大德七年(1303年),这时(1291—1303年)开元(旧开原)、恤品已废。元太宗七年(1235年),"立开元、南京二万户府,治黄龙府"。说明1235年开元治所西迁到黄龙府(今农安)以后,原来东夏和元初的开元已经废弃,成为古迹,称为旧开原。所以《元一统志》把它列入开元路古迹条中。《元史》卷94,《食货》二,盐法条:"太宗癸卯年(1243年),合懒路岁办课白布二千匹,恤品路布一千匹。"这是在开元西迁后,才有开元、恤品两地名的出现,但这以后的开元是指西迁后的开元,在开元西迁前只有开元而无恤品。至元三年(1266年)二月,立开元、恤品等路宣抚司。这时的开元、恤品已分开,不在一地,这时的开元是指西迁后的开元,不是东夏和元初的开元(旧开原)。1286年,改开元、南京二万户府为开元路,仍治黄龙府,这时恤品路已废,并入开元路。所以《元史》卷59,《地理志》二,辽阳等处行中书省所辖开元等七路、一府,已无恤品路。如果开元(旧开原）、恤品为两地，则开元路诸古城条中不可能只有开元而无恤品。

上述三种情况，为什么只有开元而无恤品，这是因为东夏的开元就在恤品，两者为一地。金代恤品路的路治到东夏改为开元路（即北京路）的路治。东夏的都城——开元在今乌苏里斯克（双城子）南面的克拉斯诺雅尔山城。由此可知，"师至开元，东土悉平"①的记载是正确的，"师至开元、恤品，东土悉平"②的记载，似为两地，而实为一地，《新元史·蒲鲜万奴传》所说的"开元、恤品两路亦先后下"的记载是错误的，不足为据。应以比较早的《大明清类天文分野之书》的记载为准。

关于东夏的开元和北京的问题，根据文献记载，东夏的都城有开元、南京，而无北京。出土的东夏官印，只有北京、南京而无开元。如果开元、北京为两地，则蒙古军攻下南京、开元以后，必向东夏的另一都城北京进军，不攻下东夏的北京，怎能算东土悉平呢？东夏怎能算灭亡呢？从"师至开元，东土悉平"，而没有北京，可以推知，开元即北京。南京在今延吉市东二十里的城子山山城，则开元当在今延吉市的东北③，从北京、南京的名称，也可以推知北京必在南京的北方，从渤海、辽、金五京的方位可知，所谓北京不一定是在首都的正北方，有的在首都或中京的东北或西北，史载开元在南京的东北，则开元和北京的方位相同，又从文献记载只提蒙古军攻下开元、东土悉平，而没有提攻下开元、北京，东土悉平，由此可以推知，东夏的开元和北京为一地，不是两地。

综上所述，东夏的开元在恤品故地建立的，开元即北京，三者（恤品、开元、北京）名异地同，即今双城子及其南面的克拉斯诺雅尔山城。从上述开元方位的考证可知，屠寄：《蒙兀儿史记》《蒲鲜万奴传》所谓"改上京会宁府曰开元，都之"的记载是不可信的，当为改上京路

① 《大明清类天文分野之书》卷24，《辽东都指挥使司》，开元路条。
② 《元史·地理志》。
③ 《元一统志》开元诸古城条："开元城西南曰宁远县，又西南曰南京。"南京的东北即开元。

为开元路，而不是以上京会宁府为东夏的都城。

（三）东夏的疆域

把东夏的都城——开元、南京以及开元和北京，开元和恤品是一地还是两地的问题搞清以后，这就对探讨东夏的疆域提供了可靠的依据。日本池内宏认为东夏的辖境大体相当于金代曷懒路的全部地区，即所谓东海之地①。当万奴在咸平任宣抚使时就有异志，"欲弃咸平，徙曷懒路"②。从东夏南京的位置在金代曷懒路境内的事实，以及东夏给高丽王的国书中所说："本国（东夏）于青州③，贵国于定州④，各置榷场依前买卖"⑤可知，东夏国的疆域包括金代的曷懒路是毫无疑问的，但决不像池内宏所说，东夏的疆域只限于曷懒路。从前述开元设在金代的恤品路，和开元即北京的事实，以及出土的背刻"南京行部""北京行六部"的东夏官印来看，东夏的疆域除包括金代的曷懒路外，还应包括金代恤品路的全部辖境。蒙古军在 1233 年 9 月，攻下南京生擒万奴以后，接着"师至开元，东土悉平"⑥的史实，也说明东夏的疆域包括金代的曷懒路和恤品路的辖境。又据前述 1984 年 7 月，在牡丹江市北郊发现的东夏"古州之印"可知，今牡丹江流域即金代胡里改路的南部也在东夏辖境之内。从开元（北京）、南京、古州位置的考证，可以确定东夏的疆域领有金代的恤品路、曷懒路，以及胡里改路的南部。这和"其（东夏）地南接高丽，北界混同江"⑦，以及万奴"率众保东海"⑧，"师至开元，东土悉

① （日）池内宏：《元代的地名开元的沿革》，见《东洋学报》12卷3号。

② 《金史》卷122，《梁持胜传》。

③ 青州即今朝鲜咸镜南道的北青。

④ 定州即今朝鲜咸镜南道的定平。

⑤ 《高丽史》卷22，《高宗世家》，高宗十一年（甲申，1224年）春正月戊申条。

⑥ 《大明清类天文分野之书》卷24，《辽东都指挥使司》，开元路条。

⑦ 《元史新》卷17，《东北诸部》，东夏条。

⑧ 《元史》卷119，《塔思传》。

平"①的记载完全相符。从出土的东夏官印可知，东夏的行政区划有北京路（即开元路）和南京路。北京路的辖境包括金代的恤品路和胡里改路的南部，南京路的辖境大体相当于金代曷懒路的辖境。

————————

① 《大明清类天文分野之书》卷24，《辽东都指挥使司》，开元路条。

十八　从阿什哈达摩崖谈到永宁寺碑

元末农民大起义推翻了元王朝，明初社会经济得到了发展，国力壮大，因此，明朝对东北边疆的统治也有了进一步的加强。明朝统治东北的重要历史遗迹和遗物有吉林阿什哈达摩崖和在黑龙江口附近特林地方建立的永宁寺碑。

（一）吉林阿什哈达摩崖

吉林市东南十五公里的大阿什哈达屯，位于松花江北岸。屯东南一公里有一铁路隧道，在隧道南侧的断崖上有两个明代摩崖，即阿什哈达摩崖。摩崖南临松花江，沿江两岸群山起伏，连绵不断。

阿什哈达摩崖文字著录始刊于1891年长顺监修的《吉林通志》卷120《金石志》。由于其著录错误较多，不足为研究的依据。其后，有些人先后亲赴现地进行调查和墨拓，他们所著录的文字，虽然基本已趋于一致，但个别地方仍略有不同。因此，吉林省博物馆在1957年5月，派人到现地进行调查，并作了记录、照像和墨拓。1972年又进行了一次调查核对，现将摩崖文字分别著录如下。

第一摩崖（照片之二），在铁路隧道南侧的断崖上，其下临江，距江面高约十米。摩崖高一百三十五厘米，宽七十厘米。摩崖文字三行，正书，竖写。中间一行的字迹比较清楚，字也较其他两行为大，每个字大为十二乘十二厘米。左行字迹，细心观察，也能一一辨认。

第二摩崖（照片之三），在铁路隧道西口的南侧十四米处，和第一摩崖相距约三十多米。摩崖文字周围有一上圆下方的碑形刻线，中间高一百二十二厘米，两侧高均为一百零八厘米，上宽六十一厘米，下宽六十二厘米。文字刻在花岗岩原石上。文字七行，正书，竖写。字为五乘五、四点五乘四点五、四乘四厘米不等。字迹多模糊不清，有的字只剩下半部，有的只剩偏旁。

经过仔细观察和核对，第一、第二摩崖文字见 177 页碑文。

第一摩崖刻于永乐十九年（1421年）正月，即刘清第一次领军至此的第二年。第二摩崖刻于宣德七年（1432年），即刘清第三次领军至此的当年。

第一摩崖右行刻"甲辰、丁卯、癸丑"六字。过去对这六字的解释不一，其他解释矛盾很多，还是应以年月日的解释为是，即"甲辰为永乐二十二年，丁卯为二月，癸丑为初七日，即永乐二十二年二月初七日"。因此，推定这可能是刘清还军时补刻的六个字。

第二摩崖刻有"本处设立龙王庙宇，永乐十八年创立，宣德七年重建"。龙王庙遗址今已不见，唯有当时镌刻的两个摩崖石刻，还依然屹立在松花江畔。

第一摩崖刻有"骠骑将军辽东都司都指挥使刘"，从第二摩崖可知刘即刘清。其事迹见于《明实录》和《明史》卷174《巫凯传》。据《明实录》载：刘清"和州人，以富峪卫人千户从太宗渡江（即靖难之役）有功，升山西都指挥佥事。复以征交趾功，升陕西都指挥使。坐事，谪戍辽东。寻复职，转辽东都司。未几出巡失利，谪戍甘州"①。所谓出巡失利系指"刘清等领军护船料粮米往松花江，为女直野人所掠"②的事件，刘清因此谪戍甘州。正统三年（1438年）四月，"镇守辽东太监王彦奏：

---

①《明英宗实录》卷89，正统七年（1442年）二月庚申。
②《明英宗实录》卷18，正统元年（1436年）六月庚戌。

都司缺官，调用其都指挥使刘清"①等人，英宗从之，"召还，各降原职一级，备御辽东"②。刘清在甘州（今甘肃）的三年谪戍生活至此结束，又被召赴辽东都司，保卫边疆。到正统七年（1442年）二月，刘清卒。《明实录》评曰："清，慷慨有才略，驭军严整，处己俭约，然与人寡合，累经挫衄，踣而复起，劲直濒老不衰云。"③摩崖刻记的官职和文献记载完全符合。第一摩崖刻刘清在宣德七年（1432年）被"钦委造船总兵官"的职务，和《明实录》以及《明史·巫凯传》的记载也相符。

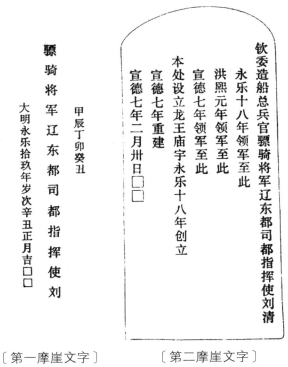

驃騎將軍遼東都司都指揮使刘

甲辰丁卯癸丑

大明永乐拾玖年岁次辛丑正月吉□□

〔第一摩崖文字〕

钦委造船总兵官驃骑将军辽东都司都指挥使刘清

永乐十八年领军至此

洪熙元年领军至此

宣德七年领军至此

本处设立龙王庙宇永乐十八年创立

宣德七年重建

宣德七年二月卅日□□

〔第二摩崖文字〕

宣德五年（1430年）十一月，曾一度"罢松花江造船之役"④，但

———

①《明英宗实录》卷41，正统三年（1438年）四月戊午。

②《明英宗实录》卷41，正统三年（1438年）四月戊午。

③《明英宗实录》卷89，正统七年（1442年）二月庚申。

④《明实录·宣宗实录》卷72，宣德五年（1430年）十一月庚戌。

不久，松花江"造舟役复兴，中官阮尧民、都指挥刘清等董之"①。刘清"宣德七年领军至此"的摩崖文字，证实了这次造舟役复兴的时间是在宣德七年（1432年）。

奴尔干处于东北边境，为了保证中原同这一地区的交通运输，明朝在派亦失哈管理奴儿干时，即在松花江边造船，中间一度中断，但在造船役复兴后的宣德七年，明廷曾"令都指挥刘清领军松花江造船运粮"②。由此可知，摩崖刻刘清于永乐十八年（1420年）、洪熙元年（1425年）、宣德七年（1432年）三次领军至此，就是担当指挥造船运粮的任务。

在《明实录》中数见"松花江造船运粮"的记载，但没有指明具体的地点。1891年阿什哈达摩崖被发现后，才证实了明代"松花江造船运粮"的地点，就在今吉林市松花江一带。《辽东志》卷9外志："建州，东濒松花江，风土稍类开原，江上有河，曰稳秃，深山多产松林。"前往奴儿干，"于此造船，流至海西，装载赏赉，浮江而下，直抵其地。"考稳秃河即今温特河（也叫温德河或温道河），在吉林市的西南郊注入松花江，河口东距阿什哈达摩崖约十余公里。这也说明了明朝在松花江造船的地点，就是现在的吉林市松花江一带。又据《柳边纪略》卷1的记载，在清代"小吴喇（今吉林市）尚无造船之命"以前，打井有时发现"败船板及锈铁钉"等等。摩崖和文献史料以及出土文物，都一致地证实了今吉林市松花江一带，就是明代的造船厂所在地。

明朝不但在今吉林市松花江一带造船，并在今吉林省境内设置了乌拉等七十多个卫，使之自相统属。明朝的统治，不但到达现在的吉、黑两省，并且遍及整个黑龙江、乌苏里江流域。明代统治势力到达黑龙江下游一带的物证之一就是永宁寺碑和重建永宁寺碑。

①《明史》卷174，《巫凯传》。
②《明实录·宣宗实录》卷90，宣德七年五月丙寅。

（二）永宁寺碑和重建永宁寺碑

永宁寺碑和重建永宁寺碑（见照片之四、五），是15世纪初，明太监亦失哈管理奴儿干时，在黑龙江口附近的特林地方建立的（图十一）。1885年（光绪十一年），曹廷杰发现这两座碑，在他的《西伯利东偏纪要》中写道："庙尔（即庙街，今苏联境内的尼古拉也夫斯克）上二百五十余里，混同江（此处指黑龙江和松花江合流后的一段黑龙江）东岸（在恒滚河注入黑龙江处的东岸）特林地方，有石礐壁立江边，形若城阙，高十余丈，上有明碑二，一刻敕建永宁寺记（永乐十一年建，照片之四），一刻宣德六年（即宣德八年之误）重建永宁寺记（照片之五）。"1891年《吉林通志》据曹氏的拓本，将两碑碑文收录在卷120《金石志》中，这是永宁寺碑碑文传世的开始。其后，中外著作对两碑碑文都有比较详细的考证①。

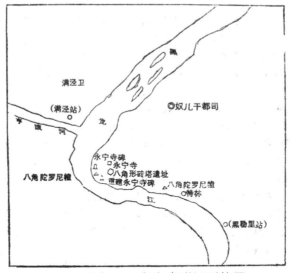

图十一：明代奴儿干永宁寺附近形势图

①中外著作对两碑的碑文记载和考证，例如，罗福颐：《奴儿干永宁寺碑补考》；（日）内藤虎次郎：《奴儿干永宁寺二碑补考》，《读史丛录》，第511—524页；瓦西里叶夫：《关于黑龙江口附近悬崖上的碑文的记载》，《皇家科学院通报》1896年第4期。

永宁寺碑和重建永宁寺碑记述了明太监亦失哈管理奴儿干及海外苦夷（在今库页岛）的事迹，今据罗福颐《满洲金石志》卷6所校录的碑文，结合文献史料，将明朝管辖这一带的情况，简述如下：

1. 碑文关于明朝管辖黑龙江下游奴儿干地方的记述。

黑龙江下游，在唐代为黑水靺鞨的居地，8世纪上半叶，唐在其地置黑水府。这一地区，在我国的金代为上京路，元初为开元路，后为合兰府水达达路，明为奴儿干都司的辖境。

关于明朝管辖奴儿干的情况，据碑文和崔源墓志①以及《明实录》②的记载，永乐、宣德时期，遣亦失哈等前往奴儿干的次数达十次之多。此外，并于永乐元年（1403年）遣邢枢、张斌③，永乐十年（1412年）遣王谨④，宣德五年（1430年）遣康旺、王肇舟、佟答剌哈⑤，宣德六年（1431年）遣康福（康旺之子）⑥等往奴儿干。碑称每次随行人员多至一千至二千人，船只达二十五至五十艘，前往奴儿干一带，对女真各部酋长和人民，授以官职并赏赐绢缎等物品。碑文证实了明代继续前代在这一地区的统治，其统治势力不但到达黑龙江下游奴儿干一带，并到达现在的库页岛。亦失哈在永乐十年还到过该岛。

2. 碑文关于明在奴儿干建立统治机构的记述。

明管辖奴儿干，在这一带设都司、卫所等军政机构使统各部。明王朝建立后，于永乐二年（1404年）"置奴儿干卫"⑦。永宁寺碑称："永

①《故昭勇将军崔公墓志铭》："宣德元年同太监亦信下奴儿干等处招谕。"见《辽阳县志》卷35，《碑记志》。

②《明实录·宣宗实录》卷11，洪熙元年十一月甲寅；《明实录·宣宗实录》卷35，宣德三年春正月壬辰；《明实录·宣宗实录》卷88，宣德七年五月丙寅；《明实录·宣宗实录》卷104，宣德八年八月甲午；《明实录·宣宗实录》卷108，宣德九年二月壬申。

③严从简：《殊域周咨录》卷24。

④《明实录·太宗实录》卷85，永乐十年冬十月庚申。

⑤《明实录·宣宗实录》卷69，宣德五年八月庚午。

⑥《明实录·宣宗实录》卷84，宣德六年冬十月乙未。

⑦《明实录·太宗实录》卷26，永乐二年二月癸酉。

乐九年春，特遣内官亦失哈等率官军一千余人，巨船二十五艘"，又至这一地区，"开设奴儿干都司"，"收集旧部人民，使之自相统属"。关于明王朝设置奴儿干都司的年代，《明实录·太宗实录》《明一统志》均作七年（1409年），而《明会典》（卷107，礼部六五）、清彭孙贻《山中闻见录》、明茅瑞征《东夷考略》《明大政纂要》《辽东志》《全辽志》则均作九年（1411年），与碑同。《明实录·太宗实录》卷62，永乐七年闰四月己酉条："设奴儿干都指挥使司。初头目忽剌冬奴等来朝，已立卫，至是复奏其地冲要，宜立元帅府，故置都司。"从"至是复奏其地冲要，宜立元帅府，故置都司"来看，可知永乐七年是明廷决定建置奴儿干都司的年代。而永宁寺碑称永乐九年"开设奴儿干都司"则是明廷在黑龙江下游奴儿干地方设置奴儿干都司的年代。宣德三年（1428年）春正月"命都指挥康旺、王肇舟、佟答剌哈往奴儿干之地，建奴儿干都指挥使司，并赐都司银印一，经历司铜印一"①。这说明到宣德三年奴儿干都司这一统治机构更加强了，据《柳边纪略》卷2载，从明初到万历年间，先后在东北置建州、斡难河和囊哈儿等三百八十一个卫。对女真等族酋长授以都督、都指挥、指挥、千户、百户、镇抚等官，使统各部。这些官职名称，不但见于文献记载，也见于永宁寺碑。永宁寺碑正面刻汉字，背面刻女真字和蒙古字，碑末所列建碑人员中，不但有汉人，也有女真人和蒙古人。可见黑龙江下游奴儿干一带，很早以来就是我国各族人民聚居之地。

3. 碑文关于驿站和朝贡的记述。

永宁寺碑称：（永乐）"十一年秋，卜奴儿干西有站满泾，站之左，山高而秀丽，先是已建观音堂于其上，今造寺塑佛，形势口雅，粲然可观。"满泾站在永宁寺碑的对岸，即黑龙江的西岸，其地在恒滚河口的北岸。明朝为了加强对黑龙江下游奴儿干地方的统治和便于朝贡人等的往来，永乐十年（1412年）十月，置满泾等四十五站②。《辽东志》

①《明实录·宣宗实录》卷35，宣德三年春正月庚寅。

②《明实录·太宗实录》卷85，永乐十年冬十月丁卯。

卷9，海西东水陆城站条所列城九个，站四十五个，城站共有五十四个。从药乞站到满泾站，即从黑龙江和松花江汇合处到恒滚河与黑龙江汇合处有二十三个驿站。这一段路程夏乘船，冬乘狗爬犁运送，故名狗站。《明实录》载，永乐十年闰四月奴儿干都司"岁贡海青等物，仍设狗站递送。"即指设置的这些狗站而言。满泾站是从奴儿干都司到辽东都司的第一站，也是从辽东都司到奴儿干都司的终点站。

重建永宁寺碑称："其官僚□□斯民归化，遂捕海青方物朝贡，上嘉其来，赐给赏劳□还之"，东北女真各部酋长到明朝朝贡的贡品主要是马、珍珠、貂皮、海东青等。而奴儿干地方的贡品主要是海东青。碑称海青即海东青，是一种打猎用的鹰。朝贡是当时征赋税的一种形式。"贡到方物，例不给价"（《明会典》），"贡"也不得违期。不过，他们通过朝贡受到朝廷的大量赏赐，赏赐主要是绢缎衣服以及工艺品、日用品等。女真各部酋长因为向明廷朝贡可得赏赐，所以往往互争卫印、玺书，以取得朝贡的权利。

到17世纪初，曾被明朝封为"建州卫都督佥事"和"龙虎将军"的努尔哈赤势力逐渐强大起来，开始和明王朝争夺中央统治权，终于建立了清朝。17世纪40年代，清朝代替了明朝，继续在东北地区设官镇守，置盛京将军、宁古塔将军（后改称吉林将军）、爱珲将军（后改称黑龙江将军）分镇东北各地。奴儿干一带，在清朝为吉林将军辖境。1858年帝俄强迫清朝当局签订了《中俄爱珲条约》，割去黑龙江以北、外兴安岭以南的中国领土；1860年又迫使清朝政府签订《中俄北京条约》，把乌苏里江以东的中国领土，强行划归俄国。

黑龙江口奴儿干永宁寺一带被帝俄侵占后，永宁寺碑和重建永宁寺碑从原地被搬走，先存于符拉迪沃斯托克（海参崴）博物馆，后移至哈巴罗夫斯克（伯力）博物馆。两碑虽从原地搬走，但碑文早已公诸于世，事实俱在，不容抹煞。

阿什哈达摩崖至今还巍然屹立在松花江畔。它们是揭露帝国主义者伪造我国边疆历史的有力物证。

十九　禾屯吉卫和奴儿干都司
——禾屯吉卫指挥使司印考

1974年4月，在吉林省洮安县向阳乡玉城大队七官营子村西南一里许的明代遗址中，出土了一方明代铜印。它是当地农民张永庆在耕地时发现的。印为铜铸方形，边长九厘米，厚一点七—二点二厘米，直纽。纽高九厘米，通高十一点二厘米。印背左边竖刻两行："永乐七年九月日""礼部造"。印背右边竖刻"禾屯吉卫指挥使司印"；左侧刻"礼字四十三号"。印文为阳铸九叠篆文——"禾屯吉卫指挥使司印"。（见照片之七、八）

明代官印，包括都司、卫所官印，都是由礼部所属的铸印局铸造的。据《明史》载：卫印为"铜印，方二寸七分，厚六分""俱直纽，九叠篆文"[①]。铜印的大小形制同文献记载完全符合。侧刻的"礼字四十三号"，是礼部的注册号数。印背刻的"永乐七年九月日""礼部造"，同《明实录》设卫赐印的年月记载完全一致。

（一）禾屯吉卫和奴儿干都司

1368年，明朝建立之后，由于明初对东北积极经营管理，蒙古、女真各部相继归服。在设置建立奴儿干都司以前，在黑龙江南北、乌苏

---

① 《明史》卷72，《职官》一，礼部。

里江东西、松花江流域等地，已经先后建置了一百一十五个卫①。其中有建州卫、兀者卫（今呼兰河流域）、奴儿干卫（今黑龙江下游东岸特林地方）、兀的河卫（今乌第河流域）、囊哈儿卫（今库页岛上的郎格里）、斡难河卫（今鄂嫩河流域）、双城卫（今乌苏里斯克）、考郎兀卫（今黑龙江、松花江交汇处附近）等等。为了加强对这些卫所的管理，于1409年（永乐七年）闰四月，设奴儿干都指挥使司（简称奴儿干都司），相当于省一级的地方政权机关，其治所即在今特林地方。都指挥使司设都指挥使一人，正二品，都指挥同知二人，从二品，都指挥佥事四人，正三品。以康旺为都指挥同知，王肇舟为都指挥佥事，"统属其众，岁贡海青等物"②。奴儿干都司建立以后，又继续增设了许多卫所。据万历《明会典》载，到万历年间，奴儿干都司所辖卫所包括兀良哈三卫在内，共有三百八十四个卫，二十四个所，七个地面，七个站，一个寨。而禾屯吉卫就是其中的一个卫，是在奴儿干都司建立以后设置的。奴儿干都司的管辖范围，西起鄂嫩河，北至外兴安岭，东抵大海，南接图们江，东北越海而有库页岛③。

　　明代的都司、卫所，本为管理军事的机关，但地处边疆的奴儿干都司、卫所则兼理民政。所以，奴儿干都司、卫所，实际上是军政合一的地方政权机关。奴儿干一带，东控库页，西镇黑龙江南北之地，自元以来，就是统治北方的军事要地。奴儿干都司的所在地，就是元代征东元帅府的故址。到了明代，接管了元代在这一地区的管辖权，建立了都司、卫所，派军戍守，行使有效的管辖权。这些事实，不但有大量的文献记载，并且有明代的碑刻、官印作为历史的见证④。禾屯吉卫指挥使司印的出土，又为明在东北行使国家权力和揭露帝国主义伪造我国边疆历

①《寰宇通志》卷116，女真。
②《明太宗实录》卷62，永乐七年闰四月己酉。
③参考《寰宇通志》卷116，女真；明《皇舆考》卷12，女真。
④永宁寺碑、重建永宁寺碑、吉林阿什哈达摩崖、崔源墓志、宋国忠墓志、囊哈儿卫指挥使司印、实山卫指挥使司印、毛怜卫指挥使司印、塔山左卫之印、朵颜卫左千户所百户印等。

史增添了一个新的物证。

（二）禾屯吉卫在今安图县古洞河流域

《明太宗实录》："永乐七年九月己卯，禾屯吉河等处女真野人头目粉甫等来朝，设禾屯吉、失里木二卫。"据这一记载，可知禾屯吉卫是在禾屯吉河流域，禾屯吉卫是以河流的名称来命名的。关于禾屯吉河以及禾屯吉卫的位置，《明实录》等明代文献中都没有记载。乾隆时期绘制的《盛京、吉林、黑龙江等处标注战迹舆图》有"和通吉河"满汉文并书的名字。《大清一统舆图》标名为"和通集河"。和通吉、和屯吉、赫通额、合克通吉、和通集、活同几等均为禾屯吉的同名异文。《钦定满洲源流考》谓："和通吉河在吉林东南一千零四十里入混同江。"[①]《盛京通志》谓："合克通吉河，（吉林）城东南一千零四十五里，源出勒福陈冈，西北流（后又西南流），汇福尔虎河（今富尔河）入混同江。"[②]根据这两项记载，可以肯定禾屯吉河即今安图县境内的古洞河。由此可知，禾屯吉卫就在现在的古洞河流域。

据1961年吉林省文物普查档案和1977年8月我们在古洞河流域的考古调查，得知在今古洞河中游有一古城，称万宝古城，这是古洞河流域中的唯一古代遗址。这一带是古洞河流域中最大的平原地带，旧称大甸子，后改称万宝。大甸子东西长约二十里，南北宽约七八里，周围环山，古洞河从中流过，古城就在古洞河的西、北侧，周长八百多米，有角楼、马面、瓮城。城墙大部被毁，残存北墙现高五点五米。西墙比较完整，底宽十二米，上宽四米。城的方向北偏东四十五度。古城东南三里处，古洞河南岸，还有一周长约二百米的椭圆形小古城，只有南门一座，有瓮城。在万宝屯北二里的小山上，又有当地群众称为点将台的遗址。在这些遗址中，没有发现砖瓦等遗物，由此可知，它不可能是一座重要的州县城遗址。从古城的形制来看是辽、金古城，它和明代东海瓦

---

① 《钦定满洲源流考》卷13，疆域，和通吉卫。
② 乾隆元年《盛京通志》卷13，山川，合克通吉河。

尔喀部的蚩悠城①的形制相同，所以这座古城可能是禾屯吉卫的城址。

（三）禾屯吉河女真头目粉甫等是明朝的地方官

明代，都指挥使司之下设卫指挥使司，相当于县一级的地方政权机关。卫设指挥使一人，正三品；指挥同知二人，从三品；指挥佥事四人，正四品；镇抚二人，从五品。"永乐七年九月己卯，禾屯吉河等处女真野人头目粉甫等来朝，设禾屯吉、失里木二卫，命粉甫等为指挥、千百户、镇抚"，"赐诰印，冠带袭衣及钞币有差"②。文中所谓诰印即诰敕和官印。武官五品以上为诰命，六品以下为敕命③。禾屯吉河女真头目粉甫被任命为禾屯吉卫的指挥佥事④，为正四品，是诰命。诰敕上记载着由明朝授给官职的名称、等级，有了诰敕，才有进京朝贡和接受赏赐的权利。进贡时，在沿途和进京以后，明朝根据诰敕上的官职等级，给以不同的待遇和赏赐。印即官印，永乐七年（1409年）九月，在粉甫被任命为指挥佥事的同时，并授与"禾屯吉卫指挥使司印"一方。有了官印，才有权管理本部人民。冠带袭衣就是官服。蒙古、女真各部酋长获得这种委任状和官印、官服以后，就成为明朝的地方官。

由明朝任命为都司、卫所长官的蒙古、女真各部酋长，他们的升降承袭都按明朝制定的条例进行。1437年（正统二年），"禾屯吉卫指挥佥事劄里哈子太平、奴克赤子勒者"，1446年（正统十一年），"禾屯吉卫指挥佥事劄里哈子兀鲁、奴客赤（即奴克赤）子咬纳"等，都按规定准予袭职⑤。1443年（正统八年），"禾屯吉河（此处多一河字——笔者）卫指挥佥事粉甫老疾，以其子哈鲁代之"⑥。1445年（正统十年），"升禾屯

---

①蚩悠城在今珲春西三家子乡高丽城屯裴优城。

②《明太宗实录》卷66，永乐七年（1409年）九月己卯。

③万历《大明会典》卷6，诰敕。

④《明英宗实录》卷100，正统八年（1443年）春正月癸未。

⑤《明英宗实录》卷27，正统二年二月己巳；《明英宗实录》卷148，正统十一年十二月甲辰。

⑥《明英宗实录》卷100，正统八年春正月癸未。

吉卫指挥佥事哈鲁为指挥同知"①。1450年（景泰元年），哈鲁又晋升为指挥使②。关于蒙古、女真各部卫所长官的升袭年限问题，到成化十四年（1478年）规定，"自成化十五年以后，非因抚安而来，有所乞求者"，一般都以二十五年为期，方许升袭③。

蒙古、女真各部酋长"愿居京自效"者，都按规定给以"房屋、器皿等物"。永乐以后，"漠北归附之人，居京师者甚众"④，为了满足他们寓居内地的要求，特命于开原"设自在（正统八年迁到辽阳）、安乐二州"⑤来安置他们。永乐九年（1411年），禾屯吉卫指挥不颜帖木儿等奏："愿居辽东安乐州"⑥，经明朝批准后，禾屯吉卫的一部分迁居到开原一带，并按规定给以房屋、日常生活用具等物。由此可知，禾屯吉卫等卫所官员的升降承袭以及迁移等，要经明朝中央的批准，他们的生活，由明朝给以照顾，这是禾屯吉卫等卫所头目和人民是明朝臣民的有力证明。

（四）禾屯吉卫等卫所官员的职责

由明朝任命为都司、卫所长官的蒙古、女真各部酋长，"俱系朝廷属卫，世受爵赏"⑦的地方官吏，他们负责管理本卫人民，遵守明朝的法制，听从征调，保卫边境，定期朝贡⑧。

东北蒙古、女真各部卫所长官，如不能约束其部下，致有互相掠夺的情况发生时，明廷命令各部酋长，对掠夺者"自行处治，其所掠之物，悉追究送还，仍令纳马赎罪，改过自新，若怙恶不悛"⑨，便派兵治

① 《明英宗实录》卷125，正统十年春正月庚寅。
② 《明英宗实录》卷187，景泰元年春正月辛巳。
③ 《明宪宗实录》卷185，成化十四年十二月癸丑。
④ 《明仁宗实录》卷2下，永乐二十二年九月辛丑。
⑤ 《明太宗实录》卷56，永乐六年夏四月乙酉；同上，五月甲寅。
⑥ 《明太宗实录》卷75，永乐九年三月庚午。
⑦ 《明宪宗实录》卷41，成化三年四月癸亥。
⑧ 《明英宗实录》卷112，正统九年春正月庚午；《明史》卷72，《职官》一，兵部。
⑨ 《明宣宗实录》卷75，宣德六年春正月己丑。

罪。各部卫所长官遇有出兵等事，必先请示明廷①，得到明廷的指示后方可行动。他们不但遵守明朝的法令，遇事请示，还必须听从征调，戍守边疆。"有所征调，闻命即从，无敢违期"②。对捍卫边疆有功者，明廷都给以升职或奖赏③。相反，对捍卫边防失职的都司、卫所官员，要给以降职等处分。如奴儿干都司都指挥同知康福、铁岭卫指挥佥事张忿，"失于哨瞭，致贼入掠"④，本应死罪，给以宽大处理，受到降职处分。这些事实都说明奴儿干都司、卫所长官对明朝中央的隶属关系。

奴儿干都司、卫所长官进京朝贡时，"必赍本卫印信文书方许上京"⑤，经过关门的审查，认为证件和贡品都合乎规定时，方准入关。各卫贡品，以马为主。此外，还有貂皮、海青等地方特产。各卫长官进贡袭职等事，许其一年或三年一朝，"如系边报，不拘时月，听其来朝"⑥。正统元年（1436年）三月，"禾屯吉卫野人粉甫俱来朝贡马及方物，赐宴并赐彩币等物有差"⑦。禾屯吉卫头目进京朝贡，仅见于《明实录》记载的就有八次⑧。在《满文老档》中，有明在嘉靖四十二年（1563年）六月十四日发给禾屯吉卫都指挥使卜索库之孙西郎阿的敕书一道⑨，在《明实录》中就没有记载。从正统元年、二年、十年、十一年禾屯吉卫头目来朝的记载看来，禾屯吉卫系一年一朝。由此可知，禾屯吉卫头目实际进京朝贡的次数绝不止八次。

奴儿干都司、卫所来朝进贡时，明朝都给以各种优厚的赏赐，有回

①《明宣宗实录》卷63，宣德五年二月癸未。

②严从简：《殊域周咨录》卷24，女真。

③《明武宗实录》卷50，正德四年五月壬辰朔；《明神宗实录》卷443，万历三十六年二月癸未。

④《明英宗实录》卷43，正统三年六月丁卯。

⑤《明宪宗实录》卷96，成化七年闰九月庚戌。

⑥《明英宗实录》卷58，正统四年八月乙未。

⑦《明英宗实录》卷15，正统元年三月己丑。

⑧永乐七年九月己卯、永乐九年三月庚午、正统元年三月己丑，正统二年二月己巳、正统八年正月癸未、正统十年春正月庚寅、正统十一年十二月甲辰、景泰元年春正月辛巳。

⑨《满文老档》（东洋文库丛刊第十二），太祖朝第三册第1216页。

赐（根据贡品给的赏赐）、抚赏（亦称正赏，根据诰敕上的官职等级给的赏赐）、加赏（根据立功等情况，在常例之外给的赏赐）等等。奴儿干都司、卫所长官虽无俸禄，但在进贡时，能获得优厚的赏赐，等于供职的报酬。明中叶以后，奴儿干都司、卫所官员进京朝贡者逐年增多。到万历时期，蒙古、女真头目进京朝贡者大为增加。仅在万历四十年（1612年）这一年，"三卫、海（海西）、建（建州）女真先后辐辏计九百人"。回去时，满载而归，"行李多至千柜，少亦数百"[①]。可见奴儿干都司、卫所头目进京朝贡的盛况。

奴儿干都司境内的蒙古、女真各部落，多从事游猎，和中原汉族地区从事农业的经济情况不同，所以，税制也不同。对中原汉族人民征税，对边疆少数民族征贡。贡品根据当地的土特产来定。明对奴儿干都司、卫所头目的"贡到方物，例不给价"[②]。到期无故不贡者，要治罪[③]。欠贡还要补贡。如"海西忽鲁等卫女真夷人阿卜害等，补进（万历）二十九年、三十年分正贡马四百十匹，赐绢钞有差"[④]。由此可见，奴儿干都司、卫所向明朝定期进贡的实质，就是定期缴纳捐税。马克思指出："国家存在的经济体现就是捐税。"[⑤]禾屯吉卫等卫所头目以地方政府的资格向明朝的朝贡，同我国封建王朝以大国自居，把外国的通商往来也叫朝贡，这两者有本质的不同。前者是中央和地方的隶属关系，定期朝贡就是按期纳税，到期不贡，要受制裁；后者，则是国与国的平等关系，这种朝贡属于外交、贸易性质，朝贡与否，根据自愿，没有强制性的规定。所以，不能用朝贡来定隶属关系，应以隶属关系来定朝贡的性质。帝国主义者妄图在朝贡二字上大作文章，混淆两类不同性质的朝贡，否认前者的隶属关系，那是枉费心机的。

---

① 《明神宗实录》卷495，万历四十年五月壬寅。

② 万历《大明会典》卷108，朝贡通例。

③ 《明世宗实录》卷220，嘉靖十八年正月己丑。

④ 《明神宗实录》卷454，万历三十七年正月庚子。

⑤ 马克思：《道德化的批判和批判化的道德》。见《马克思恩格斯选集》第1卷，第181页。（人民出版社1972年5月第1版）。

（五）奴儿干都司和禾屯吉卫的朝贡道

明太祖时，以南京为中心，到成祖以后，以北京为中心，组成全国交通网。自京师达于四方，设有驿站，在京曰会同馆，在外曰驿站。驿站的主要任务是传递文报、运送贡赋、赏赐诸物。驿站的劳役和畜力都由当地人民负担。明在东北设六条驿站交通路线①，而在奴儿干都司辖境内就有四条，以开原和海西为中心。通往海西东水陆城站是明在奴儿干都司辖境内交通路线中最重要的一条。从底失卜站（今黑龙江省双城县，兰陵乡石家崴子古城）开始，沿松花江直到最后一站满泾站（今恒滚河口的北岸）到达奴儿干都司。松花江和黑龙江下游女真各部的进京朝贡就是走这一条路。沿路城站共五十五个（内四十五个站，十座城）。从药乞站到满泾站，即从乌苏里江口到恒滚河口有二十三个驿站。这一段路程，夏乘船，冬乘狗橇运送，故名狗站。《明实录》载，奴儿干都司"岁贡海青等物，仍设狗站递送"，就是指设置的这些狗站而说的。

禾屯吉卫等卫女真头目的进京朝贡路线是从开原出发，归还时，经辉发河上的纳丹府城（今桦甸境内），折而向东，经费尔忽（今富尔河流域）、弗出，沿今海兰江，经南京（今延吉市东，城子山山城）到朝鲜东北境。而禾屯吉卫正是从费尔忽到弗出之间的交通道上。

按明朝的规定，女真各部（包括禾屯吉卫在内）从开原关门入关朝贡，兀良哈三卫从喜峰口入关朝贡。到天顺八年（1464年）七月，又规定建州女真从抚顺关口入关朝贡。明在黑龙江南北、松花江流域等地设置的这些驿站，对于加强明在东北各地的统治和边疆各族的朝贡往来，对于边疆和内地的经济文化交流，都有重大的作用。

明在奴儿干都司辖境内设官置守、征收贡赋、设立驿站等大量事实，同碑刻、墓志、卫所官印互相印证，无可辩驳地证明黑龙江流域南北、乌苏里江东西等广大地区，是明代中国的领土。而禾屯吉卫指挥使司印的出土，又增添了一个历史的实物见证。

①《全辽志》卷6，外志。

二十　明代建州卫再探

　　明初，进军东北，平定故元残余势力以后，蒙古、女真各部先后来朝。永乐元年（1403年）十一月，"女直野人头目阿哈出来朝，设建州卫军民指挥使司，以阿哈出为指挥使"①。阿哈出在朝鲜《李朝实录》中写作"於虚出"。阿哈出不但是明朝的地方官，而且还是皇亲，他是明成祖朱棣"三后之父"②。永乐三年（1405年）十二月，由于阿哈出的推荐，明朝又任命猛哥帖木儿为建州卫指挥使。阿哈出和猛哥帖木儿都是元代的万户，阿哈出是胡里改部的万户，猛哥帖木儿是斡朵里部的万户，是为元朝镇守北边的地方官。他们居住在今牡丹江和松花江汇流处的依兰附近③。这里曾是辽代的五国部、金代的五国城、元代的五个（元末改为三个）军民万户府的辖境④。元末明初，辽东动乱之

---

①《明太宗实录》卷24，永乐元年十一月辛丑。

②《李朝太宗实录》卷21，太宗十一年四月丙辰。

③《龙飞御天歌》第 7 卷，第53章注："斡朵里，地名，在海西江（今松花江）之东，火儿阿江（今牡丹江）之西。火儿阿（胡里改）亦地名，在两江汇流处之东，盖因江为名也。"

④元代五个军民万户府为桃温（托温）、胡里改（火儿阿）、斡朵怜（斡朵里）、脱斡怜、勃苦江。到元末，改为桃温、胡里改、斡朵里三个军民万户府。

际①，即早在永乐元年（1403年）置建州卫以前，阿哈出和猛哥帖木儿就已经率领部众从松花江畔的依兰迁到今绥芬河、珲春河、图们江、海兰江、朝鲜东北部一带（见后述）。当他们在依兰时，还不称建州女真，而称女真胡里改部和斡朵里部。只有在永乐元年，明在建州故地置建州卫以后，才有建州女真这一名称。所谓建州女真，是指"居建州、毛怜等处者为建州女直"②，这是建州女真名称的由来。有的认为建州卫初置于今依兰附近，但这里从来没有建州这一地名，并且在永乐元年置建州卫以前，阿哈出和猛哥帖木儿早已不在依兰了。所以，以阿哈出和猛哥帖木儿为首的建州卫不可能设在依兰。

建州卫是明朝在东北女真各部中，置卫最早、影响最大的一个卫。建州女真是满洲的前身，是形成满洲民族的核心，因此，搞清建州卫和建州女真的由来，是研究清朝前史、满族史的一个重要问题。

明在永乐元年十一月建立的以阿哈出为指挥使的建州卫，最初设在哪里？这是史学界长期以来有争论的问题，过去中、日史学界对此发表了许多论说，其中主要有吉林③、辉发河流域的北山城子（今海龙山城镇山城）④、海兰江和布尔哈通河汇流处的城子山山城（南京）⑤、图们至

<hr>

①《李朝太宗实录》卷13，太宗七年（永乐五年，1407年）四月壬子条：据斡朵里部人崔咬纳说：他们"原系玄城付籍人氏，洪武五年（1372年）兀狄哈达乙麻赤来到玄城地面劫掠杀害……咬纳将引原管人户二十户前来本国（朝鲜）吉州阿罕地面住坐"。这说明斡朵里部人早在1372年以前就已迁到今朝鲜境内居住；《李朝太宗实录》卷9，太宗五年（永乐三年，1405年）四月乙酉条载："猛哥帖木儿等云：'我等顺事朝鲜二十余年矣'。"从1405年上溯二十年为1385年；《高丽史》卷46，恭让王四年（洪武二十五年，1392年）丁丑、乙酉条："兀良哈（即胡里改）及斡都里（即斡朵里）等来朝"。这些记载都说明早在永乐元年以前已南迁。

②万历《大明会典》卷107，《礼部》65，东北夷。

③《满洲历史地理》第二卷，第555—560页。

④（日）和田清：《东亚史研究》（满洲篇），第478—484页。

⑤（日）池内宏：《鲜初的东北境和女真的关系》，见《满鲜地理历史研究报告》第2册，第256—258页。

珲春河之间的古南京大石城^①、绥芬河流域^②等说。究以何说为是，实有再一次探讨的必要。

（一）建州卫最初设在绥芬河流域

明在永乐元年十一月，设立的以阿哈出为指挥使的建州卫，最初设在哪里？从建州卫名称的由来可以推知，建州卫最初设在建州。又从"居建州、毛怜等处者为建州女直"的记载，也可以证实，建州卫最初设在建州。建州在哪里？建州有二，一是元、明时代的建州，在今吉林市松花江一带；二是渤海时代的建州，在今绥芬河流域。明代的建州卫最初置于绥芬河流域的建州，而不是吉林松花江一带的建州，更不是辉发河流域的方州、凤州（今海龙山城镇），其根据是：

第一，《寰宇通志》卷116，女直，山川条，和《大明一统志》卷89，女直，山川条，皆谓"恤品河流经建州卫""徒门河流经建州卫""合兰河流经建州卫"^③。恤品河即今绥芬河，徒门河即今图们江，合兰河即今海兰江。由此可知，今绥芬河、图们江、海兰江流域，都是明初建州卫的辖境。图们江以西和海兰江流域是渤海中京显德府的辖境，其下辖有庐、显、铁、汤、荣、兴六州，中京显德府的遗址在今吉林省和龙县的西古城子，在海兰江的北岸。图们江下游北岸珲春河流域是渤海东京龙原府的辖境，其下辖有庆、盐、穆、贺四州，东京龙原府的遗址在今吉林省珲春县三家子乡的八连城，在图们江之东，珲春河之西。绥芬河流域是渤海率宾府的辖境，其下辖有华、益、建三州，率宾府的遗址在

---

①徐建竹：《明代建州卫新考》，见《中国史研究》1982年4期。

②孟森：《建州卫地址变迁考》，见《国学季刊》第3卷第4号；徐中舒：《明初建州女真居地迁徙考》，见《历史语言研究所集刊》第六本第二分册；郭毅生：《明代建州卫新探》，见《北方论丛》1979年3期。

③《大明一统志》卷89，女直，山川条："马鞍山在开原城东北四百里，建州卫东""胡里改江源出建州卫东南山下"。这里的建州卫当指后来建州女真的迁居地，即迁到回波江（今辉发河）方州、松花江建州（今吉林市）的建州卫。

今黑龙江省东宁县的大城子，在绥芬河的南岸①。由此可知，渤海率宾府所辖华、益、建三州应在今绥芬河流域中求之。

第二，图们江北岸的珲春河流域是明初毛怜卫的居地。

毛怜卫是在永乐三年（1405年）十二月建立的，毛怜卫的头目是把儿逊（亦作波乙所、八乙速、八儿速）和阿古车，他们居住在"旧开原南"②"豆漫江北，南距庆源六十里"的土门③，以及"豆满江"内外之地④。

以今朝鲜会宁为中心的图们江东西两岸，是以猛哥帖木儿为首的建州卫的辖境。以猛哥帖木儿为首的斡朵里部，从今依兰遇到朝鲜的东北部以后，在朝鲜的"庆源、镜城地面居住当差役，因防倭有功，就委镜城等处万户职"⑤。朝鲜"太宗朝（1401—1418年），斡朵里童猛哥帖木儿，乘虚入居"⑥斡木河（即阿木河，吾音会，今朝鲜会宁）一带永乐三年十二月，明朝任命猛哥帖木儿为建州卫指挥使⑦。永乐十年从建州卫中析置建州左卫⑧，以猛哥帖木儿为建州左卫指挥使⑨。永乐六年三月，"忽的河、法胡河、卓儿河、海剌河（今海兰江）等处女直野人头目哈剌等来朝，遂并其地入建州卫，命哈剌等为建州卫指挥千百户"⑩。由此

①一说在今苏联境内的乌苏里斯克（双城子），在今绥芬河下游。

②《辽东志》卷9，毛怜站注云："旧开原南。"

③《龙飞御天歌》卷7，第53章。

④《李朝世宗实录》卷79，世宗十九年十月丁巳朔。

⑤《李朝太宗实录》卷9，太宗五年（永乐三年）五月庚戌。

⑥《新增东国舆地胜览》卷50，会宁都护府，建置沿革。

⑦《李朝太宗实录》卷11，太宗六年（永乐四年，1406年）三月丙申条：朝鲜贺正使姜思德回自京师，通事曹显启曰："帝授猛哥帖木儿建州卫都指挥使。"此即《明太宗实录》永乐三年十二月甲戌条所说的置毛怜等卫的记载。据《明太宗实录》卷90，永乐十一年冬十月甲戌条以及其他条的记载皆为建州卫"指挥使猛哥帖木儿"，而不是都指挥使。

⑧《大明一统志》卷89，女直；万历《大明会典》卷125，兵部8，东北诸夷。

⑨《明太宗实录》卷100，永乐十四年二月壬午。

⑩《明太宗实录》卷55，永乐六年三月辛酉。

可知，今海兰江等河流域，是在永乐元年（1403年）置建州卫以后的第五年，即永乐六年（1408年）才并入建州卫。因此，图们江、海兰江、珲春河流域都不是永乐元年设立的以阿哈出为首的建州卫的所在地，而是以猛哥帖木儿为首的建州卫即后来建州左卫和毛怜卫的所在地。从上述渤海京府的辖境以及流经建州卫境内的几条河流来看，只有绥芬河流域才是渤海率宾府的辖境，其辖下的建州即永乐元年所置建州卫的所在地。

第三，明于永乐元年六月，向朝鲜发出招谕女真吾都里（斡朵里）、兀良哈（胡里改）、兀狄哈等女真各部的敕谕，引起朝鲜的注意[1]。同年（1403年）十一月，置建州卫，以阿哈出为指挥使。其后，不断遣使至朝鲜，经朝鲜招谕东开原（旧开原、开元）、毛怜等处地面以及图们江流域的以猛哥帖木儿为首的斡朵里（吾都里）女真各部[2]。据《李朝太宗实录》载："初，野人至庆源塞下，市盐铁牛马，及大明立建州卫，於虚出（阿哈出）为指挥，招谕野人，庆源绝不为市，野人愤怒，建州人又激之，乃入庆源界抄掠。"[3]当猛哥帖木儿同王教化的入朝京师时说："我若此时（永乐三年，1405年）不入朝，则于虚出（阿哈出）必专我百姓，故不得已入朝。"[4]永乐三年十二月，明朝任命猛哥帖木儿为建州卫指挥使[5]。以上这些记载都说明当时建州卫的居地和朝鲜邻近，并和猛哥帖木儿居地相距不远，否则，猛哥帖木儿怎能怕阿哈出专其百姓呢？又怎能任命猛哥帖木儿为建州卫指挥使呢？

第四，据《辽东志》卷9，明代"纳丹府东北陆路"是通往建州卫、

---

①《李朝太宗实录》卷5，太宗三年（永乐元年）六月辛未。

②《李朝太宗实录》卷9，太宗五年三月丙午。

③《李朝太宗实录》卷11，太宗六年二月己卯。

④《李朝太宗实录》卷10，太宗五年九月乙巳。

⑤《李朝太宗实录》卷11，太宗六年（永乐四年）三月丙申；《明太宗实录》卷39，永乐三年十二月甲戌；《明太宗实录》卷90，永乐十一年冬十月甲戌。"指挥使猛哥帖木儿等来朝贡马及方物"。

毛怜卫的路线。从纳丹府（今吉林省桦甸县苏密城）东北行到潭州（今敦化），又由潭州东北行到古州（即谷州，今牡丹江市），又由古州到旧开原（即开元、东开原），从"开元城……正西曰谷州"①的记载可知，由古州东行到旧开原，旧开原的下一站，即"纳丹府东北陆路"的终点站——毛怜站。因毛怜在"旧开原南"②，所以由旧开原折而南行到毛怜。毛怜明初在今图们江北珲春市境③内。则旧开原当在今珲春市以北。据《新增东国舆地胜览》卷50，庆源府古迹条："巨阳城，一作开阳城④，在江北（图们江）约二百五十里，西距先春岭六十里许。"又据同书会宁府古迹条："先春岭在豆满江北七百里。"两者关于巨阳在豆满江（今图们江）北的里数记载虽有出入，但巨阳城在今图们江北数百里之地是可信的。由此可知，旧开原即开元、开阳在毛怜之北，亦即今图们江北数百里之地，正当今绥芬河流域。"纳丹府东北陆路"所载旧开原、毛怜的方位是考证明初建州卫、毛怜卫以及开元（旧开原、东开原）所在地的重要根据。

第五，《大明清类天文分野之书》卷24，辽东都指挥使司，开元路条："元太宗癸巳岁（1233年），师至开元，东土悉平，于建州故城北石墩寨设官行路事，辖女真等户。"这里明确指出元代开元路的路治，最初置于"建州故城北石墩寨"。这就是开元、建州同在一地的明证。孟森先生把马文升《抚安东夷记》所说的"建州女真先处开原者，叛入毛怜

---

①《大元大一统志辑本》二，辽阳行省，开元路，古迹，开元诸古城条。（辽海丛书本）。

②《辽东志》卷9，纳丹府东北陆路。

③《龙飞御天歌》卷7，第53章；《李朝太宗实录》卷19，太宗十年三月乙亥。皆云毛怜卫把儿逊（即八儿速、波乙所、八乙速）、阿古车居住在土门（亦书豆门）。据《龙飞御天歌》卷7，第53章注云："土门地名，在豆满江北，南距庆源六十里。"

④开阳即开元，东开原、旧开原。

自相攻杀"的开原，认为是开元，即东开原、旧开原是不正确的①，但他认为建州女真先处开元（东开原、旧开原）而不是开原（今开原老城镇），提出"欲考建州，当先考开元"②这一论点是正确的。

金末，"（蒲鲜）万奴自乙亥岁（1215年）率众保东海"③，"僭号于开元"④。"元初癸巳岁（1233年），出师伐之，生擒万奴，师至开元恤品⑤，东土悉平，开元之名始见于此"⑥。从"率众保东海""东土悉平"的记载可知，东夏的开元是在东北的东部沿海一带，今绥芬河流域正当其地。

关于开元（东开原、旧开原）位置的推定，众说纷纭，据目前所知约有十二种看法⑦，归纳起来基本上可分为两说，一是认为开元在今绥芬河流域；一是认为开元在今牡丹江流域。根据文献记载，在建州故城北的开元，即东夏的都城开元，当在渤海率宾府境内的建州所在地，即今绥芬河流域。至于开元在绥芬河流域中的哪一古城，也有不同看法，一是认为在东宁大城子；一是认为在今苏联乌苏里斯克（双城子）南面的克拉斯诺雅尔山城。根据已发表的考古资料和渤海古城的分布情况，笔者认为开元（旧开原）当在今苏联乌苏里斯克（双城子）南面的山城，并且认为开元（旧开原）即恤品，是一地而非两地，因已有另文论证（详见本书十七），故不重述。

---

①应指杨木答兀等一部分建州女真人归附明朝以后，安置在开原（今开原老城镇）的这部分女真人，后来叛入毛怜自相攻杀。

②孟森：《建州卫地址变迁考》，载《国学季刊》第3卷第4号。

③《元史》卷119，《塔思传》。

④《元史》卷149，《王荣祖传》。

⑤开元恤品为一地而不是两地，见本书十七：《关于东夏几个问题的探讨》。

⑥《元史》卷59，《地理志》，开元路。

⑦详见本书十七：《关于东夏几个问题的探讨》。

（二）关于主张建州卫初置于吉林、回波江方州和南京等地的问题

1. 关于建州卫初置于吉林的问题。

日本学者稻叶岩吉认为明代建州卫初置于元代的建州地方，即今吉林市一带[①]。他主要引用《辽东志》卷9，《外志》："建州，东濒松花江，风土稍类开原，江上有河曰稳秃，深山多产松林，国朝征奴儿干，于此造船，乘流至海西，装载赏赉，浮江而下，直抵其地，有敕令兀者卫都指挥琐胜哥督守。"这里所说的建州即今吉林市，是海西女真头目兀者卫都指挥琐胜哥的管辖范围，而不是建州女真头目阿哈出等人的辖境。是海西女真的居地，而不是建州女真的居地。建州是明代的造船厂，是明朝经营奴儿干地方的基地。辽东都指挥使刘清，"领军松花江造船运粮"之际，造船士兵，不堪其苦，逃往海西的达五百多人。宣德七年（1432年）五月，宣宗向"海西地面都指挥使塔失纳答、野人指挥头目葛郎哥纳等"追索逃军。到同年九月，"追取造舡逃军五百余人，凡野人女直所匿者皆已追还，余山寨头目刺令哈等多隐匿不还"[②]。又据茗上愚公：《东夷考略》所说："开原北近松花江（指今吉林市）曰山夷，又北抵黑龙江曰江夷。"而山夷（即山寨夷）和江夷都是海西女真。这说明永乐、宣德时期，今吉林市附近的建州，不是建州女真的居地，而是海西女真的居地。有许多史料证明元、明时代的建州在今吉林市，但不能说明明代建州卫最初设在今吉林市松花江一带的建州。永乐十年（1412年），建州卫都指挥李显忠等曾一度"悉挈家就建州居住"[③]，这一建州当指和回波江方州邻近的今吉林市松花江一带的建州。从这一记载可知，永乐元年建立的建州卫不在今吉林市一带的建州。

---

① 《满洲历史地理》第 2 卷，第558页。

② 《明宣宗实录》卷90，宣德七年五月丙寅；《明宣宗实录》卷95，宣德七年九月甲申。

③ 《明太宗实录》卷86，永乐十年十一月己酉。

2．建州卫初置于方州（今海龙山城镇山城）的问题。

日本学者和田清认为建州卫初置于建州（今吉林市）附近的凤州，绝不是初在今延边，后移到凤州来的。他提出的论据是："建州房营，昔居房州"①，1424年，兀良哈沈指挥，即建州卫人说："吾等在前于奉州古城内居住二十余年"②，建州女真"原住回波江方州等处。"③他认为回波江即今辉发江，房州、奉州、方州即凤州的异译。所谓二十余年前，即永乐初年，置建州卫的年代，建州卫众在永乐元年就在辉发河流域的奉州（凤州）古城内居住④。这一记载和论断与前述建州卫的初居地（在恤品河、徒门河、合兰河），以及建州卫兀良哈⑤之所居，"东有大海，北有诸种兀狄哈"⑥等记载不符。因此，所谓"前于建州卫奉州古城内居住二十余年"，"原居回波江方州等处"，以及所谓"前在忽刺温地面方州"⑦等记载，不足作为建州卫最初置于"回波江方州"的论据。这些记载，当指建州女真迁到婆猪江前的居地，而不是建州卫人的最初居地。建州卫人在什么时候，从朝鲜的东北部迁到回波江（今辉发河）方州地方，史无明确记载。但从永乐三年正月，明使经朝鲜招抚朝鲜东北部女真各部时，"赐马三十匹于于虚出（阿哈出）参政"⑧。同年九月，在今图们江流域一带居住的斡朵里（吾都里）部头目猛哥帖木儿说："我若此时不入朝，则於虚出（阿哈出）必专我百姓。"⑨以及永乐四

----

①《辽东志》卷7，韩斌辽东防守规划。

②《李朝世宗实录》卷24，世宗六年（永乐二十二年，1424年）四月辛未。

③《李朝世宗实录》卷25，世宗六年七月乙亥。

④（日）和田清：《东亚史研究》（满洲篇），第481—483页。

⑤兀良哈即火儿阿、胡里改的音转。《李朝世宗实录》卷21，太宗十一年（永乐九年，1411年）三月壬申："兀良哈童于虚出（阿哈出）率子来朝"；《李朝太宗实录》卷7，太宗四年四月癸酉："赐兀良哈万户波乙所及百户衣布。""波乙所即把儿逊也。"

⑥《李朝世宗实录》卷59，世宗十五年（宣德八年，1433年）二月己亥。

⑦《李朝世宗实录》卷61，世宗十五年（宣德八年，1433年）闰八月壬戌。

⑧《李朝太宗实录》卷9，太宗五年（永乐三年，1405年）正月庚子。

⑨《李朝太宗实录》卷10，太宗五年九月乙巳。

年（1406年），建州卫指挥阿哈出"招谕野人，庆源绝不为市，野人愤
怨，建州人又激之，乃入庆源界抄掠"①等记载来看，建州女真人从朝
鲜的东北部迁到"回波江方州"，当在永乐四年（1406年）以后、永乐九
年（1411年）猛哥帖木儿徙于凤州以前。迁到忽刺温地面方州，亦即回
波江（今辉发河）方州一带居住的建州女真（建州卫和建州左卫），因
和鞑靼（达达）邻近，经常遭到鞑靼的侵扰，所以后来在永乐二十一年
（1423年），得到明朝的批准后，李满住率领建州卫众迁到婆猪江（今
浑江），猛哥帖木儿率领建州左卫人又回到原居地的阿木河（今朝鲜会
宁）一带居住。从建州卫指挥玉古只等所谓："原居回波江方州等处，为
因鞑靼兀狄哈侵耗"②，以及猛哥不花所谓："我等之居境，连达达地面，
数来侵伐"③等记载可知，建州女真（建州卫和建州左卫）确曾在回波
江（今辉发河）方州一带居住过，但从前述文献记载来看，所谓"原居
回波江方州等"，不是建州卫和建州左卫人的初居地，而是迁居到婆猪江
（今浑江）和阿木河（今朝鲜会宁）以前的居地。他们是从邻近达达地
面的回波江方州，而不是从远离达达地面的朝鲜东北部迁到婆猪江和阿
木河一带居住的。建州卫初置于回波江方州，即忽刺温地面方州的说法
和建州卫名称的由来也不相符。回波江即今辉发河流域，是坊州城、纳
丹府城的辖境，不是建州的辖境，是海西女真即忽刺温女真的居地，不
是建州女真的初居地和"居建州、毛怜等处者为建州女直"④的记载不
符。

　　3．建州卫初置于南京或古南京大石城的问题。

　　日本学者池内宏认为建州卫最初建立在布尔哈图河和海兰河汇合处

　　①《李朝太宗实录》卷11，太宗六年二月己卯。
　　②《李朝世宗实录》卷25，世宗六年（永乐二十二年，1424年）七月乙亥。
　　③《李朝世宗实录》卷61，世宗十五年（宣德八年，1433年）闰八月壬戌。
　　④万历《大明会典》卷107，礼部65，东北夷。

的南京（今延吉市东二十里的城子山山城）①，但是这里是在永乐六年（1408年）三月，即置建州卫以后的第五年才并入建州卫的②，由此可知，建州卫最初不是设在这里。还有人认为建州卫最初设"在图们至珲春之间的古南京大石城"，认为"渤海率宾府的建州在图们珲春一带"，明"在这个地区建卫，即以建州为卫名"③。但是图们至珲春河之间，以及图们江下游和珲春河流域，可以肯定的说是渤海东京龙原府的辖境，而不是渤海率宾府的辖境。因此，渤海率宾府辖境内的建州不可能在今图们江和珲春河流域，应在今绥芬河流域（渤海率宾府辖境）求之。所谓"古南京大石城"当指金末蒲鲜万奴建立的东夏国的南京，元初为南京万户府。据已发表的论文④和过去的考古调查资料⑤，金末元初的南京当在今吉林省延吉市东二十里的城子山山城。据《吉林省文物普查档案》和历次的考古调查资料来看，"在图们至珲春河之间"并没有发现所谓"古南京大石城"。据1972年的亲自实地考古调查，在珲春县城东北二十五里的杨泡乡屯南三四里处，有一山城，叫沙齐城（萨其城），为石筑的渤海城，没有金、元遗物，周长约十里，但它不是古南京的所在地。文献所载"南京之平亦有大土城，其北七八里又有大石城"⑥，和今延吉市东二十里的城子山山城周围的环境相似。城子山山城之南三四里处的平原上有一渤海时代的大土城，周长四里，土城之北三四里处正是城子山山城，这一山城为石筑，周长约六里，所谓"古南京大石城"当

---

①（日）池内宏：《鲜初的东北境和女真的关系》，见《满鲜地理历史研究报告》第2册。

②《明太宗实录》卷55，永乐六年三月辛酉："忽的河、法胡河、卓儿河、海剌河（今海兰江）等处女直野人头目哈剌等来朝，遂并其地入建州，命哈剌等为建州卫指挥千百户。"

③徐建竹：《明代建州卫新考》，见《中国史研究》1982年4期。

④（日）箭内亘：《东真国的疆域》，见《满洲历史地理》第2卷。

⑤城子山山城内出土的文物现藏吉林省博物馆和吉林省延边朝鲜族自治州博物馆。

⑥《李朝太祖实录》卷1。

即指城子山山城。但城子山山城在今延吉市东二十里，海兰江和布尔哈通河汇流处，而不在"图们至珲春河之间"。据实地考古调查得知在"图们至珲春河之间"并没有所谓"古南京大石城"。

据《大明一统志》卷89，《女直》山川条的记载，恤品河（今绥芬河）、徒门河（今图们江）、合兰河（今海兰江）流域，都是永乐初建州卫的辖境。如前述，其中的图们江、珲春河、海兰江是永乐初以猛哥帖木儿为首的建州卫（后析置为建州左卫）和以把儿逊、阿古车为首的毛怜卫居地，不是以阿哈出为首的建州卫居地。而以阿哈出为首的建州卫最初应在今绥芬河流域。有人认为明于永乐四年二月，在速平江（今绥芬河）流域建立的是速平江卫，并说"在《朝鲜实录》，朝鲜太宗六年前后从无明在速平江流域建卫的记事，而与朝鲜邻近的建州卫、毛怜卫等的记事则甚多。这也证明建州卫不是在绥芬河流域，而是在邻近朝鲜的地方"。但是，在《朝鲜实录》太宗六年（永乐四年）前后从无明在速平江（即恤品河，今绥芬河）流域建卫的记载，并不能否定《明太宗实录》关于在永乐元年置建州卫的记载，同样，也不能否定《大明一统志》关于"恤品（今绥芬河）流经建州卫"的记载。从前述"恤品河流经建州卫"，渤海率宾府及其所属的建州在今绥芬河流域，以及通往建州卫、毛怜卫的交通驿站的位置来看，都难以否定以阿哈出为首的建州卫最初置于今绥芬河流域。明初毛怜卫在今珲春河流域，建州卫即后来的建州左卫在今图们江流域，他们都在朝鲜的东北部和朝鲜邻近，来往频繁，所以《朝鲜实录》关于和这两个卫的记事特别多，而和以阿哈出为首的建州卫的来往和记载则很少。怎能以《朝鲜实录》关于毛怜卫和建州左卫不在今绥芬河流域的有关记载，来证明以阿哈出为首的建州卫不在今绥芬河流域呢？

由上述可知，建州卫初置于今绥芬河流域的渤海率宾府所属的建州，这是建州卫名称的由来。这一建州即元初"于建州故城北石墩寨"建立的开元路路治的所在地。从已发表的考古资料来看，东夏国的开元

东北史地考略

和元代的开元路最初的路治当在今苏联境内的乌苏里斯克（双城子）的克拉斯诺雅尔山城，这一金、元时代的山城，在双城子古城南，绥芬河从山城的北部和东部流过，即绥芬河由山城北流过，又在山城的东部折而南流入海，距入海口为一百二十里，和苏下江（苏卞江之误）即今绥芬河"至巨阳城（开元城）东流一百二十里，至阿敏入于海"①的记载相符。

（三）建州卫的迁徙

以阿哈出为首的胡里改部（即火儿阿部、兀良哈部）和以猛哥帖木儿为首的斡朵里部（即吾都里部），在元末明初，辽东动乱之际，从今依兰迁到今绥芬河、图们江、海兰江流域。明于永乐元年置建州卫于绥芬河流域的建州，这是建州卫名称的由来。建州故城北即金末元初的开元所在地，即今双城子绥芬河南岸的克拉斯诺雅尔山城。以阿哈出为首的建州卫在永乐四年以后，又迁居到回波江（今辉发河）方州，即奉州、凤州。永乐三年十二月，明朝又任命猛哥帖木儿为建州卫指挥使，居住在以阿木河（即吾音会，今朝鲜会宁）为中心的图们江流域。到永乐九年，猛哥帖木儿又率众迁到凤州，和阿哈出、释家奴（李显忠）的建州卫人同住在一起。因此，明于永乐十年，从建州卫中析置建州左卫以猛哥帖木儿为指挥使。永乐二十一年（1423年），由于不堪鞑靼的侵扰，李满住率领建州卫人，猛哥不花率领寄住毛怜卫人，迁移到婆猪江（今浑江）一带居住。猛哥帖木儿在同年率领建州左卫人，又回到阿木河（今朝鲜会宁）原居地居住。正统三年（1438年），以李满住为首的建州卫，因"屡被朝鲜国军马抢杀，不得安稳"，又"移居灶突山东南浑河（今苏子河）上"②。宣德八年（1433年），猛哥帖木儿被杀后，宣德九年，明朝任命凡察（猛哥帖木儿之弟）为建州左卫都督金事。正统

---

① 《新增东国舆地胜览》卷50，庆源府、山川条。
② 《明英宗实录》卷43，正统三年六月戊辰。

二年（1437年），明朝又任命猛哥帖木儿的次子董山（童仓）为建州左卫指挥。凡察、董山等为了免遭袭击，得到明朝的批准后，在正统五年（1440年），又率众逃往婆猪江（今浑江），与建州卫都指挥李满住会合。正统七年（1442年），凡察、董山叔侄之间发生了争夺建州卫的领导权，即所谓"卫印之争"，明朝为了调解他们的纠纷，又从建州左卫中析置建州右卫，董山（童仓）掌管左卫，凡察掌管右卫，至此，遂有"建州三卫"的名称。建州三卫女真聚居在一起，逐渐形成一个强大的集团，成为明在东北统治的一个严重威胁。建州女真南迁到婆猪江和苏子河流域以后，一面辛勤劳动，一面积极汲取汉人的先进生产技术，又从辽东和朝鲜掠夺了大量的汉人和朝鲜人当奴隶，从事农业生产，并和辽东汉人以及朝鲜人进行频繁的经济文化交流，建州女真社会经济得到迅速的发展，为后来统一女真各部和满族的形成，以及后金的建立奠定了基础。

二十一　明代扈伦四部

　　15世纪初，由于女真各部社会经济的发展，各部的掠夺战争，以及正统十四年（1449年）"土木之变"以后，明在东北的统治力量的削弱，东北兀良哈三卫和女真各部，为了满足他们掠夺的欲望和交换的要求，出现了纷纷南迁的局面。在兀良哈三卫和建州女真南迁的前后，海西女真也相继南迁。到16世纪初（嘉靖年间）迁到开原东北到吉林松花江一带的海西女真各部，形成四个比较强大的集团，即哈达、叶赫、辉发、乌拉四部，此即清代史料所说的扈伦四部。

　　海西女真各部南迁后，加强了和辽东地区的经济联系。明在广宁设一关一市，在开原设三关三市，在抚顺设一关一市，和兀良哈三卫以及海西女真、建州女真进行贸易。正统年间"鞑子（指兀良哈）、海西野人女真，归自京师，道过边境，辄以所得綵币或驽马，市耕牛及铜铁器皿"[1]。"海西等处野人女直，每来市易，愿以马易牛"[2]。海西女真常因明朝禁止买卖耕牛农器而入寇。成化十三年（1477年），海西女真头目纠建州三卫入寇，声言："禁制我市买，使男无铧铲，女无针剪，因是入寇。"[3]由此可知，耕牛、农器对女真人是非常重要的。从马市贸易

---

　①《明英宗实录》卷52，正统四年闰二月己丑。

　②《明英宗实录》卷83，正统六年九月丙辰。

　③《明宪宗实录》卷172，成化十三年十一月己丑。

来看，海西女真换取的物品中铁铧和耕牛的数量占比重最大。正统八年（1443年），明臣吴良出使海西女真时，"见女真野人家多中国人（汉人）驱使耕作。询之，有为掳去者，有避差操罪犯逃窜者，久陷胡地，无不怀乡，为其关防严密不得出，或畏罪责不敢还，情深可悯"①。可见海西女真地区有大量汉人流入从事农业生产。这些都反映了海西女真地区农业迅速发展的面貌。当时海西女真从"事耕种，言语居处，与建州类"②。到嘉靖年间，"辽东海西夷，室居田食，建官置卫，颇同中国"③。他们已经是"屋居伙食，差与内地同，而户知稼穑，不专以射猎为生"④了。据载，弘治四年（1461年），海西女真的情况是："兀狄哈则室大净洁，又作大柜盛米，家家有双砧，田地沃饶，犬豕鸡鸭，亦多畜矣。"他们的房屋"皆茅屋也"⑤。这反映了海西女真大部分已经定居，农业生产已占主要地位了。虽然农业较前有了迅速的发展，但从海西女真的贡品以及在马市上出售的货物中可知，狩猎和采集还占一定的地位。海西女真的贡品为马匹与貂鼠皮，另有土豹（即失剌孙或称猞猁孙）。以貂鼠皮为首的各种野生动物的皮张，是女真地区的特产，也是内地所需要的物品，因此，貂皮以及各种皮张，通过纳贡和马市贸易，大量输入内地。海西女真地区还盛产人参、木耳、蘑菇、蜜蜡、松子、榛子等山货。这些山货是海西女真与内地汉人交易的重要物资，是女真地区的著名特产。当地这些产品需要向内地出售，而他们所需要的生产工具和生活用品，如铧、锅、瓷器、米、绢、布、盐等又经常仰赖内地供应。因此，海西女真南迁后，接近经济文化比较发达的辽东地区，其社会经济得到迅速的发展，势力不断增强，逐渐发展形成四个比较强大

---

① 《明英宗实录》卷103，正统八年夏四月庚戌。

② 《辽东志》卷9，外志。

③ 《明世宗实录》卷233，嘉靖十九年二月丁卯。

④ 冯瑗：《开原图说》卷下。海西夷北关枝派图。

⑤ 《朝鲜成宗实录》卷259，成宗二十二年（明弘治四年，1491年）十一月戊子。

的集团——扈伦四部。

（一）哈达部（南关）

永乐四年（1406年）二月，置塔山卫，以女真野人头目塔剌赤为指挥同知[①]。又据《明神宗实录》所载："海西挹娄夷种，自永乐初来归，置塔山、塔鲁诸卫"[②]，可知塔山卫是海西女真的一部。塔山卫约在今黑龙江省呼兰河流域一带。正统十一年（1446年）十月，从塔山卫析置塔山左卫，以塔山卫都指挥佥事弗剌出掌印管事。景泰元年（1450年），升塔山左卫都指挥同知弗剌出为都指挥使[③]。"塔山左卫之印"已在吉林省洮南地方出土，背刻"礼部造，正统十二年"。可知，正统十一年十月（一书十一月）[④]，决定设卫给印，是次年铸印颁发的。塔山左卫是由呕罕河卫都督你哈答的奏请，从塔山卫中析置的。由此可以推知，塔山左卫当在塔山卫（今呼兰河流域）之左和呕罕河卫（今黑龙江省倭肯河流域）之间。其后，南迁到塔山卫之南，距开原四百里的松花江一带（今吉林市），改称塔山前卫。《明实录》所谓："女真左都督速黑忒"[⑤]，就是塔山左卫都督。张鼎《辽夷略》所谓："南关之夷酋速黑忒，塔山前卫左都督也。"[⑥]冯瑗《开原图说》卷下，海西夷南关枝派图所谓："速黑忒塔山前卫左都督"，都说明塔山左卫是塔山前卫的前身，而塔山前卫即哈达部的前身。据《开原图说》可知，塔山前卫都督速黑忒即哈达部的始祖[⑦]。塔山前卫左都督速黑忒，是嘉靖初著名的海西大酋[⑧]，其名频见

---

①《明太宗实录》卷40，永乐四年二月己巳。

②《明神宗实录》卷203，万历十六年九月戊寅。

③《明英宗实录》卷187，景泰元年春正月癸巳。

④《明英宗实录》卷146，正统十一年冬十月丁巳。同上书，正统十一年十一月丁卯。

⑤《明世宗实录》卷123，嘉靖十年三月甲辰。

⑥张鼎：《辽夷略》，见谢国桢辑《清初史料四种》之三。（民国二十二年铅印本）。

⑦冯瑗：《开原图说》卷下，海西夷南关枝派图。

⑧《明世宗实录》卷12，嘉靖元年三月乙卯，辛未。

于《明实录》，为后来哈达部的著名首领王忠之父，王台的祖父①。"速黑忒居松花江，距开原四百余里，为迤北江上诸夷入贡必由之路，人马强盛，诸部畏之。往年各夷疑阻，速黑忒独至，顷又有（杀开原城北山贼猛克）功朝廷"，因而在嘉靖十年三月，"诏赐狮子綵币一袭，金带大帽子各一"②。据《大清太祖高皇帝实录》卷3的记载："初，哈达国万汗（即王台），姓纳剌，其国原名扈伦，后建国于哈达地（今辽宁省西丰县小清河即哈达河），因名哈达。乃乌喇贝勒始祖纳齐卜禄七代孙也。其祖克习讷（即速黑忒）都督为族人巴代达尔汉所害，万（王台）奔席北部相近的绥哈城（在今吉林西四五十里之地）③居焉。其叔旺住外兰（即王忠）奔哈达，主其部落。"④据冯瑗《开原图说》卷下，海西夷枝派图："（王）忠，盖金完颜氏正派，夷呼完颜为王，故其后子孙以王为姓，（王）忠自嘉靖初⑤，始从混同江上建寨于靖安堡边外七十里，地名亦赤哈达（亦赤、依车为满语，即新的意思），以便贡市。亦赤哈达在开原东南，故开原呼为南关也。"靖安堡即清代的尚阳堡，在开原东七十里，而哈达寨又在靖安堡外七十里，故亦赤哈达即哈达新城在今开原东一百四十里的哈达河（今小清河）北岸的依车峰上（在旧哈达城东）。哈达石城在依东峰山下。哈达旧城在哈达石城的西南，哈达河北岸，即

---

①据《满洲实录》卷1，诸部世系，万汗（王台）的祖父为克锡纳都督。据冯瑗：《开原图说》卷下，海西夷南关枝派图：速黑忒为王台的祖父，可知克锡纳即速黑忒，而万汗即王台。

②《明世宗实录》卷123，嘉靖十年三月甲辰。

③乾隆《盛京通志》卷31，城池三，吉林、绥哈城在吉林城西五十里，周围一里。又据乾隆满汉两文《盛京、吉林、黑龙江等处标注战迹舆图》可知，绥哈城在今吉林市西五十里的大绥河。《嘉庆重修一统志》卷67，吉林一："绥哈河在（吉林）城西四十里。"

④速黑忒在嘉靖十年三月，因袭杀山贼猛克功，得赏赐。嘉靖十三年乙酉，赐故塔山前卫左都督黑武（即速黑忒）等祭，由此可知，塔山前卫左都督速黑忒（克锡纳、克习讷）被杀当在嘉靖十二年。王忠南迁到哈达河流域当在嘉靖十二三年。

⑤据注④可知，当在嘉靖十二三年。

开原城东六十五里的南城子①。

"王忠（速黑忒之子，王台之叔）初建寨于广顺关外，东夷诸种无不受其约束者，无论近边各卫站，岁修贽贡，惟忠为政，即野人女真僻在江上，有来市易，靡不依忠为居停主人。当是时，广顺关外夷络绎不绝"②。即女真人有从黑龙江、混同江至开原者，必取道海西入开原。海西控制了明与女真贸易的大道，南关和北关成为哈达和叶赫的代称。海西女真头目乘机取利，即《开原图说》所说的"居停之利"。嘉靖年间③，王忠为哈达部长时，兵力强盛，东夷自海西、建州一百八十二卫，二十所，五十六站，皆听其约束。忠又甚恭顺，一时开（原）辽东边，无一夷敢犯居民者，皆忠之力也"④。当王忠为哈达部长时，东有建州，西有蒙古恍惚太（即原来的福余卫人），明朝常藉以牵制建州、蒙古的侵扰，因其（王忠）忠于明朝，故明朝授以塔山前卫左都督之官职，为明朝北边之屏障。后来哈达人叛，"旺住外兰（即王忠）被杀，其子博尔坤舍进，杀其人以报父仇，至绥哈城（今吉林市西五十里的大绥河），迎兄（王台即万汗）为哈达部长"⑤。嘉靖末，王台（万汗）为哈达部长时，"远者招徕，近者攻取，其势愈盛，遂自称哈达汗。彼时，叶赫、乌拉、辉发及满洲所属浑河部皆服之"⑥。"于是控弦之夷凡万余人，往往散居哈塔、台柱、野黑（叶赫）、土木河、夏底锅儿间"⑦。"当是时（隆、万时期），（王）台所辖，东尽灰扒（辉发）、兀剌（乌拉）等

----

①乾隆：《盛京、吉林、黑龙江等处标注战迹舆图》曹廷杰：《东北边防辑要》卷上。

②冯瑗：《开原图说》卷上。

③王忠入贡最后一次记录为嘉靖三十年七月辛卯条。"塔山丹（前之误）等卫夷人王中等二十八人入奏。请升袭都督，都指挥等职，许之"。据《明世宗实录》卷459，嘉靖三十七年五月己未条载：王台最初之记录为嘉靖三十七年，因此，《开原图说》谓王忠"嘉隆间"活跃一事为误。

④冯瑗：《开原图说》卷下，海西夷南关枝派图。

⑤《大清太祖高皇帝实录》卷3，第4页。

⑥《满洲实录》卷1，诸部世系。

⑦瞿九思：《万历武功录》，卷11。东三边，《王台列传》。

等，南尽清河、建州，北尽二奴（即叶赫酋呈加奴、仰加奴），延袤几千里，内屋堡寨甚盛"①。当时，"开原孤悬，扼辽肩背，东建州，西恍惚太，二夷常谋窥中国"②，而哈达王台，正处在东西二夷之间，为明朝的屏障。当时王台北收二奴，南制建州，令不得与三卫西北诸酋合，以故，北虏无东志，东夷亦无北意"③，因此，"东陲晏然，耕牧三十年，台有力焉"④。王台于万历三年（1575年），因缚送不断侵扰辽东地方的建州右卫头目王杲有功，授龙虎将军，其二子（虎儿罕、猛骨孛罗）俱升都督金事⑤，一族一门之威势，辽东边外，无与之比者。王忠、王台时（嘉靖——万历时）为哈达部的鼎盛时期。到王台晚年，由于政治腐败，"贿赂公行，是非颠倒，反曲为直，上既贪婪，下亦效尤……万汗（王台）不察民隐，唯听谮言，民不堪命，往往叛投叶赫，并先附诸部尽叛，国势渐弱"⑥。万历十年（1582年）王台（万汗）死后，五子蒙骨孛罗（孟格布禄）十九岁袭龙虎将军，为塔山前卫左都督，因其幼弱，众心不服，王台诸子骨肉相残不已。这时，叶赫、辉发、乌拉、建州各部，皆不听命，相继自立，哈达势力日益衰落，而北关（叶赫）二奴（逞加奴、仰加奴）和建州酋长努尔哈赤则日益强大。建州女真王杲之子阿台连络北关（叶赫）逞、仰二奴，乘机进攻哈达，以报杀害父祖之仇（哈达王忠曾捕杀逞、仰二奴的祖父祝孔革，王台于万历三年曾捕杀建州酋阿台之父王杲）。万历十一年（1583年），建州女真阿台纠众大举深入，到沈阳城南浑河一带，李成梁提兵出寨，直捣古勒寨，擒杀王

①苕上愚公：《东夷考略》海西女直考。《玄览堂丛书》第94册。
②苕上愚公：《东夷考略》海西女直考。《玄览堂丛书》第94册。
③瞿九思：《万历武功录》卷11，东三边，《王台列传赞》。
④苕上愚公：《东夷考略》海西女直考。《玄览堂丛书》第94册。
⑤瞿九思：《万历武功录》，卷11。东三边，《王台列传》；《明神宗实录》卷40，万历三年七月甲午；同书卷41，八月辛未。据程令名：《东夷努尔哈赤考》其子为虎儿罕和猛骨孛罗。
⑥《满洲实录》卷1，诸部世系。

呆之子阿台及逞、仰二奴①。叶赫（北关）逞、仰二奴被杀后，那林孛罗（纳朴布禄）、卜寨继之。万历十五年（1587年）四月，那林孛罗（仰加奴子）引蒙古酋长恍惚太（曾为福余卫头目）等进攻哈达所属的把太寨，明军往援解围。其后，叶赫乘哈达内乱，乘机进攻，哈达乃遣质子到建州女真告急。1599年，努尔哈赤遣兵往援，纳林布禄闻之，投书哈达贝勒孟格布禄（猛骨孛罗）曰："汝执满洲援将，尽歼其军，则吾妻汝以女。"②孟格布禄信以为真，事泄，万历二十七年（1599年）九月，努尔哈赤乃亲率军攻陷哈达城，生擒孟格布禄，明年（万历二十八年，1600年）四月杀之。"自猛骨孛罗死，（其子）吾儿忽答（武尔古岱）既羁留不得归，南关旧寨二三百里内，杳无人迹，将十余年"③。万历三十一年（1603年），吾儿忽答并于建州。万历四十一年（1613年），吾儿忽答降建州，哈达亡。这时，"南关之敕书，屯寨地土人畜，遂尽为奴酋有矣"④。明朝失掉南关（哈达），东北统治危机进一步加深。其后，建州女真与叶赫两大势力的矛盾日益加剧，这时明朝又转而支持叶赫以牵制建州女真努尔哈赤势力的发展⑤。

（二）叶赫部（北关）

据《明实录》⑥和《开原图说》⑦可知，祝孔革（竹孔革）为海西塔鲁木卫都督佥事，而祝孔革为北关（叶赫）的始祖⑧，这是以塔鲁木卫为叶赫前身的明证。塔鲁木卫系永乐四年（1406年）二月建置的，以打叶

---

①王在晋：《三朝辽事实录》第一册首卷，总略、南北关。

②《满洲实录》卷1，诸部世系。

③冯瑗：《开原图说》卷下，海西夷西关枝派图。

④《明神宗实录》卷528，万历四十三年正月乙亥。

⑤《明神宗实录》卷528，万历四十三年正月乙亥。

⑥《明武宗实录》卷124，正德十四年五月己亥："给赏海西塔鲁木等卫女真都督佥事等官人等竹孔革等衣服彩段绢帛有差"；《明世宗实录》卷36，嘉靖三年二月庚子："海西塔鲁木卫女直都督竹孔革等三百七十八人来朝贡马"。

⑦冯瑗：《开原图说》卷下，海西夷西关枝派图。

⑧冯瑗：《开原图说》卷下，海西夷北关枝派图。

为该卫指挥①。《清太祖实录》和《满洲实录》载："按叶赫国始祖系蒙古国人，姓土默特，初灭扈伦国所居张地之纳喇姓部，遂据其地，因姓纳喇，后迁于叶赫河岸建国，故名叶赫国。"②由此可知，塔鲁木卫设卫之初，不在叶赫河附近，后来迁到叶赫河流域建国，才改称叶赫。据文献推测塔鲁木卫的初居地当在今松花江北岸，而《满洲源流考》卷13，把塔山卫推定与叶赫邻近的达喜穆鲁山（即塔木鲁山），并谓塔鲁木即塔木鲁之误，此说和文献记载并不相符，故不取。

从星根打尔汗三传至的儿哈你（祝孔革之父）为塔鲁木卫指挥佥事时，"以入寇被杀"③。到16世纪初，四传至塔鲁木卫都督佥事祝孔革时，塔鲁木卫迁到叶赫河流域建国。即所谓"塔鲁木卫夷酋捏哈（即祝孔革之子）得敕三百道，建寨于开原东北镇北关外住牧，即所谓北关，盖今金台失，白羊骨之祖也"④。正德年间，"祝孔革等为乱，阻朝贡"⑤，"为台叔王忠所戮，夺贡敕，并季勒寨"⑥。并以其子台出为女婿，置北关（叶赫）于南关（哈达）卵翼之下⑦，到16世纪中叶，六传到台出之子逞加奴、仰加奴兄弟二人为指挥佥事时，势力强大起来，海西诸部"望风归附，拓地益广，军声所至，四境益加畏服"⑧。当是时，仰家奴（那林孛罗，金台失之父）居东城，逞加奴（卜寨之父、白羊骨之祖父）居西城。"二酋巢在镇北关北，故开原人呼为北关，夷虏巢穴

---

①《明太宗实录》卷40，永乐四年二月庚寅。

②《清太祖实录》卷6，《满洲实录》卷1，诸部世系。

③《明武宗实录》卷103，正德八年八月己亥。

④王在晋：《三朝辽事实录》第一册首卷总略、南北关："都督祝孔革（一名捏哈），为台叔王忠所戮。"按：捏哈乃祝孔革之子。

⑤王在晋：《三朝辽事实录》第一册首卷总略、南北关："都督祝孔革（一名捏哈），为台叔王忠所戮。"按：捏哈乃祝孔革之子。

⑥王在晋：《三朝辽事实录》第一册首卷总略、南北关："都督祝孔革（一名捏哈），为台叔王忠所戮。"按：捏哈乃祝孔革之子。

⑦王在晋：《三朝辽事实录》第一册首卷总略、南北关："都督祝孔革（一名捏哈），为台叔王忠所戮。"按：捏哈乃祝孔革之子。

⑧徐乾学：《叶赫那拉氏家乘》。

此其最近者"①。自叶赫寨至镇北关六十里。"两寨相距可数里"②。北关二奴(逞加奴、仰加奴)不忘南关(叶赫)杀祖父祝孔革之仇,为了向南关复仇和夺还敕书,积极勾结蒙古势力,以抗南关。因此,"北关虽东夷种类,而世与北虏结婚"③。逞、仰二奴乘南关内部矛盾日益激烈,势力日衰之时,大举进攻,成为明末扈伦四部的强大集团。这时,明朝援助哈达以牵制叶赫的南下。万历十一年(1583年)十二月,当逞加奴、仰加奴大举进攻哈达,并进而攻略开原、铁岭、沈阳、辽阳地区之际,被李成梁伏兵所败,逞、仰二奴皆战死。逞加奴子卜寨和仰加奴子那林孛罗为父报仇,万历十五年(1587年)四月,引蒙古酋长恍惚太(据张鼎《辽夷略》载:恍惚太原福余卫头目)发兵攻打哈达部头目歹商,明军往援解围,稳住了歹商对哈达的统治。万历二十二年,卜寨因出兵攻建州被杀,其子白羊骨袭职。当时"部落五千,精兵二千"。那林孛罗在万历三十六年死后,"金台失继兄领兵,尚未袭职,部落六千,精兵三千"④,叶赫势力日趋强大,到明末和建州女真形成两大对称的势力。叶赫那林孛罗(纳林布禄)看到建州女真努尔哈赤的势力不断扩大,对己不利,乃于万历二十一年(1593年)十二月,纠合扈伦四部、蒙古三部(科尔沁、锡伯、卦勒察)、长白山二部(珠舍哩、讷殷)等九部联军三万人,分三路大军进攻建州女真努尔哈赤。努尔哈赤大败九部联军于浑河上游的古埒山附近,杀叶赫首领卜寨(布斋),生擒乌拉首领满泰的弟弟布占泰,其他各部望风奔溃⑤,这一胜利,努尔哈赤军威大振,为进一步统一女真各部奠定了基础。1619年,努尔哈赤乘萨尔浒战胜之威,亲征叶赫。努尔哈赤亲率军督兵进攻金台石所居东城时,"拥

---

①冯瑗:《开原图说》卷下,海西夷北关枝派图。

②菅葛山人:《山中闻见录》卷10,东人志二,海西;瞿九思:《万历武功录》卷11,《卜寨、那林孛罗列传》:"两寨相去皆数里。"

③冯瑗:《开原图说》卷下,海西夷北关枝派图。

④冯瑗:《开原图说》卷下,海西夷北关枝派图。

⑤《清太祖高皇帝实录》卷2,第15—18页。

楯登山……金台石携妻及幼子登所居高台"①，城陷被缢杀。东城被攻陷后，西城布扬古（白羊骨）请降被杀，叶赫遂亡。明朝先失去南关（哈达），继又失去北关（叶赫）；北边屏障尽失，努尔哈赤灭叶赫，去掉后顾之忧以后，便以全力进攻辽沈地区。

据《盛京通志》卷31，城池三，吉林、叶赫城条："叶赫城周围四里，东西二门，又有叶赫山城，在叶赫城西北三里，周围四里，南北二门。"据考古调查，今吉林省梨树县东南叶赫河流域的叶赫乡西南里许有叶赫古城，为一建在高台上的椭圆形城，现存城墙周长约一里半，中有一长四十米、宽二十米的高台。自叶赫城西南行五里，到达西城，为一椭圆形山城。周长约一里半。据载："叶赫城"其外大城以石，石城外为木栅，而内又为木城，城内外大濠凡三道，其中间则一山特起，凿山坂，周回使峻绝，而垒城其上，城之内又为木栅，木城有八角明楼，则其置妻子资财所也，上下内外凡为城四层，木栅一层"②。从所载"上下内外凡为城四层"以及"叶赫城周围四里"可知，东城现周长一里半，当为内城的周长，外城今已不见。从今叶赫城东、西两城的地理位置以及形制和文献的记载完全相符，为叶赫东、西两城无异。

杨宾《柳边纪略》卷5所载《叶赫行》诗云："柳条边外九十里，叶赫河头道如砥，荒荒草没两空城，一在山腰一近水。"以上各文献都记载叶赫东、西二城相距数里，《西安县志略》以今辽源市城东的龙首山山城为叶赫东城，以今四平市西南梨树县叶赫乡的叶赫城为西城。后人多引此说，然这两城东西相距百余里，和文献记载不符，故应予纠正。

（三）辉发部

据《大清太祖高皇帝实录》卷3载："辉发国，本姓益克得里，黑龙江岸尼马察部人也。始祖昂古里、星古力，自黑龙江载木主迁于渣鲁居焉。有扈伦国人，噶扬噶图墨土，姓纳喇氏，居于张，因附其姓，牢七

---

①《清太祖高皇帝实录》卷6，第25页，太祖征叶赫。
②瞿九思：《万历武功录》卷11，《卜寨、那林孛罗列传》。《玄览堂丛书》第11册。

牛祭天，改姓纳喇"，与叶赫部结为兄弟部落，其后降为叶赫的附庸。关于辉发部的先世有的认为是弗提卫[①]，有的认为是肥河卫及与其有密切关系的呕罕河卫[②]。弗提卫在今黑龙江省富锦县附近，肥河卫在今黑龙江省蜚克图河流域，呕罕河卫在今黑龙江省的倭肯河流域（牡丹江的支流）。《大清太祖高皇帝实录》卷3，所谓："辉发国，本姓益克得里，黑龙江岸尼马察部人也。"《满洲实录》卷1，所谓："辉发国，本姓益克得哩，原系萨哈连乌拉尼马察部人。"这里所说的黑龙江不是指今黑龙江，而是指今松花江下游。金代认为黑龙江下游和松花江汇合以后的一段为一条河流，而统称之为黑龙江或混同江（见前《白山黑水考》）。《满洲实录》卷1，原注云："萨哈连乌拉即混同江，一说黑龙江是也，此源从长白山发出。"这是沿用金代人的看法，故云"此源从长白山发出"。由此可知，辉发部的先世是居住在松花江下游一带，而不是居住在今黑龙江一带。嘉靖初，从辉发部的始祖星古力（胜古力）七传到旺吉努（王机奴、往机奴、汪加奴）[③]时，来到辉发河流域，"招服辉发诸部，于辉发河边扈尔奇山筑城居之，因名辉发国"[④]。后来，蒙古察哈尔国扎萨克图土门汗来攻，围其城，被击退，辉发国势力逐渐强盛。旺吉努卒，孙，拜音达里杀其叔七人，自为辉发国贝勒。这时，叶赫、建州女真相继兴起，辉发部处在强邻之间，终未得势。这时，辉发贝勒拜音达里以所部多叛归叶赫，乃遣子为质，来建州求援，但不久又索归其质子，以质于叶赫。并"将城垣修筑三层以自固"。今吉林省辉南县城（朝阳镇）东北三十五里的辉发山城，在辉发河的东北岸，城筑在辉发山（即扈尔奇山）上，有内、中、外三层城墙。内城周长五百九十六米，中城八百九十二米，外城一千八百八十一米。内城中有一高台，城内曾出土

---

① （日）和田清：《东亚史研究》（满洲篇），第458页注16；丛佩远：《扈伦四部世系考索》，见《社会科学战线》1984年2期。

② 董玉瑛：《明末辉发部首领的先世》，见《博物馆研究》1984年3期。

③ 《明世宗实录》卷12，嘉靖元年三月辛未："赐塔山前卫女直都督速黑忒，弗提卫都督汪加奴大帽金带。"

④ 《清太祖高皇帝实录》卷3；《满洲实录》卷1。

过大量的铁镞和明代清花瓷器，并有带"大明万历年制"字样的瓷碗[①]。从文献所载辉发城的形制，以及辉发城内出土的文物和古城的形制可以肯定，今辉发城即辉发部的都城所在地。万历二十一年（1593年）十二月，辉发部参加叶赫等九部联军进攻努尔哈赤，败还。万历三十五年（1607年）九月，努尔哈赤率兵攻辉发，"杀拜音达里父子，屠其兵，招服其民，遂班师"[②]，辉发部至此灭亡。

（四）乌拉部

乌拉也写作兀喇，本名呼伦，姓纳喇，后因居乌拉河岸故名乌拉。乌拉与哈达同姓纳喇，其先同祖，同源于塔山左卫。乌拉部之库堆朱颜与哈达部之速黑忒同为杜儿机之子。据茗上愚公《东夷考略》载："开原北近松花江者曰山寨夷，又北抵黑龙江曰江夷，而江夷有灰扒（辉发）、兀喇（乌拉）等族。"由此可知，灰扒（辉发）、兀喇（乌拉）即江夷，最初居住在从今松花江到黑龙江流域一带。乌拉部的前身为永乐四年（1406年）二月设立的塔山卫，塔剌赤为该卫指挥同知[③]。据考，塔山卫在今呼兰河流域东西一带。据《满洲实录》卷1，诸部世系条载"乌拉部始祖名纳齐卜禄"，而纳齐卜禄可能即塔剌赤的音转。至八世孙布颜时，"尽收乌拉诸部，率众于乌拉河洪尼处筑城称王"。今吉林省永吉县乌拉街北半里的乌拉古城即其遗址，在今吉林市西北七十里。乌拉古城西临松花江，有内、中、外三层城墙，内城中间有土筑高台，俗称"白花点将台"。城内曾出土过唐、宋铜镜和崇宁通宝、崇宁通宝以及带有"万历癸未六月日"字款的铜火铳和青花瓷片[④]。乌拉部传至十世孙满泰及其弟布占泰时，逐渐强大。万历二十一年（公年1593年）十二月，努尔哈赤在浑河上游的古埒山，大败叶赫等九部联军的战斗中，生擒布

①吉林省文管会：《辉发城调查简报》，见《文物》1965年第7期。

②《满洲实录》卷3，太祖灭辉发国。

③《明太宗实录》卷40，永乐四年二月己巳。

④吉林省博物馆：《明代扈伦四部乌拉部故址——乌拉古城调查》，见《文物》1966年第2期。

占泰，后又放归乌拉，继兄满泰为乌拉国王。其势力东达延边一带。建州女真努尔哈赤强大起来以后，征服女真各部。万历二十五年（1607年）正月，一向归属于乌拉的东海瓦尔喀部，以乌拉贝勒布占泰暴虐，向建州女真努尔哈赤请求归附，努尔哈赤许之。乃命弟舒尔哈齐等率兵三千进攻瓦尔喀部根据地的蜚悠城（今辉春县城西，三家子乡高丽城屯的裴优城）。布占泰得知这一消息后，打算扼其退路，出兵于豆满江（今图们江），两军决战于乌碣岩①，乌拉大败请和，退守吉林乌拉一带。乌碣岩的胜利，打开了通往东海诸部的大门。从此，努尔哈赤"威行迤东诸部"，瓦尔喀部皆"望风归附"②。万历四十年（1612年），乌拉又背约侵渥集部属之库尔喀路，并谋夺贝勒代善所聘叶赫女，努尔哈赤大怒，1612年9月，亲率兵问罪，沿乌拉江西行，克其临江五城，尽焚其庐舍粮聚，布占泰被迫谢过，努尔哈赤凯旋。第二年，1613年布占泰又背约，谋遣质子于叶赫，复欲娶代善所聘女，于是战端再开。1613年正月，努尔哈赤又亲率大军进攻乌拉，到达伏尔哈城（今吉林市北五十里），布占泰以兵三万迎战，乌拉大败，努尔哈赤乘胜进攻，最后攻陷了乌拉城，布占泰只身逃亡到叶赫，乌拉遂亡。努尔哈赤攻灭乌拉部以后，为征服东海和黑龙江流域的女真各部扫除了障碍。

明朝"本藉女真制北虏，而今已与北虏交通；本设海西抗建州，而今已被建州吞并"③，故"蓟辽总督蹇达言：建酋日渐骄横，东方隐忧可虞"④。随着建州女真的日益强大，明在东北的统治危机日益加深。

---

①《朝鲜宣祖实录》卷41，四十一年（1608年）二月：朝鲜"乃进军于锺城乌碣岩与忽剌温相遇大战良久，忽剌温大败"。可知乌碣岩在图们江流域的朝鲜锺城附近。

②《朝鲜宣祖实录》卷209。

③《明神宗实录》卷444，万历三十六年三月丁酉。

④《明神宗实录》卷443，万历三十六年二月癸未。

二十二　明代兀良哈三卫

　　1388年，北元灭亡后，蒙古分裂为鞑靼、瓦剌、兀良哈三部。鞑靼部在今鄂嫩河、克鲁伦河以及贝加尔湖一带；瓦剌部在今蒙古人民共和国的西部；兀良哈三卫，明初，居住在今兴安岭以东，海西江（今松花江）以西，北海①之南，潢水（今西剌木伦河）之北②。

　　明初兀良哈三卫地区，周、秦为东胡，汉、魏、南北朝为乌桓、鲜卑、唐、宋为奚、契丹居地，金为临潢府路辖境，元为大宁路北境。明灭元后，在洪武二十二年（1389年）五月，置泰宁、朵颜、福余三卫指挥使司于兀良哈之地。兀良哈三卫初隶于大宁都司，故亦称"大宁领朵颜诸卫"③。永乐元年（1403年）大宁都司内迁到保定，永乐七年建立奴儿干都司以后，兀良哈三卫改隶于奴儿干都司。

（一）明初兀良哈三卫的居地

1. 泰宁卫——在今洮儿河流域

　　泰宁卫指挥使司，设在泰宁，这是泰宁卫名称的由来。永乐二十二年，明朝任命故元辽王阿札失里为泰宁卫指挥使，阿札失里是元太祖成

①兀良哈三卫北界的北海当指阔滦海子，即今呼伦湖，而不是贝加尔湖。
②郑晓：《皇明四夷考》卷上，兀良哈；严从简：《殊域周咨录》卷23，兀良哈；《寰宇通志》卷119，兀良哈。
③《明史纪事本末》卷16，燕王起兵。

吉思汗的季弟铁木哥斡赤斤的后裔。泰宁卫在今洮儿河流域。《元史》卷25，《仁宗本纪》，延祐二年（1315年）八月庚子："改辽阳行省泰州为泰宁府。"同书卷26，延祐四年（1317年）二月癸亥："升泰宁府为泰宁路，仍置泰宁县。"由此可知，元代的泰宁府、路，即辽、金时代的泰州。金代有旧泰州（即金安县）、新泰州，而这里所说的泰州，是在洮儿河流域的泰州①，亦即辽代的泰州，金代的旧泰州，在今吉林省洮安县东二十里的城四家子古城。元延祐七年（1320年），设石州等处怯怜口千户所，石州恐为台州、泰州之误。台州即泰州，也是明代"海西西陆路"的第五站。泰宁卫一带是辽、金、元以来经济文化比较发达的地区，直到明、清时代，也是洮儿河流域经济文化的中心。明在泰宁即今洮安县东二十里的城四家子古城一带建立过万寿寺②，清为葛根庙旧址，至今在城四家子古城东三里处仍有两座喇嘛塔，即双塔子。

2．福余卫——在今嫩江东、西一带

永乐六年三月，"戳儿河女直野人头目忽失歹、安苦等来朝，命忽失歹为福余卫指挥佥事，安苦等为千百户镇抚，赐钞币有差"③。戳儿河即今嫩江西岸的支流绰儿河。其后兀良哈三卫南迁（见后述），到正统年间瓦剌强大起来后，大举进攻兀良哈和女真各部，兀良哈三卫由于瓦剌也先的逼迫，"朵颜、泰宁皆不支，乞降，福余卫独走避脑温江"，即回到其原居地的脑温江（今嫩江）流域。又从福余名称的由来看，可能和嫩江以东的瑚裕尔（乌裕尔）河有关，福余恐即瑚裕尔的音转④。瑚裕尔河流域为金代蒲与路故地，元为铁木哥斡赤斤那颜的封地。由此可知，明初福余卫的辖境，当以今嫩江流域为中心，东到瑚裕尔河流域，西到绰

①《明史纪事本末》卷10，故元遗兵；倪谦：《丰城侯李彬传》，载《国朝献征录》七。都记载明军追击泰宁卫指挥使阿札失里至洮儿河的情况。

②《华夷译语》下，敕僧亦邻真藏卜："今特敕本僧仍住持泰宁万寿寺。"（涵芬楼秘籍第四集）。

③《明太宗实录》卷55，永乐六年三月壬申。

④（日）和田清：《东亚史研究》（蒙古篇）第128页。

儿河流域。绰儿河流域的绰尔城即今塔子城，在今黑龙江省泰来县西北九十里。古城内出土的文物，有辽、金、元、明时代的文物[①]。塔子城不仅是辽、金时代的军事重镇，元、明时代也沿用过。元代的灰亦儿等处怯怜口千户所，明代的福余卫指挥使司也可能设在这里。

3. 朵颜卫——在今洮儿河上游和归流河上游索岳尔济山一带

据朵颜卫指挥同知脱儿豁察儿（即脱鲁忽察儿）在给明朝的奏文中，谈到他们居住在"额客多延温都儿、搠木连等地"[②]。额客多延温都儿即朵颜山，朵颜卫的根据地在朵颜山，这是朵颜卫名称的由来。因此，欲搞清明初朵颜卫的居地，必先搞清额客多延温都儿和搠木连当今何山、何水的问题。额客为蒙古语母的意思，多延即朵颜，温都儿即山、丘陵的意思，即母朵颜山，即今索岳尔济山。木连即河，搠木连即搠河[③]。从通往兀良哈三卫的"海西西陆路"的交通路线来看，朵颜卫当在今洮儿河上游和归流河上游索岳尔济山一带。

据载，洪武二十四年（1391年），明军从西北向东南追击辽王阿札失里，经朵颜鸦山（黑岭鸦山），最后追到洮儿河大胜[④]。由此可知，朵颜鸦山、黑岭鸦山即朵颜山，当在今洮儿河上游的索岳尔济山。这里是众水发源之地，故蒙古称之曰"额客多延温都儿"，即母朵颜山。兀良哈三卫"皆逐水草，无恒居。三卫，朵颜最强，分地又最险"[⑤]。和《明史》卷328，朵颜三卫传"独朵颜地险而强"的记载相同。说明朵颜卫是居住在地势险要的山区。今洮儿河、归流河上游，正是险要的山区地带。而泰宁卫、福余卫居地的洮儿河、绰尔河下游则都是平原地带。

---

①黑龙江省文物考古工作队编著：《黑龙江省古代文物》，第56—62页。（黑龙江人民出版社 1979年版）；《文物工作三十年》第118—119页。（文物出版社1979年版）；（日）泷川政次郎：《辽金的古城》第一辑，五、塔子城。

②《华夷译语》下，脱儿豁察儿书（涵芬楼秘籍第四集）。

③（日）和田清：《东亚史研究》（蒙古篇），第131页。

④方孔炤：《全边略记》卷6，宁夏略；倪谦：《丰城侯李彬传》，载《国朝献征录》七。

⑤郑晓：《皇明四夷考》，兀良哈。

朵颜卫的属卫哈剌孩卫，在今哈拉哈河流域。今洮儿河、归流河上游和哈拉哈河，即哈剌孩卫邻近。永乐二十年（1422年），明军大败兀良哈（即朵颜卫）于屈裂儿河（今归流河）[1]。由此可知，朵颜卫主要是在今洮儿河上游、归流河以及索岳尔济山一带。

洪武二十九年（1390年）三月，明军进攻兀良哈朵颜卫，"追至兀良哈秃城，遇哈剌兀，复与战，败之，遂旋师"[2]。哈喇兀即后来明永乐二年任命为朵颜卫都指挥同知的哈儿兀歹。兀良哈秃城恐即朵颜卫指挥使司的所在地。兀良哈秃城可能即今乌兰浩特（内蒙呼伦贝尔盟科尔沁右翼前旗）东北二十五里的古城，即科右前旗乌兰哈达乡东方红大队前公主岭屯古城。这里有两座辽、金古城，一周长三里余，一周长五里余。据考证为辽、金时代的金山县遗址。这是辽、金时代的边防重镇金山县的所在地，明代朵颜卫指挥使司也可能在这里[3]。

兀良哈三卫人骁勇善战，长于骑射，地处鞑靼与海西女真之间，明朝设兀良哈三卫的目的是防止兀良哈三卫和鞑靼的联系，使其为明朝的藩屏，"东捍女直，北捍蒙古"[4]。因为明朝把兀良哈三卫看作东北的藩屏，所以明对兀良哈三卫的招抚特别重视。但是，从15世纪初到16世纪初，一百年来，兀良哈三卫在明朝和鞑靼、瓦剌之间，为了保存自己，免被吞并，叛附不定，一方面和明朝通贡、互市；一方面又不断地入寇抄掠，两者交相进行，这就是15世纪初到16世纪初一百年来，明与兀良哈三卫的关系史。

① 《明太宗实录》卷123，永乐二十年秋七月己未，庚午；《明史》卷7，成祖本纪三，永乐二十年秋七月己未、庚午。

② 《明太祖实录》卷245，洪武二十九年三月甲子。

③ 张穆：《蒙古游牧记》卷1，札赉特部载："旗北百二十里有朵云山…… 旗北八十里有绰尔河。"有的认为朵云山即朵颜山、绰尔河即搠河，因此把朵颜山推定在绰尔河流域。这和前述朵颜山、朵颜卫在洮儿河上游、归流河一带的文献记载不符，故不采此说。

④ 《明世宗实录》卷146，嘉靖十二年正月戊辰。

（二）兀良哈三卫南迁后的居地

明初，散居在潢水（今西剌木伦河）以北的兀良哈三卫，到宣德、正统年间，大举南迁，接近经济文化比较发达的辽东汉族地区。南迁的原因是"兀良哈三卫散处漠北，以游牧为生，地多马牛羊等特产，在生产、生活方面，多仰赖和经济比较发达的辽东地区互通有无。兀良哈三卫的头目，通过朝贡和马市所获得的东西，仍不能满足要求时，便率众进入辽东汉族地区抄掠。掠夺是他们增加财富的手段，而比较富庶的辽东地区，又是他们掠夺的理想地区，所以在15世纪以后，兀良哈三卫不断入边寇掠。永乐元年（1403年）大宁都司的内迁，以及正统十四年（1449年）"土木之变"以后，明在东北统治力量的削弱，又给兀良哈三卫的南迁创造了有利条件。其次，是15世纪瓦剌势力强大起来，东攻兀良哈，进窥蓟、辽、宣、大各边，迫使兀良哈三卫不断南迁。第三，是由于明朝边将的压迫勒索而引起兀良哈三卫的"率众犯边"[①]进行报复。据宣德三年（1428年）边将奏称，兀良哈人，"往往于滦河牧马"[②]。"兀良哈之寇万众侵边，已入大宁，经会州将及宽河"[③]。又载："宣德时尝入渔阳塞。"[④]正统十三年，兀良哈三卫"被瓦剌抢掠，散处滦河一带"[⑤]。正统年间，"兀良哈三卫屡寇辽东、大同、延安境"[⑥]。这些都说明兀良哈三卫在宣德、正统年间已南迁到滦河等地。

兀良哈三卫南迁后的分布情况是："自大宁（今内蒙昭乌达盟宁城县大明城）前抵喜峰口，近宣府（今河北省宣化市），曰朵颜；自锦、义历广宁（今辽宁省北镇）至辽河，曰泰宁；自黄泥洼（在今辽阳市西太

①《明宪宗实录》卷120，成化九年九月辛丑。
②《明宣宗实录》卷35，宣德三年正月丁未。
③《明宣宗实录》卷47，宣德三年九月辛亥。
④郑晓：《皇明四夷考》，兀良哈条。
⑤《明英宗实录》卷165，正统十三年夏四月丙子。
⑥《明史》卷328，朵颜、福余、泰宁传。

子河南岸，太子河自此折而南流）逾沈阳、铁岭至开原，曰福余。"[1]
又据《明世宗实录》卷370，嘉靖三十年二月甲戌条，总督侍郎何栋的
报告："朵颜、泰宁、福余三卫夷人，国初，各有分地。朵颜在山海关以
西，古北口以东，蓟州边外驻牧。泰宁在广宁境外，福余在开原境外，
辽河左右驻牧。"[2]《明史》朵颜三卫传等书，把宣德、正统年间兀良哈
三卫南迁后的分布情况，当作明初的分布情况，是错误的。这一错误，
《钦定热河志》卷63，建置沿革条，以及和田清《东亚史研究》（蒙古
篇）第107—110页，都有比较详细的记述。关于兀良哈三卫南迁的年
代，和南迁前后的分布情况，记载比较正确可靠的是明末崇祯年间的职
方主事陈组绶所编纂的《皇明职方图》（上、中、下三卷）。据《皇明
职方图》中卷的解说："福余、泰宁、朵颜三卫，已前地在潢水（今西
剌木伦河）北，自怀山至东金山（即金山，在开原城西北三百八十里，
辽河北岸，西金山东），其地界也。后分福余自黄泥洼逾开原止；泰宁
由锦义渡潢河（这里指今辽河）至白云山止；朵颜东起广宁前屯，历喜
峰，近宣府。此后来的窃据，宣德以前，尚未敢入大宁境。"由此可知，
兀良哈三卫南迁后的居地，约当今辽河以西，辽宁省的西半部以及内蒙
昭盟、河北的北部等地。

（三）兀良哈三卫的发展和衰亡

兀良哈三卫本东胡遗种，其语言与蒙古无别，其风俗与契丹同，与
蒙古稍异。蒙古辫发索头，而三卫人还有鲜卑、契丹以来的遗风，为髡
发秃头。当时"男子悉髡头，戴皮壳帽；女人打垂戴桦皮筒，衣皮而不

---

[1]《明史》卷328，朵颜、福余、泰宁传；《明神宗实录》卷46，万历四年正月
丁未。

[2]兀良哈三卫南迁后的分布情况，参见方孔炤：《全边略记》卷1："三卫各有
分地，朵夷牧蓟州之边，泰夷牧广宁之边，福余牧开原之边；"马文升《抚安东夷
记》："自古北口至山海关立朵颜卫；自广宁前屯卫至广宁迤东白云山立泰宁卫；自云
山以东至开原立福余卫。"

布帛，茹肉而不菽粟"①。在生产方面，蒙古专营游牧，而兀良哈人则以游牧为主，稍业农耕。过着"俗无常居，制辁乐车，趁水草而住牧"②的生活。《明太祖实录》谓："自古胡人无城部，不屋居，行则车为室，止则毡为庐，顺水草便，骑射为业。"③他们"喜战斗，好围猎，不树五谷，不种蔬菜，渴则取马牛羊之乳而饮之。常营辽河两岸，窥我中原虚实，乘间入寇"④。兀良哈三卫"土产马、橐驼、黄羊、青羊、玛瑙、鹊桦皮、白葡萄"⑤，其他"惟皮张鱼鲜而已"⑥。从兀良哈人在朝贡归途中，常以赏赐等物于"边地收买牛只农具"⑦，以及兀良哈三卫在开原、广宁马市与明互市时，常以土产品交换种子、农具来看，兀良哈人已经有了农业生产，但主要还是过着游牧渔猎的生活。据万历二十四年（1596年），朝鲜人申忠一的记述："蒙古，车上造家，以毳为幕。饥则食膻肉，渴则饮酪浆云。"⑧兀良哈人虽已知耕种，但生产技术还是比较原始的，据载："蒙古春耕时，多聚人马于平野，累累使之践踏粪秽后，播黍、稷、粟、蜀、秫诸种，又使人马践踏，至耘治收获时，令军人齐力云。"⑨由此可知，明末兀良哈人的农业生产虽然比较落后，但较前确有了发展。兀良哈三卫南迁后，接近了经济比较发达的辽东地区，通过开原、广宁马市贸易，以其土产品换取了先进的生产工具和丰富的生活用品，加速了兀良哈三卫社会经济的发展。

　　兀良哈三卫在明、蒙（鞑靼、瓦剌）之间，动摇不定，时而向明朝

①《全辽志》卷6，外志，兀良哈。

②《全辽志》卷6，外志，兀良哈。

③《明太祖实录》卷196，洪武二十二年五月癸巳。

④《全辽志》卷6，外志，兀良哈。

⑤《寰宇通志》卷119，兀良哈。

⑥《全辽志》卷6，外志，兀良哈。

⑦严从简：《殊域周咨录》卷23，北狄，兀良哈。

⑧《李朝宣宗实录》卷71，宣宗二十九年正月丁酉，《南部主簿申忠一：书启》。

⑨《李朝宣宗实录》卷71，宣宗二十九年正月丁酉，《南部主簿申忠一：书启》。

称臣纳贡和互市，为明军探听鞑靼、瓦剌的动静；时而为鞑靼或瓦剌的内犯充当向导，合兵深入内地抄掠。明在结好兀良哈三卫的基础上，利用鞑靼、瓦剌之间的矛盾，支持一方，打击一方，以削弱他们的力量。

正统年间，瓦剌部到脱懽及其子也先时，统一东、西蒙古，并大举进攻兀良哈和女真各部。"朵颜、泰宁皆不支，乞降。福余独走避脑温江，三卫益衰"①。在瓦剌也先的大举进攻下，"朵颜三卫并海西，建州夷人处处蜂起，辽东为之弗靖者数年，至景泰后始克宁谧。而海西野人女真之有名者，率死于也先之乱"②。天顺中（1457—1464年），兀良哈三卫"尝乘间掠诸边，复窃通鞑靼字来，每为之乡导"③。1470年（成化六年），到鞑靼部的达延汗时，又强大起来，1478年（成化十四年），"侵掠三卫，三卫头目皆走避塞下"④，1486年（成化二十二年），"鞑靼别部那孩拥三万众入大宁、金山、涉老河（今老哈河），攻杀三卫头目伯颜等，掠去人畜以万计。三卫乃相率携老幼，走匿边围"⑤。成化末年（15世纪末），鞑靼部的达延汗乘瓦剌内乱发动进攻，迫使瓦剌迁到今蒙古人民共和国的西北部。到1510年（正德五年），达延汗统一了蒙古。1543年（嘉靖二十二年），达延汗死后，又陷于分裂局面。鞑靼部达延汗的后裔，"打来孙部落有虎喇哈赤者，骁勇善战，所部兵甚精，为泰宁、福余夷勾引，入辽河套游牧，遂为广宁、辽、沈、开、铁大患，至今五六十年，其孽乃更猖獗"⑥。

16世纪时，辽西一带著名的东蒙古鞑靼部的封建主有虎喇哈赤（为内喀尔喀部的祖先）和魁猛可（为科尔沁部的祖先）。嘉靖二十六年

①《明史》卷328，朵颜、福余、泰宁传。
②马文升：《抚安东夷记》。
③《明史》卷328，朵颜、福余、泰宁传。
④《明史》卷328，朵颜、福余、泰宁传。
⑤《明史》卷328，朵颜、福余、泰宁传。
⑥冯瑗：《开原图说》。

（1547年），随小王子东侵，"专为难于辽西"①。后来泰宁卫部众被喀尔喀部的虎喇哈赤，福余卫部众被科尔沁部的魁猛可所吞并②。这时，朵颜部依附于西部的哈喇嗔（喀喇沁）部。青把都以来，哈喇嗔部向东发展，吞并了邻近的朵颜卫③。明末，朵颜卫部众和哈喇嗔（喀喇沁）部众融合在一起。喀喇沁的苏布地即朵颜卫的都督都指挥④。清初，朵颜改名为喀喇沁部。

①《武备志》卷204，引职方考："又辽东境外有虏二支，一名魁猛可，一名虎喇哈赤，专为难于辽西。"

②洪熙元年（1425年），鞑靼部阿鲁台为瓦剌所破，其酋奎蒙塔斯哈剌（即奎蒙克或书魁猛可，为太祖弟合撒儿十四世孙）走避嫩江，往依兀良哈（即福余卫），因同族有阿鲁科尔沁，故号嫩科尔沁以自别。

③茅元仪：《武备志》卷205，镇戍辽东条所引职方考："朵颜……住牧喜峰口外会州、青城诸处，附青把都（哈喇嗔三大酋）部下。"

④《清太宗文皇帝实录》卷6，第14页：天聪四年正月丙午："会喀喇沁苏布地作为己书，奏之名主（崇祯帝），遣喀喇沁人持往，书曰：朵颜三卫都督都指挥苏布地等奏，臣等累世以来，为皇上固守边圉，受恩实多。"

二十三　明代东北驿站考

　　明朝在统一东北、建立都司、卫所地方政权的同时，为了适应当时军事政治斗争的需要；为了加强对东北的管理，积极恢复和建立东北水陆交通驿站。

　　明代东北各路驿站，多系沿用辽、金、元以来的古道，搞清这些驿站的位置，对了解明代东北疆域和各主要卫所的分布都是有意义的。

　　明代东北开原以南各路驿站的位置是比较明确的，因此，不在本文考证之内，本文仅对《辽东志》卷9所记载的开原以北六条陆路驿站的位置试做进一步探讨。关于各路驿站的位置，已有考证者，争论不大的，仅提出研究的结论，不再重复，争论较大的，或有不同看法，则作比较详细的论述。

（一）"开原东陆路到朝鲜后门"

　　据《辽东志》卷9的记载，这条路线上的驿站是：

　　"坊州城——奚官——纳丹府城——费儿忽——弗出——南京——随州县——海洋——秃鲁——散三（通朝鲜后门）"（图十二）。

　　这条路线从开原（今开原老城镇）出发，沿河流和渤海、辽、金古城东行。这是渤海、辽、金以来的古道，到明代成为从开原到朝鲜东北部的交通道。这些古城的位置和明代驿站的分布基本上是一致的。

　　海龙县山城镇山城（坊州城）——海龙镇古城（奚官）——桦甸苏密

城（纳丹府城）——富尔河流域的敦化县大蒲柴河乡建设林场古城（费儿忽）——安图县万宝乡屯内的万宝古城或和龙县东古城子可能是弗出站的所在地——城子山山城（南京）。由南京东渡图们江进入朝鲜的东北部[①]。

这条路线是明初通往建州左卫的路线，是建州左卫的朝贡道。

（二）"纳丹府东北陆路"

从纳丹府（今桦甸苏密城）东北行，经那木剌等七站到终点站毛怜。沿路驿站有："那木剌站——善出——阿速纳合——潭州——古州（北接斡朵里）——旧开原——毛怜（旧开原南）。"（图十二）这是明初通往建州卫、毛怜卫的路线，是明初建州卫、毛怜卫的朝贡道。

日人箭内亘认为那木剌即今那木窝集，在今厄黑木驿东十里，拉筏驿（今拉法站）西八十里。善出即今色出窝集，在拉筏驿东一百里，俄漠贺索落驿西十里[②]。这一推论和从纳丹府东北行去潭州的路线不符。由纳丹府东北行去潭州（今敦化）的路线，那木剌站应为今桦甸县的暖木（或称暖木条子）。善出的位置不详。

《辽东志》卷1，地理志，开原山川条：忽儿海河（今牡丹江）在开原"城东北一千里，源出潭州城东诸山，北流谷州城东，经斡朵里城北流入松花江"。从忽儿海河（牡丹江）源出潭州城东诸山来推断，潭州当在今敦化附近。从"北流谷州城东"来推断，谷州（即古州）当在今牡丹江西岸。古州始建于辽代，金、元、明沿用。日本学者和田清认为古州系渤海旧都，今东京城[③]。但牡丹江（忽儿海河）在东京城之西或北，和忽儿海河"北流谷州城东"的记载不符。《元一统志》载：

---

①《东国舆地胜览》卷50，随州县在今朝鲜咸境北道锺城。海洋在今咸境北道吉州。同上书卷49，秃鲁（秃鲁兀）在今朝鲜咸境南道端川西十三里的古城。散三在咸境南道的北青。

②（日）箭内亘：《元明时代的满洲交通路》，见《满洲历史地理》第2卷，第439—440页。

③（日）和田清：《开元、古州及毛怜》，见《东亚史研究》（满洲篇）242页。

228

东北史地考略

开元城"正西曰谷州"①，《辽东志》卷9，古州条下注称："北接斡朵里"。今宁安和牡丹江市正当开元城（今苏联境内的乌苏里斯克，即双城子南面的山城）之西，斡朵里（今依兰）之南，故史学界多以今宁安为古州的所在地。但这一推论还没有得到考古资料（如辽、金古城和

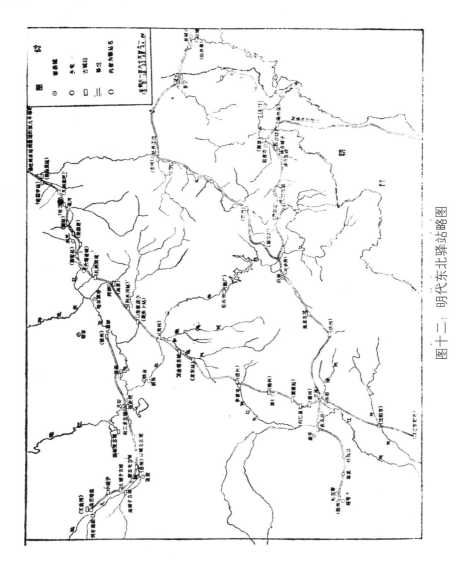

图十二：明代东北驿站略图

① 《大元大一统志辑本》二，辽阳行省，开元路、古迹条。（辽海丛书本）。

辽、金文物）的证实。1984年7月，在牡丹江市北郊发现一方铜印，印为七乘七厘米，铸汉字九叠篆书"古州之印"四个字，印背左刻"应辨所造"四字，右侧刻有"天泰二年二月廿五日"九字[1]。据黑龙江省文物工作同志的调查研究资料，把古州推定在今牡丹江市附近的辽、金古城，是比较可信的。今牡丹江市西南海浪河入牡丹江处在牡丹江之西，海浪河南北两岸各有一座古城，一为渤海古城，一为渤海城，辽、金沿用，这一古城恐为古州所在。

旧开原在今苏联境内的乌苏里斯克（双城子）。

"建州女直先处开原"[2]，这里所说的开原即旧开原、开元，亦即朝鲜史料中的巨阳、开阳。《明一统志》载："恤品河流经建州卫……金人置恤品路，以此为名。"[3]《东国舆地胜览》载：速平江"至巨阳东流一百二十里，至阿敏入于海"[4]。恤品河、速平江即今绥芬河，巨阳即旧开原，距入海口为一百二十里，而今双城子距入海口也正是一百二十里。双城子不但有东城（周长三里）、西城（周长二里），而且还有修筑在克拉斯诺雅尔山岗上的规模宏大的山城，周长十六里。这是绥芬河流域最大的金、元古城，金、元时代的文物遗址也比较丰富，故推定建州卫所在地的旧开原在今绥芬河流域的双城子山城，这和关于建州卫、旧开原所在地的其他文献记载也相符[5]。日本学者箭内亘认为旧开原在今依兰附近[6]，系误。

毛怜在今图们江北珲春县境内。

《辽东志》卷9，毛怜站注称："旧开原南"，可知毛怜在今双城子之

---

① 樊万象：《"古州之印"与地望》，见《北方文物》1985年3期。

② 马文升：《抚安东夷记》。

③《大明一统志》卷89，女直："恤品河流经建州卫。"

④《东国舆地胜览》卷50，庆源府山川。

⑤ 见本书二十：《明代建州卫再探》。

⑥（日）箭内亘：《元明时代的满洲交通路》，见《满洲历史地理》第2卷，第398、441页。

南。据《龙飞御天歌》载：毛怜卫的头目八儿速（即把儿逊、波乙所）和阿古车在土门（亦书豆门）居住，而"土门，地名，在豆漫江之北，南距庆源六十里"①。又据《朝鲜世宗实录》："毛怜卫在古庆源、斡木河（今朝鲜会宁）之间…… 其地距新庆源三日程也。"②这说明明初毛怜卫在今图们江北，或今朝鲜会宁以北，图们江下游一带。

（三）"开原西陆路"

由开原出发，西行经庆云站到今绕阳河上游，阜新县境内的塔营子（懿州），这是通往福余卫等西北游牧人的路线③。沿路驿站有："庆云站——熊山站——洪州站——懿州。"（图十二）

庆云站即今辽宁省康平县东南五十里的小塔子村东，辽河西岸的古城即辽代祺州州治所在地的庆云县④。辽代的祺州州治在庆云县，金代废州存县，"元废县为庆云驿"⑤。庆云县在"开原城西八十里，有塔存焉"⑥。在古城西有辽、金砖塔一座，俗称小塔子，和庆云县有塔的记载相符。《金史·地理志》载："庆云，辽祺州祐圣军…… 有辽河。"金代王寂到此地时，从者得鲜鱼，王寂命持送辽河中，有"持送城东纵急流"等诗句。由此可知，庆云县在辽河西岸附近，今小塔子村古城正在辽河西岸五里处。故以今康平县小塔子村古城为辽代祺州、金代庆云县、元代庆云驿、明代庆云站。

顾祖禹《读史方舆纪要》谓：祺州庆云县即今开原西南四十里的庆云堡。后人多引此说，实误。庆云县在"开原城西八十里"，庆云堡在开原城西南四十里，两者并不在同一地。

①《龙飞御天歌》卷7，第53章。

②《朝鲜世宗实录》卷53，世宗十三年八月乙亥。

③《明神宗实录》卷46，万历四年正月丁未。

④金殿士：《辽祺州访察记》，见《社会科学辑刊》1981年2期；冯永谦：《辽代祺州探考记》，见《辽宁师院学报》1981年3期。

⑤《嘉庆重修一统志》19册，卷60，奉天府二，庆云县。

⑥《全辽志》卷4，故迹志，庆云县注。

熊山站和洪州站位置不详。

懿州在今辽宁省阜新县城东北一百零八里塔营子古城。

据《辽东志》卷首：开原"西到懿州三百七十里"。阜新县东北一百零八里的塔营子古城和这一记载的方向距离相符。塔营子城南出土的元代懿州城南学田碑，肯定了塔营子古城即元代的懿州城遗址。懿州城为辽建，金、元沿用。但辽代懿州州治在宁昌县，而金代懿州州治在顺安县，即今塔营子古城。日本学者箭内亘以懿州在今彰武县[①]，系误。

（四）"开原北陆路"

这是从开原出发北行到海西的路线。是辽、金、元以来，联结南北交通的古道。驿站有："贾道站——汉州站——归仁县——韩州——信州城——斡木城——龙安站——海西宾州站——弗颜站。"（图十二）

这些驿站都是辽、金、元以来的州县城站，过去已有考证[②]，故不再重复。

贾道站今辽宁省开原老城镇北一百一十里，昌图县北六十里，此路树四合屯古城。

汉州站位置不详。

归仁县今开原老城镇北八十里，昌图县北四十里四面城。

韩州今吉林省梨树县偏脸城。

信州今吉林省怀德县秦家屯古城。

斡木城位置不详。

龙安站今农安县城。

海西宾州站今农安县靠山屯北松花江和伊通河汇流处的广元店古城。

弗颜站在今扶余县境内。从海西又分东、西两路。一路西行到兀良

---

①《满洲历史地理》第2卷，第275—295、444页。

②郭毅生：《辽代东京道的通州与安州城址的考察》，见《社会科学战线》1978年第3期；《满洲历史地理》第2卷，第一篇、第二篇、第三篇。

哈三卫，一路东北行到奴儿干都司。

（五）"海西西陆路"

由肇州出发西行，经洮儿河、台州等站到达终点站——兀良河。这是明初通往兀良哈三卫的路线，其驿站有："肇州——龙头山——哈剌场——洮儿河——台州——尚山——札里麻——寒寒寨——哈塔山——兀良河。"（图十二）（照片之九）

肇州在今黑龙江省肇东县四站乡西南六里东八里大队的八里城。

过去中、日史学界一般均采用肇州在逊札堡站东北珠赫城说[①]，即今扶余县东二百里五家站（逊札堡站）东北十五里的朱家城子（即珠赫城）。据1961年的实地调查，朱家城子为一周长二里半的小型辽、金古城。关于肇州的位置，据文献记载可知：

第一，金代肇州即辽代的出河店，在鸭子河北五里[②]。肇州应在东流松花江北五里处。

第二，肇州初置防御使，以后升为节镇，是金末东北路招讨司的所在地。可知肇州是金末的军事重镇，应在鸭子河北，较大的辽、金古城中求之。

第三，肇州在金太祖誓师之地，剌离水（涞流水，今拉林河）附近[③]。

第四，肇州之西百里有长泺[④]。

①曹廷杰：《东三省舆地图说》第9页，见《问影楼舆地丛书》第3集。

②《金史》卷2，太祖纪2，辽和女真军"会于鸭子河北"；《金史》卷128，屹石烈德传："鸭子河去肇州五里。"

③《辽史》卷100，耶律章奴传："天祚亲征女直，……大军渡鸭子河"；《辽史》卷101，肖胡笃传："（天庆）五年，从天祚东征……进到剌离水，与金兵战，败，大军亦却。"

④《金史》卷94，丞相襄传："战于肇州之长泺"；《契丹国志》卷10，天祚皇帝上，天庆四年："复以兵追杀百余里""又获其甲兵三千"，此即斡论泺（即长泺）之战。

第五，肇州在长春州（今吉林省前郭县他虎城）之东三百五十里①。

符合以上五条者，不是珠赫城（朱家城子），而是肇东八里城。肇东八里城周长八里，是松花江北最大的金代古城。女真起义军攻陷宁江州（今扶余县伯都讷古城）以后，即渡江进攻出河店（金代肇州），如把金代肇州（辽代出河店）推定在今朱家城子，则绝无渡江的可能。故以今肇东八里城为金代肇州所在地。

金代肇州是否即元代肇州，史学界还有争论。肇州是金末的军事重镇，元代屯田万户府的所在地，不应在东流松花江北的小型古城，而应在大型古城中求之。东流松花江北，三肇一带的大型古城为肇东八里城，其他皆为中小型古城，从其规模和出土文物以及位置来看，肇东八里城当为金、元肇州遗址。尤其从元代肇州是通往奴儿干的一个驿站来看，把元代肇州推定在今肇东八里城，比推定在肇源县茂兴站南一带的中小型古城更符合实际。

考元代肇州是在至元三十年（1293年）建立的，元贞元年（1295年）立肇州屯田万户府。而《元一统志》第一次成书于至元二十八年（1291年），第二次成书于大德七年（1303年），当《元一统志》第一次成书时，金代许多州县城，如肇州等还是废城，元代肇州等驿站尚未建立，故《元一统志》云：肇州等城"元废，城址犹存"。当《元一统志》第二次成书时，元代肇州等州县城站虽已建立，但仍照旧抄袭，没把新建的城站资料补充进去。故《元史》卷59，地理志：广宁府路条称："大元一统志与经世大典，皆不载此州，不知其所属所领之详。"由此可知，元初，辽、金州城虽已废掉，但后来仍沿用为城镇和驿站。如元代肇州和黄龙府、宾州、信州等同样，都是沿用辽、金以来的州县城镇为

---

①《金史》卷24，地理志上，泰州"东至肇州三百五十里"。这里的泰州系指新泰州，即辽代的长春州。同上书，会宁府"西至肇州五百五十里"。今阿城白城（金上京会宁府）西五百五十里处，已到达今嫩江下游，金代新泰州即辽代长春州（今吉林省前郭县他虎城）境内，和泰州东至肇州三百五十里的记载不符。可知，由会宁府到肇州的里数记载有误，不能作为推定肇州所在地的根据。

东北史地考略

驿站，都不是在他处另建。因此，不能以元初"元废"肇州（实际后来又立肇州）作为推断金、元肇州不在同一地的根据。

第二站龙头山，第三站哈剌场，因缺乏文献记载，已不可考。

第四站洮儿河，从前后站的位置来看，可能在今洮儿河下游，大安县安广镇西北，月亮泡西南七里的腰新荒古城。这一古城无角楼、马面，周长七百九十二米，北距洮儿河二十里。这一古城因在洮儿河附近，又在台州即泰州（今洮安县城四家子古城）之前，故推定洮儿河站可能在这里。

第五站台州，从台州在洮儿河站的下一站来看，这里所说的台州即泰州，是辽代的泰州，金代的旧泰州，而不是金代的新泰州。辽代的泰州在今洮安县东二十里的城四家子古城（详见本书十二）。

从第六站尚山，到第七站札里麻、第八站寒寒寨、第九站哈塔山这四站的位置，因缺乏文献记载，难以确定。但把第十站兀良河的位置搞清后，根据现在已知古城分布的情况也可以推定这一条路线的基本走向和驿站的位置。

第十站兀良河站在今内蒙古呼伦贝尔盟科右前旗（乌兰浩特市）东北二十五里乌兰哈达乡前公主岭古城。

关于明代"海西西陆路"的终点站——兀良河的位置，目前有两种看法：一是认为在今满洲里附近[1]；一是认为在今归流河（洮儿河的支流）上游的乌兰灰河（乌兰古衣河）[2]，即今乌兰河。根据新的考古调查资料和古城的分布情况，我认为兀良河当在今乌兰浩特市东北二十五里的前公主岭古城。

明代"海西西陆路"是明初通往兀良哈三卫的路线，因此，搞清兀良哈三卫的位置可为推定兀良河的地理位置提供可靠线索。如前章所

---

① （日）箭内亘：《元明时代的满洲交通路》，见《满洲历史地理》第2卷，第449页。

② （日）和田清：《关于兀良哈三卫的根据地》，见《东亚史研究》（蒙古篇）第120—123页。

述，明初兀良哈三卫分布在今兴安岭以东，松花江以西，西拉木伦河（潢水）之北，北海（即阔滦海，指今呼伦湖，而不是贝加尔湖）之南。泰宁卫在今洮儿河下游，泰宁卫指挥使司在辽代的泰州，金代的旧泰州，亦即今洮安县城东二十里的城四家子古城。朵颜卫在今洮儿河上游和归流河以及索岳尔济山一带，朵颜卫指挥使司在辽、金时代的金山县，亦即今乌兰浩特市东北二十五里的前公主岭古城。福余卫在今嫩江东（乌裕尔河）、西（绰尔河）一带，福余卫指挥使司可能在今黑龙江省泰来县西北九十里的绰尔城，即今塔子城。由此可知，兀良哈三卫，泰宁、朵颜两卫都在今洮儿河流域（上下游）。明军进攻兀良哈三卫的路线也在洮儿河和归流河一带。因此，洮儿河和归流河流域当是兀良哈三卫的主要根据地。明代"海西西陆路"的终点站——兀良河，当在今洮儿河或归流河流域求之。日本学者箭内亘把兀良河推定在今满洲里附近，是缺乏根据的。从台州（泰州）到终点站兀良河仅有四个驿站，古代站间的距离一般都是五六十里到七八十里之间，最少的为二三十里，最多的为一百余里。就按一百余里计算，从台州（泰州）到兀良河才仅为五百里，从今洮安城四家子古城（台州、泰州）到满洲里约为一千六七百里，两者相差悬殊。如此，则每站间的距离为三百多里，每站之间这样长的里程是不可能的。并且，明初兀良哈三卫的北界到今呼伦湖，而满洲里又在呼伦湖以北，所以明初通往兀良哈三卫的"海西西陆路"的终点站不可能在今满洲里附近。同时满洲里附近也没有什么明代的重要卫所，在今满洲里的西部虽有明代的斡难河卫，其北部有明代的根河卫，但这两卫距今满洲里都有四五百里之远，所以，明代"海西西陆路"的终点站——兀良河不可能设在今满洲里附近。日本学者和田清把兀良河推定在今归流河（洮儿河的支流）上游的乌兰灰河（乌兰古衣河），亦即今乌兰河。从已知的考古调查资料看，这里还没有发现古城和古遗址，兀良哈三卫的指挥使司又不在这里，从历史上看，乌兰河在金代界壕边堡之外，这里也不是什么重要州县城的所在地，所以明代兀良河站也不可能在今乌兰河。

据《大明一统志》卷89，女直山川条："兀良河在开原城西北三千三百余里[1]，源出沙漠，南流合洮儿河、脑温江，入混同江。"从"南流合洮儿河、脑温江，入混同江"的河流来看，只有归流河和蛟流河，而归流河上游至今仍称乌兰古衣、乌兰灰或乌兰河。因此，兀良河当指今归流河。"海西西陆路"的终点站兀良河是地名，不是河流名，这里所说的兀良河当指在兀良河（今归流河）流域的兀良哈秃城，它是朵颜卫指挥使司的所在地，归流河流域最大的古城是在今乌兰浩特市东北二十五里的前公主岭两座相距一百五十米的一、二号古城，它位于今洮儿河和归流河汇流处的东北部。一号古城为长方形，周长一千八百二十四米，有两道护城河，有角楼、马面、瓮城。二号古城为正方形，边长六百七十五米，周长二千七百米。两城皆为辽、金古城[2]，是辽、金时代金山县的遗址，元、明时代恐亦沿用。这两座古城东南距泰宁卫指挥使司的所在地，亦即辽代泰州、金代旧泰州所在地，今洮安县东二十里的城四家子古城，约为二百余里，西北距金界壕边堡约为百余里。在城四家子古城和前公主岭古城之间，有四座小型辽、金古城，其中有三座辽、金古城都在洮儿河左岸，其间的距离皆为六七十里，正是一站的距离。另一座小型辽、金古城在洮儿河右岸（西岸）[3]。这四座小型辽、金古城的位置是，从洮安城四家子古城沿洮儿河左岸西北行六七十里，第一座古城即蒙古屯古城（周长九百米），在洮安县金祥乡蒙古屯西南，西距洮儿河十里，当为"海西西陆路"的第六站尚山站的所在地。第二座古城是土城子古城，在洮安县永胜乡黄家堡屯内，西距洮儿河六里。第三座古城为海城子古城，在洮儿河西岸，蛟流河东岸，兴业乡附近，和土城子古城隔洮儿河东西相邻。这两座古城可能是"海

---

①兀良河在"开原城西北三千三百余里"的记载，当为一千三百里之误。

②刘景文：《科右前旗前公主岭一、二号古城调查记》，见《东北考古与历史》1982年1期。

③陈相伟、李殿福主编：《洮安县文物志》，第四章，城址。

西西陆路"的第七站札里麻和第八站寒寨的所在地。第四座古城为小城子古城（周长一里），在洮安县岭下乡两家子屯南一里半，西距洮儿河二里。由此西北行六七十里便到达乌兰浩特市东北二十五里乌兰哈达乡前公主岭古城。小城子古城的东部有一高岗，小城子古城可能即第九站的哈塔山站。哈塔山的下一站，即终点站兀良河。从小城子古城到乌兰浩特市东北二十五里的前公主岭古城约为六七十里，正是一站间的距离，因此推定兀良河当在今前公主岭古城。前公主岭古城是辽、金时代的金山县，明代朵颜卫指挥使司兀良哈秃城的所在地，兀良哈秃城恐即兀良河。前公主岭古城不但地处边防要地，而且也是交通的中心。从前公主岭古城北通扎赉特旗的塔子城，东南通洮安城四家子古城，西北沿洮儿河谷通好田古城，沿归流河谷通哈拉根台古城①。因此，把兀良河推定在今前公主岭古城比推定在金代界壕边堡之外的归流河上游的乌兰灰河（即今乌兰河），更符合古城分布的实际和各驿站间距离的实际。

（六）"海西东水陆城站"

"海西东水陆城站"：陆路从底失卜站出发，沿松花江和黑龙江下游两岸的四十五个驿站，到亨滚河（恨古河、恒古河）口北岸的终点站——满泾站。水路从今吉林市松花江出发，顺江而下，直抵奴儿干都司。即《辽东志》卷9，外志所谓："国朝（明朝）征奴儿干，于此（今吉林市）造船，流至海西，浆载赏赉，浮江而下，直抵其地。""海西东水陆城站"是明朝经营东北的一条主要交通线（图十二）（照片之九）。是松花江、黑龙江下游等地的海西女真、"野人"女真各卫头目进京朝贡的路线。这条路线是沿用辽、金、元以来的古道②，是辽代通往五国部，金代通往五国城、吉列迷，元代通往奴儿干、东征元帅府的路线。关于明代"海西东水陆城站"，日本学者和田清和郭毅生先生都已有考

---

①刘景文：《科右前旗前公主岭一、二号古城调查记》，见《东北考古与历史》1982年1期。

②《明太宗实录》卷85，永乐十年冬十月丁卯："旧有站赤者，复设。"

证①，不再一一详述，仅将始发站、狗站和终点站考证如下。

底失卜站是"海西东水陆城站"的第一站，即《经世大典》中的第四铺、《析津志》中的韦口铺、《松漠纪闻》中的第四站、许亢宗《宣和乙巳奉使行程录》中的句孤孛堇寨。据《析津志》载：从韦口铺（即第四铺、亦即底失卜）到上京（今阿城白城）为二百三十里，和从今双城县大半拉子城（即曹廷杰所说的拉林河畔的花园屯古城）到阿城白城的距离基本相符。因此，史学界多采此说。日本学者和田清把底失卜站推定在京哈铁路渡拉林河处的珠尔山（在今吉林省扶余县拉林河南岸）附近②。但这里并没有古城和古遗址，据最近考古调查资料，在珠尔山之北，即拉林河的北岸，双城县兰陵乡有石家崴子古城。因此，有的把底失卜站推定在这里③，和距上京的里数也大体相符，并且也比较顺路。大半拉子城和石家崴子古城都在拉林河北岸，两城都已被拉林河冲毁一部分。经大半拉子城去阿城（金上京）绕道较远，因此，把底失卜站（即句孤孛堇寨）推定在石家崴子比较可取。第二十三站，莽吉塔城药乞站在今黑龙江省抚远县东黑瞎子岛上的木克得赫屯。

《辽东志》《全辽志》在莽吉塔城和药乞站之间有狗站，注云："名水、狗站，夏月乘船，小（按：应为水之误）可乘载，冬月乘爬犁，乘二三人，行冰上，以狗驾拽，疾如马。"可知明代药乞站以下为狗站。而元代则以末鲁孙以下十五站为狗站。元代每站有站民二十户，狗二百只，狗车若干辆"。④元朝"征东行省每岁委官至奴儿干，给散囚粮，须

①（日）和田清：《关于海西东水陆城站》，见《东亚史研究》（满洲篇），第485—502页；郭毅生：《元代辽阳行省驿道考略》（下）——兼考明代"海西东水陆城站"，见《北方论丛》1980年第4期。

②（日）和田清：《东亚史研究》（满洲篇），第487—488页。

③松花江地区文物管理站：《松花江地区1981年文物普查简报》，载《黑龙江文物丛刊》1983年1期。

④《元史》卷101，兵志四载："狗站一十五处，元设站户三百，狗三千只"；《元史》卷34，文宗本纪三，至顺元年九月丁未："末鲁孙一十五狗驿。"

用站车，每车以四狗挽之"①。到明代，在元代东征元帅府之地建立奴儿干都司的同时，为了便于使命来往，运送贡赋，恢复了元代的站赤，设立了狗站。②莽吉塔城即《明会典》卷125，奴儿干，站七所说的"黑龙江地方莽亦帖站"。亦即康、乾时代舆图所说的"木克得赫噶山"。木克得赫（穆克德赫）即莽吉塔，药乞站当在今抚远县黑龙江和乌苏里江合流处的黑瞎子岛上的一个村落——木克得赫屯附近。明代从莽吉塔城、药乞站到满泾站，即从乌苏里江口到亨滚河口设有二十三个驿站，这一段路程，夏乘船，冬乘狗爬犁，故名水、狗站，即水站、狗站。《全辽志》卷6，"木、狗站"系"水、狗站"之误。这一段路程直到清代，黑龙江下游的赫哲、费雅克人还是"畜养惟狗"，使用狗爬犁和木马（今之滑雪板）作为交通工具（见照之十）。

第四十五站即"海西东水陆城站的终点站——满泾站，在今苏联境内的亨滚河口北岸，即清代舆图的莽阿臣噶山（莽阿禅屯）。

明代满泾站，元代《经世大典》作末末吉站，1885年（光绪十一年），曹廷杰在黑龙江下游特林地方发现《永宁寺碑》和《重建永宁寺碑》（见照片之四、之五）以后，不但明确了明代的东北疆域，也确定了明代奴儿干都司和"海西东水陆城站"的终点站——满泾站的位置（见图十三）。据《永宁寺碑》："奴儿干西，有站满泾。"可知满泾站在奴儿干（今特林地方）以西不远的地方。据康熙《皇舆全览图》黑龙江口图，亨滚河口北岸有"莽阿臣噶山"的屯名，即《盛京吉林黑龙江标注战迹舆图》五排一的莽阿禅屯，在奴儿干都司城以西，亨滚河口的北岸。莽阿臣、莽阿禅即满泾的音转。噶山为满语，即屯之意。满泾站的位置，既有明代碑文可证，又有清代舆图可考，可谓肯定无疑。

---

① （元）陶宗仪：《辍耕录》卷8，狗站。
② 《明太宗实录》卷62，永乐七年闰四月己酉；《明太宗实录》卷85，永乐七年冬十月丁卯。

图十三：奴儿干都司附近卫所、驿站形势图

明朝在其版图内设立各路驿站，统归兵部管辖，是明朝政府统治机构的一个组成部分。据《明宣宗实录》卷26，宣德二年三月丁未，巫凯奏："洪武中，以谪戍者递送，今四十余年，逃亡者多，凡外夷朝贡使臣往来于各队伍中，谪军协助递送，及秋冬，又调内地马步官军分隶诸驿防御胡寇，兼运粮积草以备军储。"据《明神宗实录》卷572，万历四十六年七月条载："辽东全镇额兵不过六万，除城堡驿站差拨外，实在仅二万余人。"可见各路驿站占用的兵力是相当多的。驿站的任务是传递文报，转运军需、贡赋和赏赐，转运来往的朝贡官员和公差人员，并提供食宿①。

　　明朝在全国各地设立的各路驿站，星罗棋布，宛若游龙，点缀在祖国山河之间，它使明朝中央和边疆各地、内地汉族人民和边疆各族人民更加紧密地联系在一起。

　　明朝在二十余年间（1409—1432年），派亦失哈等率领军队和带着赏赍物资，不畏艰苦，长途跋涉，沿着"海西东水陆城站"去往奴儿干和苦夷（今库页岛）等地巡视。东北水陆驿站的建立，对加强明在东北的经营管理有着重要的作用。东北蒙古、女真各部卫所官员进京朝贡的人数逐年增多，朝贡者"络绎不绝，动以千计"②。通过朝贡，蒙古、女真各卫头目获得大量的赏赐，同时也买入大量的所需物品，满载而归，"行李多至千柜，少亦数百"③，可知东北各路驿站担负着繁重的接待和运输任务。

　　东北蒙古、女真各地的土产，如马、失刺孙（土豹）、貂鼠皮、金钱豹、阿胶、人参、东珠等通过各路驿站源源不断地输入到内地。内地汉族的先进生产工具、生活用品，如铁铧、铁锅、铁铲、瓷器、绢、布、米、盐等也通过驿站大量地输入到东北蒙古、女真各地。

　　由此可知，明代东北水陆交通驿站的建立，不但加强了明朝对东北的经营管理，也促进了各族人民间的经济文化交流和社会经济的发展。

①万历《大明会典》卷145，兵部28，驿传条。
②《明宪宗实录》卷7，天顺八年冬十月乙巳。
③《明神宗实录》卷495，万历四十年五月壬寅。

二十四　清代柳条边

　　柳条边亦称柳边或条子边，是我国清代东北地区的重要历史遗迹。它是从顺治到康熙年间在清朝东北的版图内修筑的一条边墙，它的修筑和废弃，标志着清代封禁政策的实施和废除。清朝为什么修筑柳条边？后来又为什么废弃？这都和当时国内、国际的斗争形势有密切的关系。清代柳条边和明代辽东边墙一样，都是为了防备国内各族之间的互相侵扰而修筑的。从清朝在柳条边内外设置的行政区划以及各路驿站都说明柳条边不是帝国主义者所说的什么国界，而是一条封禁线，是一条满、蒙、汉各族居住区域的分界线，也是清代东北行政区划的分界线（见图十四）。搞清柳条边的兴废原因和经过，不但对研究东北史，而且对揭露帝国主义伪造我国边疆历史的反动面目也是有重要意义的。

（一）为什么修筑柳条边

1．为了保护清朝的发祥重地

　　清朝入关后，把盛京、吉林①看成是清朝的发祥重地，即清朝统治者所说的"盛京、吉林为本朝龙兴之地""盛京、吉林均系国家根本之

①清初，盛京在柳条边（老边）边内；吉林在柳条边（老边）边外，新边边里（即以东）和松花江以东到海，以及黑龙江下游两岸以东到海的广大地区。

地"①等等。清朝入关后，面临极为复杂的斗争形势。在关内，阶级矛盾、民族矛盾交织在一起，反清斗争此起彼伏；在东北黑龙江流域有沙俄的入侵。为了保护和巩固后方根据地不被汉人、蒙古人占据开发；为了防止沙俄的侵略，一方面修筑柳条边，对清朝的盛京、吉林发祥重地实行封禁；一方面修筑各路驿站加强东北的防务。正如乾隆皇帝在《老边诗》中所说的"征战纵图进，根本亦须防"。可见清朝统治者已经认识到只是长驱深入是不行的，必须同时保护和巩固后方根据地。

清初，由于明清战争，辽东汉人大量逃亡，或迁入关内，或避居朝鲜，满族人也大批入关。因此，顺治年间，"合河东、河西之腹里观之，荒城废堡，败瓦颓垣，沃野千里，有土无人，全无可恃，此内忧之甚者"②。清朝统治者面对战后辽东残破的局面，接受了奉天府尹张尚贤的"欲弭外患，必当筹画隄防；欲消内忧，必当充实根本，以图久远之策"③的建议，颁布了"辽东招民开垦条例"，按招民的多寡，授以大小不同的官职，并发给移民耕牛、种子、口粮等，奖励关内农民出关开垦。所谓招民开垦，不是允许深入清朝发祥重地开垦，而是指在辽河流域，即原来汉族居住地区的开垦，所以清初的辽东招民开垦和修筑柳条边实行封禁两者并不矛盾，都是为了保护和巩固后方根据地的措施。清初的辽东招民开垦，虽然是有成绩的，但并没有继续下去。

2．为了防止满族"废骑射以效汉俗"

清朝统治者最担心的是"恐日后子孙忘旧制，废骑射以效汉俗"④，削弱清军的战斗力。为了防止汉化，保持"国语骑射"的风尚，对满族居地，即清朝发祥地实行封禁，防止汉人进入开发。

①《吉林通志》卷1，圣训志一。乾隆四十一年十二月丁巳；乾隆四十四年七月甲辰。

②《清圣祖实录》卷2，第25—26页。

③《清圣祖实录》卷2，第25—26页。

④《清太宗圣谕》卷3。

3．为了保护清朝统治者独占东北特产的利益

盛京、吉林不但是清朝的发祥地，而且也是盛产人参、貂皮、鹿茸、东珠等物产的地方，清朝统治者为了独占这些地方特产，不使汉人、蒙古人占据开发和猎取，便用修筑柳条边、建立封堆、划分界限等办法加以封禁，不许汉人、蒙古人等进入。"柳条边外（按：指老边边外，即新边边里），山野江河产珠、人参、貂、獭、猞猁狲、雕、鹿、麋、鲟鳇鱼诸物。设官督丁，每岁以时采捕，俱有定所、定额，核其多寡而赏罚之。或特遣大人监督，甚重其事"①。为了防止各族人民私自采捕，清政府在柳条边外，"每年四季由内外城守尉、防守尉、协领内按季各派一员，带领官兵巡查边之内外卡伦境界，查拿偷砍木植、私挖人参、偷打鹿茸贼犯"②。还制定各种禁例和处罚办法，对私入围场打猎者给以流放乌鲁木齐或云南等地种地、为奴、充军等不同处罚，并且面刺"盗围场"字样③。

由上述可知，柳条边是清朝实行封禁政策的产物，它是为了保护清朝的"发祥重地"，防止满族汉化，独占东北特产而修筑的一条封禁线。

"清起东北，蒙古内附，修边示限，使畜牧游猎之民知所止境，设门置守以资镇慑"④，"插柳结绳，以界蒙古"⑤。由此可知，清代柳条边不但是一条封禁线，也是满族和蒙古族的分界线（见图十四）。

清朝在柳条边内外，设盛京、吉林、黑龙江三将军统辖东北全境⑥。老边以内亦即盛京边墙以内，是盛京将军辖境。老边边外，新边以东即新边边内以及东流松花江以东和黑龙江下游两岸及其以东到海的广大地区是清初吉林将军辖境。额尔古纳河以东，呼兰、齐齐哈尔、贝尔湖以

---

①杨宾：《柳边纪略》卷3。

②《大清会典事例》卷722。

③《吉林外记》。

④《奉天通志》卷78。

⑤高士奇：《扈从东巡日录》。

⑥《中国历史地图集》第八册，图8—9，10—11，12—13。

北，外兴安岭以南的广大地区，是清初黑龙江将军的辖境。新边以西为内蒙哲里木盟辖境。内蒙哲里木盟各旗，由将军或都统监督。盛京将军监督哲里木盟的科尔沁六旗；吉林将军监督哲里木盟的郭尔罗斯前旗；黑龙江将军监督哲里木盟的杜尔伯特旗、札赉特旗及郭尔罗斯后旗、呼伦贝尔索伦八旗。由此可知，柳条边也是东北行政区划的分界线（见图十四）。

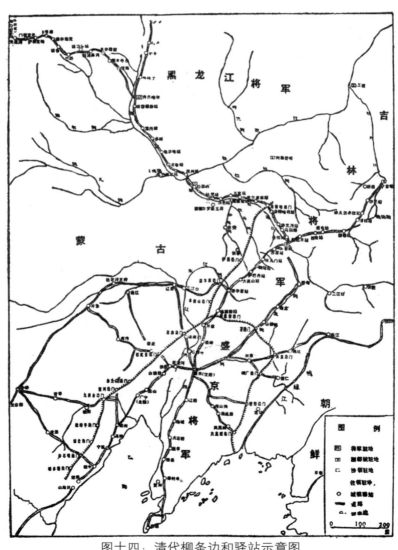

图十四：清代柳条边和驿站示意图

从柳条边修筑的原因和在柳条边内外设立的行政区划，以及东北各路驿站（见本书二十五）可知，柳条边内外都是清朝的领土，和所谓国界毫无联系。

（二）柳条边的修筑和历史作用

柳条边是"插柳条为边，高者三四尺，低者一二尺，若中土（中原）之竹篱；而掘壕于其外，人呼为柳条边，又曰条子边"[1]，或简称柳边。这种边墙是在三尺高、三尺宽的土墙上，每隔一步约五尺，即种三棵柳树，各树之间再用两根柳枝横连起来，编成柳树障子，所以叫柳条边，俗名边墙。在柳条边的外侧挖一条深八尺、底宽五尺、口宽八尺的土壕，在壕中引满了水，以阻挡汉人和蒙古人私自进入边里。

1．老边（盛京边墙）

清初顺治年间（1644—1661年），在今辽宁省修筑了一条自凤凰城经开原到山海关的边墙，这条边墙分东、西两段，东段自凤凰城（今辽宁省凤城）以南至海起，至开原东北的威远堡；西段自威远堡至山海关。老边即盛京边墙，基本上是沿袭了明代的辽东边墙而修筑的，即所谓"清因明时障塞，加以扩展，修浚边壕，沿壕植柳，谓之柳条边"[2]，但清代的柳条边较明代的辽东边墙稍有扩大。如柳条边（老边）的东段，向北扩展了一些地方，清朝发祥地的赫图阿拉（兴京）和祖陵（永陵）所在地，在明代辽东边墙之外，到清代修筑柳条边时，把它置于柳条边以内。柳条边（老边）的西段，较明代辽东边墙（指辽河流域边墙这一部分）向外扩大了一部分。即明代的辽河流域边墙，把"濒河之地延亘八百余里"，"所在城堡，畏贼深入，遂将良田数千万顷弃而不佃"[3]，到清代修筑柳条边时向外扩展，把明代辽河流域划为蒙古游牧地的肥沃土地都圈在柳条边以里。到康熙时，由于"归附益众"，户口

---

①杨宾：《柳边纪略》卷1。
②《奉天通志》卷78。
③《明孝宗实录》卷72，弘治六年二月辛亥。

增多，边内旗田不够分配，为了扩大耕地面积，展边开垦，在康熙十四年（1675年）、二十五年（1686年）、三十六年（1697年），三次向外展边，又把一些农耕地圈在柳条边内。最后形成的柳条边（老边），东段自凤凰城以南至海起，至开原东北威远堡边门止，中间置凤凰城、瑷阳、城厂、兴京、英额、威远堡六个边门；西段自威远堡至山海关，中间置鸣水堂、白石咀、梨树沟、新台、松岭子、九官台、清河、白土厂、彰武台、法库十个边门。东、西两段边墙全长为一千九百余里。这一边墙以内为盛京将军辖境，所以也叫"盛京边墙"，因为修筑得较早，所以后来吉林柳条边（新边）修筑以后，便称之为老边。老边的边外为吉林将军辖境。老边的修筑和三次展边是清朝统治者根据当时情况的变化和需要而一再向外扩展的，如果是所谓的国界，可以不受干涉而任意展边吗？

2．新边

清代的吉林地区是满族人的故乡，是盛产人参、貂皮、鹿茸、东珠等贵重物产的地区。清朝统治者为了保护和独占这一地区的特产，防止蒙古人、汉人的流入，为了和蒙古科尔沁、郭尔罗斯诸部游牧区划分界线，从康熙九年到二十年（1670—1681年）又修筑了西南自开原威远堡，东北到法特哈东北亮子山止的一条边墙，全长六百九十里。因为这条边墙的修筑，晚于盛京边墙（老边），所以也叫新边。这条边墙既是一条封禁线，也是一条满族和蒙古族的分界线。这条边墙到法特哈边门东北亮子山止，边墙已尽，遂以松花江为天然界限。所以新边以东都属于封禁区。新边的边墙经过现在的梨树、伊通、长春、九台、舒兰等市县。新边在老边的边外，新边以东为边里，主为满族居地，清朝划为围场、参山禁地。新边以西为边外，主为蒙古族游牧地，是清朝内蒙哲里木盟辖境。新边边墙共设有四个边门，一为法特哈边门，又名巴颜鄂佛罗边门，在今舒兰县境内，是当时通往伯都讷、黑龙江的要道（见照片之十一）。二为伊通边门，又名易屯门或一统门，在今长春市南郊新立城水库附近，原伊通县境内。今长春市在边外，清初还是郭尔罗斯前旗蒙古族游牧地。据1958年在长春市新立城水库三道壕附近的亲自调查访问，还能看到一二尺高的边墙遗迹。边墙和边壕的大部分早已垦为耕地，有的地方已不见边墙遗迹。三为赫尔苏边门，即克勒苏边门，在伊通县境内。四为布尔图库边门，旧名布尔图库苏巴尔罕，又名半拉山门，在今四平市东南半拉山门。"四边门防御各一员，兵各二十名，总领催各一名，台领催各七名，台丁各一百九十名"[①]。其任务是管理边门的开闭，视察行人往来等事。出关人民须付原籍地及贸易地的州县印票，受关吏检验后方许通行，私自越界者必受重罚。沿边墙四个边门，共置二十八个边台，今九台县境内的三台、四台、五台、六台以及九台的地名，原来就是柳条边所置的边台。九台即二十八台中从北数起的第九个边台。台丁担当查边和设立栅壕任务。清代吉林地区完全是封禁区，其中参山（长白山一带）、围场（今东丰、西丰、东辽、海龙、辉南、磐石、扶余、延吉等地都是清朝指定的围场范围）等封禁区，不但不许汉人进入，就是满洲旗人也不许自由进入。清朝在封禁区的"紧要隘口"皆安设卡伦（卡哨）或"设立封堆"以监视或阻挡汉人和蒙古人的进入。

盛京、吉林地区，从顺治到康熙二十年先后开始封禁，到咸丰十年（1860年）完全开放，一共封禁了二百余年。由于封禁，东北大量肥沃土地任其荒废。据记载，仅伯都讷围场一处，就有二十余万垧的肥沃土地任其荒废，不许汉人进入开发[②]。"计寻常之年，每垧可足三数人之食，丰年则过之。是其地开垦后，每年可益数十万人之食，若任其荒废，实为可惜"[③]。但是清朝统治者为了自己独占东北特产的利益，宁肯让大量的肥沃土地和富饶的自然资源荒废，也不肯让劳动人民开发。清

①《吉林外记》卷4，第16页（渐西村舍本）。
②《吉林通志》卷31下，伯都讷屯田，第48、50页。
③《吉林通志》卷31下，伯都讷屯田，第48、50页。

朝统治者的反动封禁政策，不但推迟了东北地区的开发和经济的发展，而且也削弱了东北的边防力量。

（三）封禁政策的废除和柳条边的废弃

康熙、雍正、乾隆三朝，在过去一向被封建统治阶级称为清代的"盛世"，但是就在这个所谓"盛世"时期，封建地主阶级兼并了大量的土地，从农民身上榨取了大量的财富，尽情享受，而广大农民则从土地上被排挤出来，这些无地可耕、无以为生的破产农民，有的在中原参加起义斗争；有的走向有大量土地可耕的边疆地区进行开发。这就是乾隆以后，祖国的边疆地区得到迅速发展的原因之一，也是东北地区封禁政策被冲破的原因之一。清朝统治者虽然在乾、嘉时期屡颁禁令，励行封禁，但是这些倒行逆施的反动政策，无论如何一再重申禁令①，也阻挡不了关内破产的农民涌向东北的洪流。同时东北地区的满洲旗人地主和蒙古王公，也缺乏劳动力，他们希望关内农民流入，"借以广取租利，巧为护庇"②，这也是封禁政策不能彻底实行的原因之一。乾隆五十六年（1791年），柳条边（新边）外郭尔罗斯札萨克（旗长）恭格拉布坦，为了增加收入，以其游牧之地，招民垦种，被清廷闻知后，在嘉庆四年（1799年）立即派吉林将军秀林前去查办，查得承垦汉民计有二千三百三十户，熟地计有二十六万五千六百四十八亩。事已至此，如将汉人全部驱逐，不但影响蒙古王公的地租收入，遭到蒙古王公的反对，也必然遭到汉族人民的反抗，因此，清廷不得不承认既成事实，划出一定的区域准许开垦，土地所有权以及征租事务仍归蒙古王公。清朝为了管理流入这一地区的民人（汉人），于嘉庆五年（1800年），在长

---

① 《清高宗实录》卷356，第14页。乾隆十五年正月乙卯："山海关、喜峰口等处，及九处边门，俱责该管章京及州县严禁。"乾隆二十七年（1762年）又定："宁古塔等处禁止流民例"；《吉林通志》卷1，圣训志、乾隆四十一年十二月："盛京、吉林为本朝龙兴之地……并令永行禁止流民勿许入境。"

② 《清高宗实录》卷356，第14页，乾隆十五年正月乙卯。

春堡东数里的地方筑城设治。因为这一地方在当时属于长春堡管辖，所以新设的政权机关，便沿用了长春这个名字叫长春厅。设理事通判、巡检各一员，掌管汉人的民政和司法等事务。而蒙古人民仍归蒙古王公管辖，满洲八旗则归吉林将军管辖。道光五年（1825年），移建衙署于宽城子（当时的村落名），即今长春市北大街一带。迁移后仍名长春厅，地处柳条边外的长春厅隶属于当时吉林将军管辖。在关内大批破产的农民流入关外的形势下，清朝于嘉庆八年（1803年），对东北的封禁不得不作有限度的让步。规定凡是单身劳力或遇荒年时，有地方官发给的证件，可以允许进入吉林封禁区。清朝的封禁开了这个口以后，虽然又继续颁布了一些禁令①，但几同于废纸，流入东北的汉人日益增多。

嘉庆时期吉长地区民人流入情况

民人流入地区	查办流民的年代	查出流民的户数	资料来源
郭尔罗斯	嘉庆十一年七月	流民增至3 900户	《吉林通志》卷2圣训
长春厅	嘉庆十三年五月	查出新来流民3 010户	《吉林通志》卷2圣训
长春厅	嘉庆十五年十一月	查出新来流民6 953户	《吉林通志》卷2圣训
长春厅	嘉庆十六年	流民增至11 781户	《吉林通志》卷2圣训
吉林厅	嘉庆十五年十一月	查出新来流民1 459户	《吉林通志》卷2圣训
拉林河西岸	嘉庆十二年十二月	查出新来流民1 000户	《仁宗实录》卷190

清朝的反动封禁政策，在关内破产农民涌向东北的洪流冲击下，它的失败和废除乃是必然的趋势，是任何力量也阻挡不了的。

1840年以后，国际、国内局势发生了巨大的变化，帝国主义列强相继侵入中国，中国沦为半封建、半殖民地的国家。1858年签订中俄瑷珲条约，1860年签订中俄北京条约，帝俄侵占了我国黑龙江以北，乌苏里江以东的大片领土，东北的边防形势日趋严重。这时，国内阶级矛盾也日趋尖锐化，破产的农民越来越多。清政府为了缓和国内阶级矛盾，为

---

①光绪《大清会典事例》卷158，户部户口，流寓异地。嘉庆十六年（1811年）命吉林将军赛冲阿，"严饬各边门、关隘实力查禁，并饬该管官申明保甲之法…………并通谕直隶、山东、山西各督抚转饬各关隘及登莱沿海一带地方，嗣后内地民人有私行出口者，各关门务遵照定例实力查禁"。

了加强东北的边防力量，在国内外斗争形势的逼迫下，不得不在咸丰十年（1860年），废除反动的封禁政策，实行移民实边。在东北设立垦务局，招民放荒，大事开垦。光绪四年（1878年），吉林设立垦务局放荒开垦，尤其在1905年东清铁路通车以后，关内大量的破产农民以排山倒海之势涌向东北各地。吉林地区的居民，清初还是"满洲居者多，汉人居者少"的局面，但是道光以后，已经是"民户（汉户）多于旗户（满洲旗人）"①的局面了。

随着封禁政策的废除，柳条边也就随之丧失了它的作用，成为历史的陈迹。清代柳条边是在清朝版图内修筑的，它的兴废和历史作用，是十分清楚的，由于帝国主义者利用柳条边这一历史遗迹造谣惑众，不得不在这里费些笔墨阐明它的真相。

---

①《吉林通志》卷29，食货志2，田赋上，光绪九年吉林将军铭安奏言。

二十五　清代东北驿站

　　17世纪中叶，沙俄乘清军南下，东北边防削弱的机会，侵入我国黑龙江流域，窃据尼布楚、雅克萨等地。当时清朝把主要力量放在镇压关内汉族人民的反抗上，因此，不可能集中力量来加强东北的边防。直到康熙二十年（1681年）平定"三藩之乱"，康熙二十二年（1683年）攻下台湾，国内统治趋于巩固以后，清政府便把注意力转向东北，积极加强东北的边防，反击沙俄的侵略。康熙二十一年（1682年），二十九岁的康熙曾巡游盛京（今沈阳）、吉林（今吉林市）一带，表面上以平定云南，奉告祖陵为理由，实际是与沙俄的不断南侵而引起的东北紧张局势有关。康熙二十一年三月，康熙到达吉林城（今吉林市），泛游松花江，并到大乌拉虞村（今乌拉街）一带巡游，视察这一带的山川地理形势。"细访其土地形胜，道路远近，及人物性情，以故酌定天时地利，运饷进兵机宜"①。四月七日，由吉林经叶赫、开原、奉天、辽阳、牛庄、锦州、山海关回北京。这次随行的有侍讲高士奇，著有《扈从东巡日录》。另外还有比利时人南怀仁②随行，著有《鞑靼旅行记》，都是研究清代东北历史的重要资料。

253

---

①《清圣祖实录》卷121，第12页，康熙二十四年五月癸巳。
②南怀仁，比利时人，1659年来华，1677—1688年任北京钦天监，1688年1月，卒于北京，墓地在北京阜城门外。

康熙认为"罗刹（沙俄）扰我黑龙江、松花江一带，三十余年，其所窃据，距我朝发祥之地甚近，不速加剪除，恐边徼之民不获宁息"①。因此，在巡游之后，积极筹划东北水陆运输，加强东北防务，以抗击沙俄的侵略。康熙总结了 1652年和1658年两次抗击沙俄入侵时，"明安达礼轻进，至粮饷不继，将军沙尔呼达、巴海等失计，半途而归，遂致罗刹骄恣"②的经验教训，认为根除沙俄的入侵，"不可轻率从事"③，"宜暂停攻取"④，不急与战，全力进行反沙俄侵略的准备。在瑷珲等地建城戍兵的同时，设立驿站，加强水陆运输。

水路竭力运用辽河与松花江的水运，取道于伊通河。第一兵站粮库设在新民屯巨流河畔的开城（清初筑小城子河上）。第二兵站粮库设在赫尔苏河（东辽河）上游的邓子村（在辽河水运尽处）。由邓子村舍舟陆运，凡一百里而达伊通门（今长春市南郊新立城附近），在这里设立第三兵站。自伊通门再改用舟运下伊通河，出伊通河口到松花江。当时在辽河、伊通河使用的船只，都是五十艘，每艘载重六十石；在松花江则备有载重二百石的大船八十艘。由松花江载运上溯嫩江，以达墨尔根（今黑龙江省嫩江县），然后再转输于黑龙江上游的瑷珲城。其后，由于各镇开垦发展起来，八旗军饷能够自给自足，免除了运输之劳，运粮船便废弃不用⑤。

东北陆路交通最重要的是从山海关经奉天（今沈阳）、吉林而达黑龙江省城（瑷珲城）的一条干线。它是东北陆路交通的大动脉，负有军事、政治的重要使命。从山海关经奉天到吉林的这一段，是利用清初以来旧有的大道，而从吉林经伯都讷到黑龙江省城的这一段陆路，则是从康熙巡游吉林以后，为加强东北的防务而开辟的。从康熙二十二年，任

①《清圣祖实录》卷121，第11页，康熙二十四年五月癸巳。
②《清圣祖实录》卷121，第12页，康熙二十四年五月癸巳。
③《清圣祖实录》卷121，第12页，康熙二十四年五月癸巳。
④《清圣祖实录》卷106，第23页，康熙二十一年十一月庚子。
⑤乾隆元年本：《盛京通志》卷16，船舰。

命宁古塔副都统萨布素为镇守黑龙江等处将军，驻黑龙江城（瑷珲城）以后，才开辟这一条交通路线。

清代陆路交通驿站，在东北以盛京、吉林、黑龙江三将军驻地为中心通往各地，把柳条边内外东北各地联系在一起（见图十五）。从瑷珲经吉林、盛京到北京这条交通干线称为"御路"或"进贡路"，俗称大站，凡六十七站，四千余里。从雅克萨城至墨尔根增设的临时驿站至京师约五千余里，这条驿道在雅克萨自卫反击战期间（1685—1687年）起了重要作用。

现将盛京、吉林、黑龙江将军辖境内的交通驿站分述如下。

（一）盛京将军辖境内的驿站（图十四）

1. 从奉天（今沈阳市）西南行到山海关的站道

这是盛京将军辖境内的主要交通干线。这条干线上的驿站和距离是：

奉天$\overline{60里}$老边站（今沈阳西旧边驿）$\overline{40里}$巨流河站（今新民）$\overline{70里}$白旗堡站（今新民西）$\overline{50里}$二道井站$\overline{50里}$小黑山站（在北镇和新民之间）$\overline{70里}$广宁站（今北镇）$\overline{80里}$十三山站（今十三山）$\overline{54里}$小凌河站$\overline{54里}$高桥驿（今锦州和兴城之间）$\overline{62里}$宁远站（今兴城）$\overline{62里}$东关站（绥中）$\overline{63里}$凉水河站（今老军屯）$\overline{75里}$山海关①。

"以上共十三站，旧设关防官一员，康熙五十九年准于盛京五部司官内选能员管理，一年一换。雍正元年定例，三年一换"②。

2. 此外，还有奉天到兴京、奉天到凤凰城、奉天到吉林的站道。由盛京（奉天，今沈阳）到黑龙江城有三条驿道：一由盛京出威远堡边门，经吉林为东道。二由盛京出法库门，经蒙古草原为北道。三由盛京出法库门，经伯都讷（今扶余）为中道。东道称"御路"，是清廷官用驿

---

① 乾隆元年：《盛京通志》卷17，驿站；参见杨宾：《柳边纪略》卷2。

② 乾隆元年：《盛京通志》卷17，驿站；参见杨宾：《柳边纪略》卷2。

道。北道和中道是一般仕商、民人用的驿道。

"奉天共二十九站，每站驿丞一员，并系盛京兵部所辖，原设马一千三百七十五匹，于雍正四年、六年中，其裁马三百八十五匹，现存额马九百九十匹，定例每十匹岁补三匹，每补马一匹给银九两"①。

（二）吉林将军辖境内的驿站（图十四）。

主要有两条干线：

1. 是从奉天到吉林，全程七百六十里，其间共设十二个驿站。

奉天 $\frac{70里}{}$ 懿路站（今铁岭西南懿路） $\frac{70里}{}$ 高丽屯站（在今中固和铁岭之间） $\frac{75里}{}$ 开原站（今开原东北开原站） $\frac{55里}{}$ 棉花街站（即蒙古和罗站，距威远堡边门外40里） $\frac{40里}{}$ 叶赫站（今梨树县东南叶赫乡） $\frac{80里}{}$ 克尔素站（今东辽河河源右岸赫尔苏边门里附近） $\frac{60里}{}$ 阿尔滩额墨勒（今伊通县大孤山站） $\frac{60里}{}$ 伊巴丹（一把单，今伊通县伊丹） $\frac{60里}{}$ 刷烟站（即苏干延，今双阳） $\frac{50里}{}$ 衣儿门站（伊勒门，今永吉县西南140里的伊尔门站） $\frac{70里}{}$ 蒐登站（今吉林市西70里的搜登站） $\frac{70里}{}$ 尼什哈站（今吉林市龙潭山站）②。

2. 是从吉林到伯都讷，到松花江隔江与黑龙江将军辖境内的茂兴站相接，为吉林、黑龙江两省的交通要道。

从吉林到伯都讷，全程五百四十里，其间设有十个驿站。

尼什哈站（今吉林市龙潭山站） $\frac{50里}{}$ 哲松站（即金珠鄂佛罗站，今吉林市北乌拉街之东的金珠店） $\frac{60里}{}$ 舒兰河站（今舒兰市溪河乡的舒兰站） $\frac{45里}{}$ 发忒哈边站（即法特哈站，今舒兰市法特乡） $\frac{45里}{}$ 登尔者库（即腾额尔哲库站，今榆树县秀水甸子，从此通往三姓） $\frac{45里}{}$ 蒙古站（即猛古你必喇站，今榆树县五棵树） $\frac{50里}{}$ 陶赖洲站（即图赖昭站，今扶余县陶赖昭站） $\frac{45里}{}$ 孙查包站（即逊札布站，今扶余县五家站） $\frac{35里}{}$ 蒿子站（即浩

---

①乾隆元年：《盛京通志》卷17，驿站。

②乾隆元年：《盛京通志》卷17，驿站；详见杨宾：《柳边纪略》卷42。

256

色站，今扶余县新站）$\xrightarrow{60里}$舍利站（今扶余县社里站）$\xrightarrow{70里}$伯都讷站（今扶余县北25里的伯都乡）①。

"以上十站俱隶东路管站官，每站笔帖式一员，领催一名，壮丁三十名，马二十匹，牛三十头"②。

3．吉林将军辖境内的两条支线

第一是从吉林到宁古塔，全程六百三十五里，其间共设有驿站七个。

吉林$\xrightarrow{80里}$额黑木站（吉林、拉法之间的天岗）$\xrightarrow{40里}$额伊虎站（即拉法站）$\xrightarrow{65里}$退屯站（即昂邦多洪站，退博站）$\xrightarrow{110里}$俄莫贺索落站（今敦化县额穆镇）$\xrightarrow{140里}$毕儿汉河站$\xrightarrow{70里}$沙兰站（今宁安县沙兰）$\xrightarrow{80里}$宁古塔（今黑龙江省宁安县城）③。对这条驿道，杨宾《柳边纪略》卷2的记载比较详细。

尼什哈站$\xrightarrow{30里}$交密峰（今江密峰）$\xrightarrow{40里}$厄黑木站（今天岗）$\xrightarrow{10里}$那木窝稽$\xrightarrow{30里}$山神庙$\xrightarrow{50里}$拉筏站$\xrightarrow{70里}$退屯站$\xrightarrow{3里}$色出窝稽$\xrightarrow{60里}$朱伦多河$\xrightarrow{50里}$俄莫贺索落站（今额穆）$\xrightarrow{140里}$必儿汉必拉站$\xrightarrow{40里}$德林$\xrightarrow{20里}$沙兰站$\xrightarrow{40里}$兰旗沟$\xrightarrow{40里}$宁古塔。

第二是从吉林到三姓（依兰），全程六百二十五里，其间设有十一个驿站。

以上各个驿站由将军任命驿吏处理驿站事务，其下配有一定的站丁，置所定的牛马车辆，担当驰送文报差使。

"尼什哈站即乌喇站，在城外十里，凡乌喇各站道皆从此起"，"从尼什哈站到棉花街站共九站，俱隶西路管站官，每站笔帖式一员，领催一名，乌喇壮丁（站丁）五十名，马五十匹，牛五十头。余八站壮丁牛马俱减五之一"④。各驿站的站丁大半皆为原来三藩的部下，他们皆隶汉军旗（新汉军），各拨以站地，令耕种自给。

---

①乾隆元年：《盛京通志》卷17，驿站。
②乾隆元年：《盛京通志》卷17，驿站。
③乾隆元年：《盛京通志》卷17，驿站。
④乾隆元年：《盛京通志》卷17，驿站。

（三）黑龙江将军辖境内的驿站（图十四）

　　为了抗击沙俄的侵略，康熙二十一年（1682年）十一月，清政府决定"调乌喇（吉林）、宁古塔兵一千五百，并置造船舰，发红衣炮、鸟枪及演习之人，于黑龙江、呼马尔二处建立木城，与之对垒，相机举行，所需军粮，取诸科尔沁十旗，及席北、乌喇之官屯，约可得一万二千石，可支三年，且我兵一至，即行耕种，不致匮乏"[①]。康熙二十二年（1683年）夏，"勘得黑龙江、呼马尔之间，额苏里地方，可以藏船，且有田陇旧迹。即令大兵建立木城，于此驻扎"[②]。副都统萨布素率领宁古塔官兵一千人到达额苏里，并在康熙二十三年（1684年）萨布素率领宁古塔、吉林、达斡尔兵两千人在瑷珲（江东六十四屯内的旧瑷珲城）筑城屯田。"康熙二十三年，鄂罗斯（苏联）平，于黑龙江筑城，设将军一员，副都统二员镇守"[③]。康熙二十四年（1685年），清政府鉴于旧瑷珲城僻处江东，与内地交通往来都有不便，因此，将黑龙江将军驻地迁到江西重新筑城，仍名瑷珲，也叫黑龙江城或瑷珲新城，在今瑷珲县南的瑷珲乡。瑷珲城为抗击沙俄侵略的前哨基地，素有"东国屏藩，北国锁钥"之称。康熙二十九年，黑龙江将军移驻墨尔根，三十八年，将军移驻齐齐哈尔城。清廷在黑龙江建城的同时，并建立各路驿站。在黑龙江将军辖境内的各路驿站分南、北、西三路，其中最重要的是南北两路，即从瑷珲到茂兴的站道。从瑷珲到齐齐哈尔（卜奎）为北路；从齐齐哈尔到茂兴为南路。这条主要干线，从茂兴到墨尔根（今嫩江县）基本上是沿嫩江左岸北上，然后再由墨尔根东北行到瑷珲城。各站名称距离如下：

　　茂兴（今黑龙江省肇源县茂兴）——73里[④]古鲁村（今肇源县西北古鲁

---

①《清圣祖实录》卷106，第23—24页。康熙二十一年十一月庚子。

②《清圣祖实录》卷109，第4页。额苏里在瑷珲与呼玛尔之间，精奇里江口西北，法别拉屯对岸。

③乾隆元年：《盛京通志》卷10。

④雍正五年（1727年），在茂兴与古鲁两站之间，增设乌兰诺尔站，即新站。

站）$\frac{}{67里}$塔尔哈站（即他喇哈河摩，今黑龙江省杜尔伯特蒙古族自治县南二百里的他拉哈）$\frac{}{75里}$多耐站（即多克多力山咀，多霭）$\frac{}{75里}$温托珲站（俄他浑俄摩）$\frac{}{75里}$特穆德赫站（亦书㰀木德黑村，今齐齐哈尔市昂昂溪东南头站）$\frac{}{55里}$索伦总管布克村（即卜奎①，齐齐哈尔城，由此分南、北、西三路）$\frac{}{60里}$塔哈尔站（即他力哈村，今富裕县西南塔哈）$\frac{}{70里}$宁年站（宁年俄摩，今富裕县城）$\frac{}{80里}$拉哈河站（即拉哈站，今讷河县拉哈）$\frac{}{60里}$博尔多站（即拨尔德站，今讷河县城）$\frac{}{43里}$喀末尼喀站（即哈木尼哈山咀）$\frac{}{42里}$伊拉哈站（厢黄旗）$\frac{}{76里}$墨尔根（今嫩江县）$\frac{}{75里}$科洛尔站（今嫩江县科洛镇）$\frac{}{76里}$喀塔尔奚站（今嫩江县塔奚镇）$\frac{}{85里}$枯木站（今瑷珲县西南三站）$\frac{}{35里}$额雨尔站（今瑷珲县西南二站）$\frac{}{78里}$黑龙江城（瑷珲，今黑河）②。

南路（从齐齐哈尔到茂兴）各站归驻在齐齐哈尔城的南路站官管辖。共额设站丁三百四十二名，车四十二乘，马三百二十匹，牛三百三十八头③。

北路（从齐齐哈尔到瑷珲城）各站归驻在墨尔根城的北路站官管辖，共额设站丁二百名，车二十九乘，马二百匹，牛二百七十头④。

西路是雍正十年（1732年）开辟的，是由齐齐哈尔到呼伦贝尔⑤的一条驿道，共十八站。由呼伦贝尔副都统管辖，共额设站丁二百名，车二十九乘，马二百匹，牛三百头⑥。西路各站是：

齐齐哈尔城$\frac{}{100里}$希尔忒$\frac{}{85里}$噶七起$\frac{}{70里}$蒙古乌尔杵克起$\frac{}{70里}$赫厄昂阿$\frac{}{65里}$巴林$\frac{}{75里}$雅尔博克托$\frac{}{80里}$和洛起$\frac{}{70里}$乌诺里$\frac{}{65里}$札敦昂阿$\frac{}{80里}$几

---

①康熙三十年在卜奎站十五里处建城，地名齐齐哈尔，建城后移站于城，城因站名，所以齐齐哈尔亦称卜奎。

②乾隆元年：《盛京通志》卷17，驿站；《黑龙江述略》卷2。

③《黑龙江述略》卷2；《黑龙江外纪》卷2；《柳边纪略》卷2。

④《黑龙江述略》卷2；《黑龙江外纪》卷2；《柳边纪略》卷2。

⑤《黑龙江述略》卷2；《黑龙江外纪》卷2；《柳边纪略》卷2。

⑥乾隆元年：《盛京通志》卷10："雍正十年设统领大臣一员于呼伦布雨尔处驻劄。"

拉木台$\underset{52里}{————}$哈克仆莫$\underset{60里}{————}$呼伦贝尔城（今海拉尔市）[①]。

这条路线上的驿站基本上是在今从齐齐哈尔到海拉尔市的铁路沿线，亦即雅鲁河和海拉尔河沿岸，这是一条自辽、金以来的古道。

"以上各台站原系齐齐哈尔、布特哈、呼伦贝尔三处拨兵值班。雍正十二年请于博尔多兵内每台站拨兵十名值班，各拨给官马十匹"[②]。

清朝对各路驿站都设有一定数额的官员、站丁、牛马、车辆。据《柳边纪略》载："每站设笔帖式一、拨什库一（俗称千总）、壮头一、小头一、壮丁不限，大抵业农贾。小头者役于拨什库者也，壮头者管壮丁者也，拨什库专司应付，笔帖式登记档案。"据《奉天通志》载："台丁、站丁之南人，系康熙间平定逆藩吴三桂俘虏，编管盛京兵部，拨往边台、驿站，充当苦差。""台丁、站丁等项旗人均系清初三藩降卒，当时由云南拨来八百八十四户，分布边台守边、挑壕、驿站传递文书。"可知东北各路驿站站丁多为原来三藩部下，他们皆隶汉军旗（新汉军）。清朝平定三藩后，遣往东北充当站丁，他们的职责是管养马、传送公文差役"[③]。各站均有"台、站丁地"，每户出一壮丁，叫站丁，官给田垦种。其后子孙渐多，加上驿站的官田招民开垦，各站人口逐年增多，"每站居人多者数百家，少者数十家"[④]。由于各路驿站人口逐渐增多，经过站丁和当地居民的辛勤劳动和长期的开发，沿路驿站的城镇逐渐发展起来，在东北出现了著名的"边外（即老边边外）七镇"——宁古塔、吉林、齐齐哈尔、墨尔根、伯都讷、瑷珲、依兰（三姓）。

清朝在东北柳条边内外设立的各路驿站，把东北各地和北京联系在一起，加强了中央和地方的联系，对抗击沙俄，巩固东北边防，促进东北各地经济的发展都起了重要作用。

---

① 乾隆元年：《盛京通志》卷17，驿站。
② 乾隆元年：《盛京通志》卷17，驿站。
③ 《伊通县乡土志》。
④ 杨宾：《柳边纪略》卷3。